QUOI?
L'ÉTERNITÉ

MARGUERITE YOURCENAR
de l'Académie française

LE LABYRINTHE DU MONDE

III

QUOI?
L'ÉTERNITÉ

GALLIMARD

Il a été tiré de l'édition originale de cet ouvrage, quatre-vingt exemplaires sur vergé blanc de Hollande Van Gelder numérotés de 1 à 80 et cent exemplaires sur vélin pur chiffon de Rives Arjomari-Prioux numérotés de 81 à 180.

LE TRAINTRAIN DES JOURS

Michel est seul. A vrai dire il l'a toujours été. Sauf peut-être dans sa petite enfance, mais sa sœur aînée, Gabrielle, qu'on voit près de lui dans de vieilles photographies, est morte toute jeune, et quand il a définitivement rompu avec la vie de famille, sa cadette, la remplaçante, n'était qu'une enfant. Seul, sauf pour quelques rares bons moments avec son père, pris comme en cachette d'une mère qui n'a jamais aimé ni son mari, ni son fils. Seul naguère avec ses deux femmes, dans le plaisir ou la querelle avec la première, dans une tendresse parfois douce-amère avec l'autre (il est trop sincère pour envisager leurs relations différemment, même en plein deuil). Seul avec son fils du premier lit, garçon renfrogné qu'il ne voit qu'à de rares intervalles, et qu'il a peut-être eu tort de laisser élever loin de soi par des grands-parents fantasques. Seul avec cette enfant de deux mois à peine, qu'il va scrupuleusement voir matin et soir, assistant à son bain, s'informant de ses biberons et de ses évacuations, mais qui n'est encore qu'un petit animal que le cours des événements a mis entre ses mains, et qu'il n'y a pas déjà de raisons d'aimer. Seul autrefois avec la jeune maîtresse anglaise pour laquelle il a déserté et quitté la France, mais dont il n'a jamais su jusqu'à quel point les baisers men-

taient. Seul avec les quelques rares amis masculins par
lesquels il s'est souvent senti manipulé dans une intention
quelconque, parfois dupé, une fois même peut-être savam-
ment trahi. Seul dans les divers collèges ou universités libres
ou non, où les siens ont tenu à l'envoyer, et où il a pu
constater pour la première fois la médiocrité des fils de
famille, formés par les bons pères au latin et aux décentes
hypocrisies, et par les professeurs laïques à rien du tout.
Seul à l'armée, malgré la gentillesse qui émane si souvent du
peuple, et que ne détruit pas tout à fait l'uniforme, mais des
camarades de chambrée ne sont pas des amis. Seul aussi
dans les bars de marins de Liverpool ou d'Amsterdam, dont
la rude gaîté le changeait parfois des caprices et des
exigences de la femme du moment. Par ce mois d'août 1903,
dans sa chambre au second étage du Mont-Noir, où l'ont
ramené en quatre ans deux successifs veuvages, il est sans
plus seul, tout seul.

Certes, la douairière règne au premier étage, dans le « bel
appartement » où elle tient conseil avec ses notaires, et que
domine de haut, tranchant sur le mobilier baroque, un
crucifix avec son bénitier et son brin de buis, presque
indispensable chez ces chrétiens bourgeois qui pourtant ne
savent pas prier. Cette grande maison qui n'a que deux
« maîtres » regorge de domestiques, simples robots dont on
sait le prénom et dont on connaît tout au plus le visage, mais
qu'on distingue surtout aux fonctions qu'ils remplissent ou
sont supposés remplir. Cependant, on tient assez à eux pour
ne s'en séparer que dans les cas graves ; leurs occupations
sont à vie ; elles sont parfois même héréditaires.
Tout en haut de la hiérarchie, trône la femme de charge
de la douairière, Mélanie, qui a les clefs et l'oreille de

Madame, et que chacun fuit comme la peste. Azalie, la garde experte en puériculture, que Michel a engagée quand sa jeune femme décida de rentrer à Bruxelles accoucher dans le voisinage de ses sœurs, a consenti à venir passer l'été au Mont-Noir pour former Barbe, naguère femme de chambre de la morte, maintenant promue au rang de bonne d'enfant. Ces deux personnes, servies par les autres gens de maison, logent avec la petite dans la grande chambre ovale de la tour, fantaisie gothique de ce château louis-philippard, de plain-pied avec les appartements de la douairière qui ne va jamais les voir et ne demande jamais non plus qu'on lui amène l'enfant. Des autres domestiques, je m'attarderai à parler quand la petite les connaîtra.

Le curé du village est un brave type qui aime bien manger et qu'on invite le dimanche. Il n'a qu'un répertoire de trois ou quatre sermons qu'il a potassés au séminaire et qui ennuient ses ouailles parce qu'il n'y est question que de théologie, sauf au moment où Monsieur le Curé, pour réveiller son monde, y glisse une pointe contre la République. Cette bonne pâte de curé n'est pas un saint, et Michel est de ces incroyants exigeants qui voudraient que chaque ecclésiastique fût un saint. Un jour (j'étais alors trop jeune pour me souvenir de cet incident, que Michel m'a raconté par la suite), la foudre tomba sur l'église du village pendant la grand-messe, peu après l'Élévation. Les fidèles décampèrent, crainte d'incendie. Le curé, effondré dans le fauteuil réservé aux visites de l'évêque, demande pour se réconforter un verre du vin de la Communion.

— Monsieur le Curé, dit gravement Michel, c'eût été une belle mort.

Le curé le regarde, interloqué. Mourir l'ostensoir en main ne lui eût rien dit.

C'est pourtant chez un homme d'Eglise que Michel a trouvé durant ce noir été un peu de chaleur humaine. Il est devenu l'intime du supérieur du Mont-des-Cats. Les deux hommes passent pas mal de temps dans le bureau du supérieur à fumer ensemble. Ce trappiste a été longtemps dans ce qu'en termes ecclésiastiques on appelle le Monde ; il a pris part en qualité d'officier à la guerre de Soixante-dix. Il évoque avec verve les ordres, contrordres, et désordres qui aboutirent à Sedan ; là où Michel, plus jeune de quelques années, ne se souvient que de ses indignations d'écolier en révolte à la nouvelle des exécutions en masse de Communards et de la relégation en Nouvelle-Calédonie de Louise Michel et de Rochefort. Le supérieur, lui, les a sans doute approuvées. Mais il serait bien vain de s'affronter au sujet de sottises criminelles vieilles d'une trentaine d'années ; les événements politiques qui nous ont fait horreur et ont failli nous entraîner dans leur ressac se succèdent et s'annulent comme les brisants sur une plage. On finit par se rendre compte qu'on a affaire au rythme des choses.

Passons à des considérations plus personnelles. Michel se confesse assis sur le rebord de la table sans éteindre sa cigarette. En fait, il se raconte plutôt qu'il ne se confesse. Il reste dans son passé des points obscurs qu'un autre pourra peut-être élucider mieux que lui. Mais cet autre est un prêtre. Le supérieur l'absout, sans l'obliger à des pénitences auxquelles il sait fort bien que son visiteur ne s'astreindra pas. Qu'ont d'ailleurs à voir ces quelques formules latines avec ce monde d'actes, de sensations, de désirs satisfaits ou insatisfaits que Michel se rend bien compte avoir grossièrement simplifiés en les passant au crible des mots ? Il perçoit, gêné, l'inévitable porte-à-faux entre un catholique croyant, à plus forte raison un prêtre, et un incroyant que des

traditions de famille ou de baptême rattachent au catholicisme, mais qui n'a jamais cru, et n'a même jamais pris la
peine de se demander s'il croyait ou s'il ne croyait pas. C'est
un fréquent malentendu des catholiques à part entière de se
figurer le non-croyant sous l'aspect d'un anxieux désemparé, ou cherchant vainement hors de soi un point d'appui.
Le contraire plutôt serait vrai. Le supérieur donne quelque
peu dans cette erreur. Il voudrait profiter du désarroi du
veuf (désarroi que d'ailleurs il s'exagère) pour le ramener à
Dieu, tel qu'il conçoit Dieu. La persuasion en France prend
souvent la forme presque obscène du pari pascalien : « Qu'y
perdrez-vous ? Si nous sommes dans le vrai, il y a tout
avantage à être du bon côté. » Michel crache à part soi sur
ce genre d'arguments et prend plus mal encore le conseil de
donner toutes les vingt-quatre heures un moment à des
pratiques religieuses, en les prolongeant chaque jour quelques minutes de plus.

— Alors, mon Père, on devient religieux comme on
devient ivrogne ?

— Indubitablement, rétorque le supérieur que cette
comparaison n'effraie pas.

Michel espace quelque peu ses visites au Mont-des-Cats.
Mais il continue à aimer cette ascension un peu rude, ce
plan de terre battue encadrée de cultures et de bois, au bord
duquel un estaminet met une note humaine, et d'où l'on
domine de haut le plat horizon. Les trappistes, tous pareils,
à en juger par leur robe et par leur cagoule, travaillent aux
champs, traient les vaches, guident à pas lents leurs gros
chevaux bien étrillés. Michel les envie d'observer entre eux
la règle du silence, qui à elle seule élimine entre les hommes
(et plus encore entre les hommes et les femmes) la plupart
des conflits. Dans les moments où la vie semble vaine et
absurdement compliquée, Michel se dit que c'est là, même

s'il n'y a en lui nulle place pour ce qu'on appelle dans son milieu « la religion », et nulle velléité d'y croire, qu'un homme dépris de tout pourrait vivre et mourir en paix. Un trappiste qui remue du fumier du bout de sa fourche lui enseigne ce que démontrent ailleurs les *sadhu* et les Renonçants. Chose curieuse, un des hommes que j'ai le mieux aimés m'a dit plusieurs fois au même endroit la même chose. Si je ne me trompe, ni l'un ni l'autre n'y seraient restés plus de huit jours, pas plus que le jeune Montherlant qui s'y trouva, je ne sais pourquoi, et faillit franchir la porte charretière grande ouverte et pénétrer dans la clôture, attiré par le bon sourire d'un frère conduisant une paire de beaux chevaux de labour.

Quand vint le temps où les couvents menacés par le radicalisme du petit père Combes se replièrent sur l'étranger, ou tout au moins y acquirent des propriétés qui leur permettraient d'y chercher refuge, les trappistes prirent la décision de se trouver un asile de l'autre côté de la frontière, ne laissant sur place qu'un minimum de moines pour garder les lieux. Partirent-ils ou ne partirent-ils pas ? Même une question si simple, qui n'appelle qu'un oui ou qu'un non, n'obtient pas toujours de réponse directe. J'ai lu quelques livres traitant de la crise des Congrégations en France ; tous plus ou moins tendancieux, d'où qu'ils émanassent, s'efforçaient tantôt de passer l'éponge sur ces dissensions entre la République et l'Eglise, tantôt au contraire en exagéraient les effets. Des informations prises au couvent même restèrent vagues ; après cinquante ans et deux guerres, les présents occupants du lieu ne semblaient plus très sûrs eux-mêmes de ce qui s'était ou non passé. Au cours d'une vie où j'ai souvent essayé de mettre le doigt sur certains faits, petits ou grands, de l'histoire, j'ai trop acquis la solide conviction que tout ce qui se dit ou s'écrit sur les événements du passé est en partie faux, toujours incomplet et toujours réarrangé, pour avoir eu l'envie, dans ce cas particulier, de m'attarder plus longtemps. Je me borne donc à transcrire ce qui était resté pour Michel un vivant souvenir, partiellement erroné sans doute lui aussi, mais qui ne cessa jamais d'émouvoir l'homme de l'opposition qu'il avait toujours été.

Il avait pris parti pour Dreyfus, sans d'ailleurs se pencher de trop près sur ce qui lui semblait une malpropre histoire ; il est pour les pères maintenant qu'on les brime, encore que leurs opinions sur la vie éternelle et sur celle de ce monde ne s'accordent pas forcément aux siennes, ou plutôt à son absence totale d'opinions. Le jour fixé pour le départ « volontaire » d'une partie du petit troupeau monacal est un grand jour. Bon nombre des fermiers du pays sont contre ce départ : les bons pères ont beau posséder d'excellentes vaches laitières, elles ne suffisent pas à leur excellente fabrication de fromages, et le couvent, en matière de lait, est le meilleur client des autres fermes du voisinage. Leurs propriétaires enragent ou se désolent de voir partir ces bons clients. Un petit groupe, d'un radicalisme farouche, et soucieux de plaire aux autorités, est au contraire pour le départ de la calotte.

On s'est tassé au haut du Mont-des-Cats dans l'espace ouvert entre l'estaminet et le couvent. L'estaminet, comme on pense, fait d'excellentes affaires. Le sous-préfet du Nord, accompagné d'un petit détachement de la troupe, s'est cru obligé de venir maintenir l'ordre. On attend. (Les trois quarts des grands moments historiques se sont toujours et partout passés à attendre.) La porte de la chapelle est ouverte : pauvre chapelle badigeonnée de gris, maigrement ornée de lithographies en couleurs du chemin de la croix et de quelques objets du goût Saint-Sulpice. Telle qu'elle est, elle témoigne moins de la haine ou de l'ignorance du Beau, que d'une tranquille indifférence envers l'aspect extérieur des choses. Personne, en ce moment, n'a d'ailleurs l'idée d'y aller prier. La porte du couvent est close. Tout près, assis sur une meule de pierre, Michel, canotier en tête, très élégant dans son costume d'été, crie à voix forte toutes les cinq minutes :

— Vive la Liberté !

Cette répétition exaspère le sous-préfet, visiblement mal à l'aise.

— Mais, Monsieur de C., qu'est-ce qui vous prend de crier tout le temps comme cela : « Vive la Liberté ! » ?

— « Vive la Liberté ! » n'est pas, que je sache, un cri séditieux sous la République, rétorque Michel.

Mais la porte s'ouvre. Précédant le groupe un peu miteux des moines en civil, serrant leurs pauvres valises, se dresse de toute sa stature le supérieur, qui a sorti de la naphtaline son uniforme de la guerre de 1870 (il y est d'autant mieux sanglé qu'il a lui-même quelque peu forci entre temps) et arborant sur sa poitrine la Croix des Braves. L'escouade chargée de maintenir l'ordre présente automatiquement les armes. Ce petit coup de théâtre enchante Michel et plonge le sous-préfet dans la confusion. La calotte a marqué un point. L'aspect militaire qu'a pris cette mince victoire est pour beaucoup dans le plaisir de Monsieur de C. On a beau avoir naguère déserté par amour, et détester d'instinct les caporaux, il reste à l'ancien sous-lieutenant un coin de tendresse pour l'armée.

Le village n'est rien et pour lui Michel ne compte guère. Il faut songer que près de trente ans de la vie de Monsieur de C. se sont passés au loin. Des ragots doivent circuler sur ces années-là, mais on ne les fait qu'à voix basse. Pour les gens

d'en bas, il est sans plus le fils de la Châtelaine (on emploie
encore ce mot) dont les agents font rentrer les rentes. On
reconnaît qu'il a bon cœur : des meules qui prennent feu ou
que gâte la pluie, un deuil de famille, une vache crevée,
provoquent immédiatement chez lui quelques mots de
réconfort accompagnés d'un billet bleu. « Est-ce que ça te
suffira, mon garçon ? » On le prendrait pour un nigaud, si sa
force physique et ses soudains accès de colère n'impression-
naient. Après la grand-messe du dimanche, à laquelle il se
fait un devoir d'assister, il a beau écouter patiemment les
doléances des membres du Conseil municipal et les jéré-
miades des fermiers, ou leur offrir un verre à l'estaminet,
une inexplicable distance subsiste : il ne se fera jamais de
ces gens-là des copains, encore moins des amis. A ses
dépens, Michel apprend que les castes existent en France
aussi bien qu'en Inde. Président de la Société de Bienfai-
sance, il prend sa tâche très à cœur, mais l'absence complète
de charité et de solidarité l'effare. S'il s'agissait de misérables, il accepterait ce dur égoïsme, mais ces paysans-là sont
à l'aise, quelques uns sont riches. Leur société de bienfai-
sance a un respectable compte en banque à Bailleul, dû en
partie aux largesses de Monsieur de C., mais ce n'est pas
sans pénibles grimaces qu'on en tire de temps en temps
quelques sous pour les plus infortunés. Pour le reste, c'est à
dire ceux qu'on appelle les fainéants et les faibles d'esprit,
« Aide-toi, le ciel t'aidera » a toujours été un proverbe
français.

Michel a vu fonctionner en Angleterre des institutions
charitables largement soutenues par le grand public; elles
dispersent au fur et à mesure les fonds reçus, quitte à en
appeler de nouveau à la générosité de leurs souscripteurs.
Michel tâche d'acclimater ce système dans ce coin de
France, mais les membres du conseil d'administration ne

l'entendent pas de cette oreille. Son idée de fournir des layettes aux filles-mères sans ressources fait rire les uns et offense les autres. Toutes proportions gardées, les obstacles qu'il rencontre sont ceux auxquels se heurtent les personnages de Tolstoï, s'efforçant de faire entrer quelques vues nouvelles dans ce monde paysan qu'on idéalise et dont on n'ose avouer qu'il est au moins aussi étroit que la petite bourgeoisie des villes. Quant à devenir maire du village et à s'enfoncer plus avant dans cette politicaille de clocher, il n'y songe pas. Il faut jusqu'à un certain point ressembler aux gens pour pouvoir essayer de les changer.

Il s'applique au moins à établir entre village et château de plus souples rapports : le dîner annuel des notables est une vieille tradition qu'on a conservée et pour laquelle on fait venir le 14 juillet un traiteur de Lille ; plus tard, j'apercevrai ce jour-là du haut de la grande chambre de la tour des messieurs par petits groupes sur la terrasse, le visage un peu rouge, et à qui Monsieur de C. offre des cigares. Pour ma part, j'attends l'assiette de petits fours et de cerises glacées qu'on ne manquera pas de monter. Mais surtout, Michel organise dans le parc des pique-niques pour les familles de Saint-Jans-Cappel. La gaîté y règne, mêlée d'un rien de contrainte. Plus tard, à l'âge où l'on me fera jouer le rôle de petite maîtresse de maison, on invite des groupes d'enfants dont quelques uns, octogénaires aujourd'hui, se souviennent encore du goût des pommes du verger. On leur montre mes jouets (j'anticipe sur l'époque où j'avais déjà une collection de jouets), en particulier une grotte de Lourdes éclairée à l'électricité, présent d'une pieuse cousine, et dont j'ai le bonheur de ne pas me souvenir. On encourage les petites élèves des Sœurs de l'Ecole Libre à danser des rondes sur l'herbe. Mais Michel a eu beau faire : les souvenirs qu'on gardera de ce propriétaire au cœur sur la main sont si vagues qu'on le confond avec son fils, de vingt ans plus jeune, et qui n'a jamais donné à un chien un os à ronger. Madame Noémi laisse une image un peu plus nette. A son sujet, les vieux témoins sont réticents, non sans une pointe de finesse. « Elle, c'était davantage la Châtelaine. Elle ne parlait pas beaucoup aux gens. A Noël, elle faisait distribuer des jupons de laine rouge et des bas épais. »

La société des châteaux est ce qu'on trouve un peu partout en France. Peu de vieille noblesse, quoique tout le monde croie en être, parfois sincèrement. Les châteaux datent pour la plupart, comme le Mont-Noir lui-même, des beaux temps de la Restauration ; les propriétaires en datent aussi. Les familles les plus anciennes descendent d'intendants ou de fonctionnaires du XVIIIe siècle, qui ont fait leurs orges, et çà et là acquis ou relevé un titre. Ceux-là ont parfois, dans les quelques aimables petites villes du voisinage, des hôtels entre cour et jardin, d'une gravité Louis XIV ou d'une grâce Louis XV. Ils en font moins de cas que de ces prétentieuses bâtisses presque neuves, ou lourdement rénovées, mais qui les classent dans l' « Annuaire des Châteaux ». Une famille, vraiment noble celle-là, s'honore avec raison de descendre d'une fille de Corneille. Mais Corneille n'évoque que le souvenir de quelques ennuyeuses tirades apprises à l'école ; ce monde ne lit, s'il est vraiment sérieux, que *La Croix*, s'il est un peu lancé, que *Le Figaro*. Gyp, pourtant, est aussi très demandée.

On y mange bien, ce que Michel ne dédaigne pas. Mais l'importance donnée à la boustifaille, par les femmes surtout, dégoûte cet amateur de plats simples. Il pense, comme Byron, qu'il n'y a pas grand plaisir à voir mastiquer une belle. L'appétissante Madame de..., fière de ses ron-

deurs, se plaît à dire à la fin de chaque repas : « Je mange
jusqu'à ce que je sente une légère gêne. » Les hommes
commentent sans malveillance ses trop abondants appas.
Deux sœurs bien avantagées sous ce rapport portent sans le
savoir le nom de « Gaillard d'avant » et de « Gaillard
d'arrière », et la plupart de ces messieurs affirment en avoir
tâté. Une autre, pour des raisons qui cette fois n'ont rien de
gastronomique, s'appelle « Bouchée double ». Ces gauloise-
ries sortent bien entendu, comme toutes gaudrioles, d'un
solide fond bourgeois et chrétien de mépris pour la chair.
On ne se vante pas d'être, comme ils disent, vertueux
(comme si la continence résumait à elle seule toutes les
vertus possibles) ; bien plus, la complète chasteté ferait
soupçonner les hommes d'impuissance, les femmes de
quelque défaut caché, mais il s'agit de ne prendre que les
libertés sans risques. Les mœurs comptent plus que les lois,
et les conventions plus que les mœurs. Le diocèse a en ce
moment un évêque veuf et père de famille, qui, comme le
supérieur des trappistes, a autrefois vécu « dans le siècle ».
Qu'un prêtre ait été marié gêne un peu, l'inconscient des
bons catholiques les voulant tous vierges. Las de constater
l'embarras de l'aboyeur de la belle Madame M., forcé
d'annoncer « Monseigneur l'évêque de... et ses filles »,
l'homme d'Eglise suggère, non sans un conciliant sourire :
« Annoncez plutôt l'évêque de... et les nièces de son frère. »
Ces fines nuances sont ce qui distingue les gens de bon ton
de la racaille, mais la grossièreté du fumoir envahit néanmoins le salon où ces dames bavardent autour d'une table à
thé ; elles répètent à voix basse les bons mots masculins en
pouffant derrière leurs serviettes brodées. « C'est dommage », dit-on d'un jeune voisin plus aimable et plus fin que
les autres, mais qui a ce qu'on appelle des « goûts antiphysi-
ques », et qui s'est fait prendre, ce qui est grave, car bien

entendu il n'y a pas de mal tant qu'il n'y a pas de scandale. « C'est dommage, on ne va plus pouvoir lui serrer la main, et lui tourner le dos, c'est dangereux. » Monsieur de C., qui trouve des mérites à ce garçon, pense l'inviter par protestation, mais Noémi s'y oppose : elle n'invite jamais personne, sauf à ses quatre « portos » annuels. Elle ne va pas commencer par quelqu'un de mal noté.

Michel a un faible pour la belle Madame M. dont la fine taille est l'une des gloires du département. On admire ses toilettes noires bien ajustées, qu'elle fait venir du bon faiseur parisien ; ses cheveux crêpelés sont d'un blond inaltérable. Des lèvres minces de cette belle veuve tombent parfois des remarques acides contre les Juifs, les Anglais, et les protestants. Monsieur de C., qui n'appartient à aucune de ces trois catégories — encore qu'il ait inexplicablement habité longtemps l'Angleterre —, est le bienvenu chez elle ; ils sont d'ailleurs cousins au septième degré. Dans ce milieu où chacun souhaite le retour du Roi de France, la belle Madame M. se donne les gants d'être bonapartiste. Elle a invité pour quelques jours le Prince Jérôme qui vit depuis des années exilé à Bruxelles. Mais les propriétés de la dame abutent la frontière ; on logera S.A. Impériale dans un pavillon à cheval sur la Belgique. Le lendemain de son arrivée, Madame M. propose au prince un tour en voiture. Le Bonaparte, qui ne s'attend pas à tant d'enthousiasme de la part des populations du Nord, et que gêne un peu tant de publicité donnée à cette discrète escapade, s'écrie en voyant des villageois rangés sous les ormeaux qui bordent la route, et saluant jusqu'à terre : « Je ne m'attendais pas, Madame, qu'on s'intéressât à ce point à un héritier de l'Empereur. » — « Mais, Monseigneur, ce sont mes gens », répond de haut la Châtelaine. Michel est parfois tenté de glisser le bras autour de cette taille fine, au risque d'entendre craquer des

buscs. Mais que d'agrafes à défaire ou à arracher! Le valet
de chambre de Madame M., pour qui les dévotes l'accusent
d'avoir des bontés, n'a pas sans doute à se livrer à tant de
travaux d'accès.

La plantureuse Madame de... exigerait moins d'efforts.
Mais elle a un mari, un fils, des beaux-parents, et toute une
cour de dîne-au-château. Au repas auquel Monsieur de C.
est prié, le nonce et son secrétaire sont les invités d'honneur.
On a fait appel à la fine fleur de la société bien-pensante.
Des propos confits en dévotion s'échangent; c'est à qui
baisera la bague de Monsignore; la conversation s'alimente
d'allusions à ce chef-d'œuvre qu'est le dôme de Saint-Pierre,
à la longévité de Léon XIII, qui semble presque une forme
physiologique de sainteté, au pieux souvenir d'oncles ou de
cousins ayant participé contre Garibaldi à la défense de
Rome. Madame de... va jusqu'à dire qu'elle ne tient plus à
voir la ville Eternelle, qui n'est plus qu'une ville comme une
autre depuis qu'elle n'appartient plus au Saint-Siège. L'invité, qui est Italien avant d'être homme d'Eglise, réprime un
imperceptible sourire. Les adieux surtout prennent des airs
de rituel : Madame de... fait descendre ses deux fillettes
pour recevoir une bénédiction. Tant de cérémonie retarde
les voyageurs qui doivent prendre à Bailleul le train de Lille,
et de là l'express pour Paris. Le fils de Madame de...,
étudiant gouailleur, qui a étouffé quelques bâillements
durant la soirée, offre avec empressement de conduire à la
gare les deux invités d'honneur dans sa de Dion-Bouton, la
seconde du pays (la première a été celle de Monsieur de C.),
au lieu du landau traditionnel qu'on avait fait atteler. Une
demi-heure un peu anxieuse s'ensuit dans le salon où flotte
encore un parfum d'église; fasse le ciel que ce courtois prélat

et son compagnon n'aient pas à subir l'inconvénient d'une
panne (on a tout à craindre avec ces mécaniques nouvelles)
ou, pis encore, d'un accident...

Mais la pétarade du moteur se fait entendre dans la cour.
La porte du grand salon s'entrebâille, et une tête gogue-
narde passe entre les battants :

— Encore un peu, ces deux mecs-là manquaient le train !

Le rire du fils irrévérencieux se communique à tout le
monde. L'atmosphère édifiante explose comme une bulle.
Ces gens qui parlent avec l'accent du Nord se moquent de
l'accent italien du nonce ; un monsieur trouve le secrétaire
du nonce trop joli pour être honnête ; les dames le trouvent
maigrelet. Un pieux catholique, mais de tendance quasi
janséniste, remarque aigrement que le pape ne se mêle que
trop des affaires de France ; il n'est après tout que l'évêque
de Rome. On apporte un somptueux en-cas, comme si on
n'avait pas dîné deux heures plus tôt. Madame de...
s'incline pour prendre une assiettée de sandwichs au foie
gras et l'offrir à Monsieur de C. Comme par oubli, elle n'a
pas pris la peine de renouer la bretelle qui retient son
décolleté. L'effet est manqué ; on sait ce que c'est que des
seins. Michel ne deviendra pas un don Juan de province.

Le lourd été passe, puis le brumeux automne. L'hiver ne
promet pas mieux. L'hiver précédent s'est passé à Bruxelles
pour accéder au vœu d'une jeune femme qui craignait de
mourir en couches, ce qui s'est produit. L'hiver qui vient se
passera à Lille. Il n'est pas question de faire avec une enfant
de cinq mois ce long voyage vers la Riviera qui à cette
époque prend presque trente heures au départ de Lille, avec
haltes de repos d'un jour chacune au Grand-Hôtel à Paris
et à l'Hôtel de Noailles à Marseille. Cette renonciation

momentanée à ce qu'il aime le plus, les pays ensoleillés, veut dire aussi le renoncement au jeu, qui est pour cet homme un besoin comme pour d'autres la débauche, aux salons dorés de Monte-Carlo, au peu de romanesque mis dans le traintrain des jours par les passades avec des femmes séduisantes ou belles, dont on s'imagine qu'elles ne sont pas vénales, aux brèves pointes vers l'Italie, Gênes, Florence, ou Naples, n'importe, avec ici la visite d'une église et là d'une galerie naguère vues avec Fernande. Plus tard, peut-être, la petite fille qui en ce moment vagit dans les bras des bonnes sera quelqu'un qu'on pourra prendre par la main pour lui montrer les jardins Boboli.

En tout cas, l'hiver prochain s'écoulera à Lille. Pour la seconde fois depuis l'âge d'homme. Car ce que les périodes dures de la vie ont de plus dur, c'est qu'elles se répètent. On met les pieds dans les mêmes ornières ; on se heurte aux mêmes angles des mêmes corridors. On retombe dans la même case du Jeu de l'Oie qui s'appelle Prison. Déjà, voici cinq ans, Michel a passé les quelques mois d'hiver dans l'hôtel de Noémi, rue Marais (que cette rue est bien nommée !), après son premier veuvage. Au printemps, le hasard d'une rencontre mondaine, une invitation acceptée presque par plaisanterie, lui a donné Fernande. Mais on n'a pas toujours ces bonnes fortunes-là.

Qu'à cela ne tienne : il y a des êtres pour qui rien, momentanément au moins, est une réponse à tout. Michel s'organise au Mont-Noir une Trappe personnelle. Il y a plaisir à dire non à ces envies et à ces désirs qui constituent les trois quarts de notre personnalité, ou de ce que nous croyons tel ; plaisir à mettre au rancart l'espérance ; plaisir à n'avoir plus, et même à n'être plus, pour se sentir tout simplement exister. A six heures du matin, il quitte le lit où il a lu et dormi ; il a toujours aimé cette heure où les choses

semblent propres, lavées par la nuit. Un amas instable de
bouquins fait sur sa table de chevet un effet de Tour
Penchée ; il achève en ce moment les *Moines d'Occident* de
Montalembert, long ouvrage que je n'ai jamais lu, mais que
je suppose être pour quelque chose dans ses velléités
d'ascétisme. Un manteau élimé couvrant une vieille chemise
de nuit à pans qui fut jadis sans doute portée par son père
Michel-Charles, les pieds traînant dans des savates, il
descend chercher le lourd seau de charbon de son feu du
matin. Il favorise le charbon, produit régional, qui épargne
au moins les arbres, mais on n'en sort jamais : son feu au
charbon est solidaire des laideurs et des misères des mines.
L'usage au Mont-Noir est que les deux chambrières, la
Grosse Madeleine et la Petite Madeleine, montent chaque
matin dans chaque chambre le charbon ou le bois qui
dégourdira l'air avant le lever des « maîtres », et les fassent
prendre à l'aide de liasses de vieux journaux qu'elles portent
sous le bras. Michel n'aime pas que ces femmes trimbalent
pour lui le long des escaliers leurs lourds seaux ; passe
encore pour les bûches que se fait monter la douairière et
pour le charbon qui servira à chauffer la chambre de
l'enfant dans la tour. Peut-être aussi lui déplaît-il de voir de
son lit les deux dondons accroupies devant la cheminée, ou
craint-il les impertinences de ces filles qui pourraient
suggérer en bas que Monsieur a pris des libertés. Le feu
prend ; la flamme monte ; il fait bon brûler ces vieux
journaux noircis d'une encre inutile.

Un peu plus tard, il prend devant sa porte le plateau posé
par Séraphin, le premier valet de chambre, qui est au mieux
avec la gouvernante Mélanie, et dont Michel ne tolère pas
chez lui l'odeur de mauvais tabac et de fonds de bouteilles.
Le plateau contient le bol de café au lait, les quelques
morceaux de sucre, et les tartines de pain de ménage

habituels. (On ne déjeune pas autrement dans la salle des gens.) Michel fait glisser la bande du journal, qu'il lit rarement, jette un coup d'œil au courrier, généralement peu important. Les condoléances, dont la plupart semblaient copiées dans *Le Parfait Secrétaire*, ont peu à peu cessé, Dieu merci. La douairière correspond de temps à autre avec son fils par le moyen de petits billets cachetés qui lui parviennent sur le même plateau ; il s'agit parfois de l'installation toujours retardée de la ligne électrique, parfois d'un fermier en retard sur ses fermages et avec qui Michel pourrait aller causer. Mais Michel n'est pas, comme le fut son père, le factotum de Noémi. Il répond par retour de plateau.

Le jour commence à peine quand il descend faire « le grand tour » du parc, ou « le petit tour » les matins de paresse. En fin août, des vapeurs fumantes montent des champs. Dès le début d'octobre, la gelée blanche couvre parfois le sol ; il y a plaisir à marcher sur cette couche fragile. Les vaches, celles du château et celles du village, paissent dans les prairies ; Michel rencontre en descendant une pente herbue un berger avec son troupeau. Dans le paddock, près des écuries, les quelques chevaux ragaillardis par la fraîcheur du matin caracolent ; il a un regard pour la jolie jument dont Fernande s'est si peu servie. Mais il monte moins qu'autrefois ; peut-être l'équitation est-elle liée pour lui au souvenir de trop de disparues ; peut-être est-il las d'avoir parcouru et reparcouru ces mêmes allées forestières. Il lui semble maintenant qu'un cheval qui fait seul son temps de galop matinal, ondoyant comme une vague sur cette fraîche mer verte, est mille fois plus beau que sellé, harnaché, monté par le meilleur des cavaliers ou des cavalières.

Trier, le chien de Fernande, qui habite l'écurie parce que Noémi ne veut pas de lui au château, lui emboîte le pas.

Tous deux descendent vers la forge, qui fume déjà. Ce lieu attirait Michel tout enfant ; le forgeron de ce temps-là lui laissait manier les soufflets. Maintenant, il aide le présent maréchal-ferrant à ferrer les chevaux ; l'odeur de corne brûlée est horrible et persistante, mais il se plaît à contenir une bête fougueuse ou à calmer une bête effrayée. Le maréchal lui a appris à confectionner les fers ; celui qu'il suspendra à l'entrée du château il l'a caractéristiquement, sans réfléchir, mis à l'envers, de sorte que ce prétendu talisman devient un symbole de mauvaise fortune. Ce ferrant est le seul homme du village dont il soit plus ou moins l'ami ; ses violents accès de colère valent ceux de Michel. Un jour, ce dernier décide de se forger à lui seul une règle de fer, secondé seulement par les jurons et les conseils de ce connaisseur en enclume et en marteau. J'ai encore cet objet et m'en sers parfois. Une solide barre rectangulaire d'une régularité presque mathématique, bien que le doigt, sinon l'œil, perçoive en glissant le long de ses arêtes l'invisible gauchissement de toute ligne tracée de main humaine. Les moindres scories ont été éliminées de cette matière lisse. Depuis trois quarts de siècle, cette chose que j'utilise si peu est restée sans rouille, ce qui me fait parfois songer, passant du petit au grand, à la toute simple colonne porte-étendard dressée depuis quinze cents ans aux environs du Qubt-El-Minar à Delhi et sur laquelle le temps et les intempéries n'ont pas mordu, pour la même raison sans doute : le consciencieux travail du maître forgeron qui mit peut-être des années à créer ce cylindre minéralement pur. Combien de temps Michel mit-il pour façonner cet artefact trop peu orné pour sembler beau ? Je suis sûre, en tout cas, qu'il n'a jamais pensé à une règle de vie.

Pour éviter le tête-à-tête avec la douairière Michel ne

déjeune pas ou mange au village. Le soir, Noémi se fait servir chez elle, et Michel dîne avec un livre.

On ne vit pourtant pas sans un engouement ou une passion quelconque. Cette fois-ci, l'engouement est mécanique. Nous avons oublié à quel point la découverte de l'automobile fut un miracle pour l'homme du tournant du siècle. Nous ne sommes qu'à sept ou huit ans de l'époque où le jeune Proust pleurait des larmes d'enthousiasme en voyant son premier avion s'élever dans le ciel de Balbec. Nous avons vu depuis tant de nouveaux triomphes technologiques qui n'ont en rien changé l'homme, et pas toujours dans le bon sens la condition humaine, que ces enthousiasmes aujourd'hui ont un arrière-goût amer. Ils étaient alors l'état normal d'un homme ouvert aux réalisations nouvelles. Quand Michel fait examiner sa Daimler qui fonctionne mal par un garagiste de Bailleul (Bailleul maintenant a un garagiste), deux vieux messieurs, du type piliers du Café du Commerce, s'arrêtent et contemplent en ricanant la mécanique insolite qui se refuse à bouger d'un tour de roue.

— Je ne vois pas encore dans ça la locomotion de l'avenir, dit le plus vieux des deux joueurs de dominos.

— Crétins ! grommelle Michel, qui trouve avec raison que ces deux imbéciles ont la vue basse.

Proust et lui l'ont seulement un peu plus longue. C'est l'erreur de tous de songer aux satisfactions du présent et aux profits de demain, jamais à l'après-demain ou à l'après-siècle. Marcel n'avait pas prévu la mort tombant du ciel, Coventry, Dresde, Hiroshima, et les anéantissements placés plus loin dans ce qui est encore notre avenir, pas plus que l'attrition produite en périodes de prétendue paix par les haines et les rivalités des nations artificiellement rapprochées. Michel ne prévoyait pas l'embouteillage des rues, les routes annuellement jonchées d'autant de blessés et de morts que par les effets d'une guerre civile, les gaz lâchés par les moteurs polluant les poumons, <u>délitant</u> la pierre et tuant les arbres, l'asservissement du monde aux puissances du pétrole, l'océan souillé par les forages et les mortelles marées noires. Pour le moment, Michel a l'impression de se déplacer librement dans un monde qui s'étend de tous côtés aussi loin qu'il y a des routes. Plus de chemins de fer roulant sur des rails inflexibles, plus de gares bruyantes et enfumées, plus de fumées noires vomies sur les paysages. Ni Marcel se promenant en Normandie avec Albertine, ni Michel faisant de la vitesse sur les pavés du Nord, ne devinent que, plus dévastateurs encore que deux guerres, les « progrès de la circulation » jetteront bas les beaux peupliers et les beaux ormes de ces routes de France qu'ils ont tant aimées, pour laisser aux chauffards une chance de plus de se dépasser. Ils ne savent pas non plus que cette délicieuse liberté de s'arrêter où la fantaisie vous en vient et d'atteindre par des routes peu fréquentées des sites qu'on n'imaginait pas si proches sera supplantée sous peu par la claustrophobique rigueur de l'autoroute dont on ne sort qu'aux endroits autorisés, annoncés longtemps d'avance par des panonceaux, et que gouvernent des feux verts et rouges comme autrefois les rails. L'étrange facilité qu'ont les objets créés par l'homme pour finir par se ressembler ne s'est pas encore révélée à eux.

Pour l'instant, Michel se grise d'essence et d'espace ; ce bon cavalier se découvre bon chauffeur ; la voiture sous lui remplace la sensation du cheval entre les jambes ; on collabore avec le moteur comme avec une bête intelligente et bien dressée. Il se révèle aussi bon mécanicien. Ce nouvel engouement le rapproche même de son fils, fou de voitures de course. Michel-Joseph, qui conduit comme on fonce,

respecte chez ce père devenu camarade le conducteur à la
fois habile et téméraire qui prend les tournants à la corde,
sait de loin quand il convient de se faufiler entre deux lourds
charrois sans accrochage et sans éraflure, dépasse par jeu,
avec une insolence ou une courtoisie dosée selon la tête du
conducteur rival, *rara avis* d'ailleurs à cette époque où les
automobiles sont rares, et se flatte en dix ans de n'avoir ni
écrasé, ni même bousculé un chien, une poule, ou un de ces
groupes de villageoises apeurées, qui, à la vue d'une voiture
s'empressent de traverser la route en piaillant comme des
volailles.

Accroupis au bord du chemin avec une boîte d'outils, ou
couchés à plat ventre sous la voiture, gras de cambouis et
gris de poussière, ces deux hommes qui n'ont jamais eu rien
à se dire remplacent en bons camarades une courroie ou
nettoient un carburateur. Un jouet en commun fait momentanément oublier à Michel-Joseph que la naissance sur le
tard d'une demi-sœur d'un second lit l'a, comme le dit en
ricanant la douairière, dont il est le préféré, financièrement
« coupé en deux ». Michel cesse de se rappeler que ce
garçon maussade et brutal a été odieux pour Fernande et ne
s'est même pas rendu au chevet de sa propre mère à
l'agonie. Le dernier reproche est injuste, comme je l'ai dit
par ailleurs. La mort tragique et inexpliquée de Berthe était
plus faite pour inhiber que pour émouvoir un garçon de
quinze ans.

Mais cet amour fou des machines passera comme tout
passe. Un chauffeur, le beau César, chéri des femmes,
prendra bientôt place au Mont-Noir à côté d'Alcide, cocher
chez Madame depuis vingt-cinq ans. Les perfectionnements
mécaniques et structuraux de l'automobile n'intéresseront
plus Michel. Peut-être en est-il des machines comme des
femmes dont on se fatigue quand elles deviennent faciles. A

la fin de sa vie, trop appauvri pour s'offrir la Rolls ou la Buick de son choix, il se rabat sans tristesse sur une victoria de louage dans laquelle il refera, avec une sage lenteur, les routes encore quasi solitaires, dans l'arrière-pays du moins, de son Midi bien-aimé, heureux d'avoir le temps au passage de noter chaque brin d'herbe.

NECROMANTIA

Il y a pourtant des journées où il s'évade du Mont-Noir.
Deux demeures bien connues de lui l'attirent. L'une à l'est,
près de Bouvines : Fées. L'autre à l'ouest, Grand-Gué, entre
le cap Gris-Nez et Dunkerque. Toutes deux sont, peut-être
littéralement, habitées par des ombres, mais ce n'est pas
pour ces disparues qu'il s'y rend (Michel n'a rien d'un
nécromancien), mais par fidélité aux quelques vivants qu'il
y trouve encore. A Fées, où il a si souvent et si gaiement
séjourné entre Berthe et Gabrielle, ce qui reste de cette
dernière est inhumé dans une vétuste chapelle, fragment
d'une abbaye que la Révolution a achevé de détruire, et
dont les fondations au moins sont mérovingiennes ; des
bouts de sculpture, des fragments de gisantes attestent que
des générations de femmes mortes sont venues pourrir là. La
rieuse Gabrielle n'a sans doute jamais donné une pensée à
ces femmes, dont quelques unes furent ses aïeules ; tout
simplement, la famille lui a choisi cette place, ne sachant
trop où mettre la jeune divorcée. Michel ne prend certaine-
ment pas la peine d'aller rêver sur cette tombe : c'est assez
de s'être beaucoup occupé de Gabrielle en vie. Quant à
Berthe, morte la bague au doigt, il l'a fait descendre comme
il convenait dans le spacieux caveau de la famille de C., à

Bailleul, endroit morne où il ne va jamais, et où il espère bien ne pas se rendre après sa mort.

Mais quelque chose des deux sœurs flotte encore dans les allées de Fées. On ne sait trop si la Baronne, qui avait vu, bien avant l'événement, deux fantômes se tenant par la main errer dans le parc, les distingue encore. Non, sans doute : les cinq années accumulées entre temps semblent avoir été cinq siècles. Les vivants, toutefois, tiennent bon, et la grande bâtisse où un peu de XVIIIe siècle est noyé dans la maçonnerie du XIXe siècle résiste à sa manière, avec son parc qui serait beau s'il était entretenu, ses parterres qui témoignent d'un presque total dédain de l'horticulture, mis à part quelques rosiers que le Baron soigne de son mieux devant la façade qu'on n'a ni replâtrée ni repeinte depuis le temps où Michel épousa Berthe.

La Baronne, Marie-Athénaïs, semble à peine vieillie, et de toute façon sa perruque noire ne permettrait pas d'en juger. Le profil de Carmen s'est peut-être un peu aiguisé ; les yeux très noirs, à reflets jaunes, luisent comme ceux d'une bête restée sans cesse sur sa faim, et il est certain qu'elle a vécu avec le baron Loys comme on vit en cage. Mais c'est une cage dont elle a souvent et facilement franchi les barreaux. Autant que du sang espagnol, cette femme a du sang gitan, et c'est ce dernier qui domine : le colonel français qui ramena d'Espagne l'aïeule de Marie-Athénaïs, au cours de l'une quelconque de nos guerres, n'a pas tant rapporté l'amour — dans ce lieu que Michel a cru de tout temps consacré à Vénus — qu'une sorte de félinité, le besoin sauvage des conquêtes du corps.

Un peu de ces instincts s'est transmis à ses filles. De celles qui survivent, Madeleine est la seule belle. Elle n'a jamais été en puissance de mari, soit dédain des ennuyeux voisins de campagne, soit parce que la réputation des femmes de la famille est désormais proverbiale. Les galants et prudents jeunes messieurs des châteaux ne demandent pas mieux que d'échanger avec Madeleine des billets cachés dans des troncs d'arbres, ou même de la rejoindre le soir dans les sous-bois, sans passer le point où les choses tirent à conséquence, mais ne partageraient pas avec elle leur nom de famille et leur lit. Les demoiselles L. de L. ne sont plus des demoiselles qu'on épouse. Madeleine est toujours vêtue avec une élégance qui vient d'elle et ne doit presque rien aux modes; la famille est de moins en moins en fonds; les toilettes viennent tout au plus de Lille, sinon de la couturière de Bouvines. Il y a chez Madeleine quelque chose d'une petite princesse maléficiée. Elle s'est acheté dans une foire un sapajou gros comme le poing que son joueur d'orgue de Barbarie maltraitait. Il est presque devenu son esprit familier. J'ai d'elle une photographie qui la montre son petit protégé juché sur son épaule, dans le bois qui prend aussitôt des airs de jungle. Malheureusement, durant un hiver plus rigoureux que les autres, son frileux ami mourut.

Comme elle a des sens, il faut bien qu'elle trouve à les satisfaire. Elle a pris pour amant, ou peut-être la Baronne lui a-t-elle donné, car l'ancienne Carmen est toujours mêlée à tout cela, un beau gars du village, un peu insolent, flatté d'en faire à son gré avec Madame la Baronne et les deux demoiselles, car la pauvre Claudine, boiteuse et dépourvue de charme, accepte faute de mieux les restes de son aînée. Cela se passait dans la bicoque du vieux jardinier, qui d'ailleurs couche au village chez sa légitime.

Seule, Marie-Antoinette, dite Tony, mise au monde avec étonnement par la Baronne après la quarantaine bien sonnée, garde une sauvage et gaie innocence. Cette enfant de quinze ans est pour ainsi dire hors série. Garçon manqué, toujours en culottes de cheval et chemisette déchirée, elle grimpe aux arbres, déniche les pies, monte à cru, trouve plaisir à aller avec les paysans retourner le foin. Son teint hâlé n'est pas à l'époque apprécié chez une demoiselle. Cette fille aux cheveux embroussaillés, un peu vaurien, un peu fée, fera plus tard un beau mariage bourgeois que n'eût pas approuvé son père, si strict en matière de quartiers de noblesse. Elle épousa un industriel de la région qui fut pour elle un bon mari et pour qui elle fut une bonne femme. Elle lui donna des enfants, de sorte que le sang presque mythologique de Judith de France et d'Ethelred d'Angleterre, dont la présence dans ses veines avait consolé le Baron de pas mal de déboires, continue à couler dans ce coin de France.

Madeleine accoucha à l'insu du Baron. Du moins, c'est ce qu'on voulut croire, et le Baron lui-même avait développé de longue date l'art de ne pas voir ce qui saute aux yeux. Il ignore donc, ou feint d'ignorer, que l'enfant, une petite fille, a été mise en nourrice dans un village éloigné, et, s'il le sait, peu lui importe. La petite fut ensuite élevée chez les Sœurs, où on lui trouva plus tard une modeste place de surveillante dans un ouvroir catholique. Madeleine ne la revit jamais, et la regretta peut-être moins qu'on ne pourrait croire. Tout porte à penser qu'elle était plus amante que mère.

Mais cette enfant-fantôme reparut quelque vingt et un ans plus tard, et réclama à la Baronne, toujours en vie, sa part d'héritage. Madeleine était morte entre temps. La Baronne, comme elle l'eût dit, l'envoya paître. On supposa dans la famille que « la personne en question » était tombée dans de mauvaises mains, peut-être celles d'un avocat socialiste. Un seul membre éloigné de la tribu prit parti pour elle, et j'ai plaisir à dire que ce fut mon demi-frère. Fils de Berthe, et conséquemment cousin germain de « la personne en question », il juge avoir son mot à dire sur le sujet. On lui fait sentir qu'il se trompe. « La personne en question », née de mère inconnue, n'avait aucun droit légal. Il s'emporte au nom de la justice, ce qui lui fait honneur. On ne lui cache pas que son insistance lui fera perdre un jour sa part de l'héritage laissé indivis entre la Baronne et ses enfants. De sa défunte mère, lui explique-t-on, il n'hérite rien. Michel a mangé la dot de sa femme, dont on ne mentionne pas qu'elle était fort mince ; il a même fallu, durant la dernière maladie de Berthe, offrir à Michel des subsides. On n'ajoute pas qu'il les a refusés. Michel-Joseph, qui a de la finesse, subodore tout cela et hausse les épaules. Il soupçonne d'ailleurs la famille de sa mère d'avoir plus de dettes que de biens à partager. Mais ce jeune homme dur est parfois capable de pitié romanesque ; la conduite indigne des siens envers l'intruse a fait de lui un chevalier. L'affaire est classée, certes, mais elle a ébranlé sa foi dans l'honnêteté des « bonnes familles » à laquelle il tient, parce que son père n'y croit pas.

Le Baron mourait tout doucement. Sa maladie de cœur, qu'il avait depuis des années, était une vieille ennemie avec laquelle il s'était habitué à vivre. Mais chaque chagrin l'aggravait. Il ne parlait jamais de ses fils. L'épais Baudoin buvait des verres au village avec des camarades de tournées qui affichaient des opinions radicales, et couchait avec leurs sœurs. Ses gros mots étaient restés célèbres, mais il les grommelait maintenant au lieu de les beugler. Du second fils, Fernand, il n'y avait plus rien à dire. Des années ont passé depuis l'époque où, jeune capitaine de vaisseau, il avait subrepticement introduit une femme à bord, et failli se faire remercier par sa Compagnie. Désormais, il est l'un des commandants les plus respectés et passe son temps à terre, à Libourne, avec une tendre amie de son choix, naguère la

coiffeuse la plus appréciée de la ville. Le Baron garde au
cœur un coin d'amertume qu'il ne soit pas, comme on
l'avait rêvé, entré dans la marine de guerre, mais ses
examens ratés au Borda sont depuis longtemps de l'histoire
ancienne. De plus, il ne vient jamais à Fées, ce qui empêche
aux aigreurs et aux acrimonies de s'exprimer.

Comme il arrive souvent avec ces maladies invétérées, la
fin vint vite, et presque sans qu'on l'eût prévue. A la vérité,
depuis des années, son propre corps prévient le malade,
mais son esprit s'arrange pour minimiser les signaux de
détresse rabâchés depuis si longtemps déjà. Le Baron ne
monte plus à cheval ; l'équitation lui fait mal aux reins. Le
temps d'ailleurs est bien passé où son seul luxe était d'avoir
des chevaux de relais et un attelage tout prêt pour le jour où
le roi légitime reviendrait en France, ce royaliste fidèle
jusqu'à la mort à la branche aînée sait maintenant que cette
restauration n'aura pas lieu en France. Encore une de ces
déceptions profondes qui vous dégoûtent d'exister. Il n'a
plus la force de s'occuper de ses fermes, et Baudoin est
incapable de le remplacer, mais il y a chez les villageois une
sorte de loyauté envers cet homme intransigeant et juste ; les
fermages sont payés, et le travail est fait.

Le Baron au moins cultive encore ses rosiers. Un jour, un
beau vagabond, un peu dégoûtant, un peu gras, du genre
moitié mendiant et moitié chapardeur, réputé dans toute la
région pour quelques méfaits, pousse la grille, et parvient
jusqu'à la terrasse du château, près de laquelle un vieux
monsieur en chapeau de paille et veston d'alpaga prend soin
de ses Maréchale Niel, et lui explique qu'il lui faut cinq
ronds.

— Je n'ai pas d'argent pour des espèces comme vous, dit
le Baron sans cesser de manier son sécateur.

Et, avec cette grandiloquence gourmée, qui, à son époque, était déjà plutôt du style de son grand-père que du sien :

— Misérable ! Ça n'a même pas un toit sur sa tête ! Tu déshonores le village qui t'a vu naître.

Le vaurien plisse sa bouche amère au coin de laquelle pend un mégot :

— Et vous, dites donc, êtes-vous si sûr que ça d'en avoir toujours une, de maison ?

Le Baron ne vécut pas assez longtemps pour se voir en 1914 parmi les foules de réfugiés encombrant les routes.

Sa fin, à part un incident atroce qu'on verra tout à l'heure, fut digne. A plusieurs reprises, il lui arriva de devoir s'arrêter sur l'escalier, à bout de souffle. Il décida de garder la chambre. En jetant les yeux autour de lui pour examiner, peut-être pour la première fois, cette pièce qu'il habitait depuis que Marie-Athénaïs et lui faisaient chambre à part, il en constata, non sans une certaine satisfaction, l'extrême nudité, qui lui rappela celle de ses logis temporaires, durant ses années de garnison. Les quelques beaux meubles ont été vendus, il y a beau temps, pour acquitter sur le champ les dettes des deux fils. A la vieille commode Louis-Philippe, avec ses deux flambeaux ternis, au lit, qui était presque un lit de camp, il fit ajouter un fauteuil Voltaire, ne parvenant plus à dormir couché. On plaça aussi dans un coin l'inévitable chaise percée. Le domestique lui montait ses repas et faisait sa chambre. Après un certain nombre d'accès de suffocation nocturne, au cours desquels il n'appelait personne, bien qu'une sonnette fût à portée de sa main (mieux vaut crever seul qu'entendre pleurnicher des femmes), il comprit que c'était la fin. Il n'avait jamais cru, et n'allait pas commencer à le faire. Il s'était obligé à se rendre à la grand-messe et à faire ses Pâques, parce qu'un homme bien né se doit de donner l'exemple, et que la religion est nécessaire au bon ordre de la société. Pour rester jusqu'au bout dans son rôle, il demanda au village d'assister à la cérémonie de l'Extrême-Onction. On mit sur la commode une serviette blanche ; les deux flambeaux furent astiqués et polis pour l'occasion, et le crucifix devant lequel matin et soir la Baronne faisait sa prière fut placé entre eux. Les gens entraient les uns après les autres, s'efforçant de ne pas faire trop de bruit ; les domestiques se tenaient au dernier rang dans le corridor.

Assis tout droit dans son fauteuil, un plaid sur les genoux, bien que ce fût un beau temps d'été, il laissa sans broncher le curé faire ce qu'il appelait « ses simagrées » avec l'huile bénite, et reçut l'hostie avec la déférence convenable. Il serra la main des villageois qu'il connaissait le mieux, salua les autres d'un signe de tête, et, ayant rempli ce qu'il dénommait « les devoirs de son état », referma définitivement sa porte. Le domestique en redescendant trois fois par jour de chez Monsieur répondait invariablement qu'il allait comme ci, comme ça. On le trouva mort un matin.

Michel garda toujours un coin d'admiration pour cet homme têtu, borné peut-être, mais d'accord jusqu'au bout avec soi-même, n'ayant jamais rien demandé à la vie, et ne se souciant pas de celle qui viendrait. Mais un incident qui eut lieu deux ou trois nuits après l'Extrême-Onction lui enleva toute sympathie pour le moribond. Le chien de garde, toujours à la chaîne devant sa niche, pas loin de la grille, aboyait, comme c'était sa fonction de le faire au moindre bruit qui eût pu révéler la présence, réelle ou imaginaire, de vagabonds et de maraudeurs. Il lui arrivait aussi de hululer la nuit, la tête rejetée en arrière comme celle des loups, ses ancêtres, rêvant peut-être d'une femelle, ou flairant une bête sauvage, ou se plaignant peut-être à on ne sait quels dieux canins d'être éternellement enchaîné. Une nuit, ces hululements se prolongèrent plus que de coutume, réveillant le malade de l'un de ses courts sommeils, et le terrifiant peut-être, comme effraie dans les bois le hululement d'une chouette. Vers le matin, Michel entendit un coup de feu. Les abois devinrent le hurlement lugubre d'un animal qui souffre et qui sait qu'il meurt. Michel descendit dans la cour. L'animal à l'épine dorsale brisée s'était traîné tout sanglant sur le sol de toute la longueur de sa chaîne. Son sang paraissait gris dans le gris du matin. Michel lui enleva son collier, pour lui donner au moins l'illusion de mourir libre. Ce fut bientôt fait.

Le Baron s'était levé pour prendre une carabine dans un coin de la chambre. Il s'était ensuite recouché, ou plutôt rassis, sans même se donner la peine de tirer une seconde fois en guise de coup de grâce, content peut-être d'entendre agoniser cette bête qui l'avait souvent empêché de dormir, satisfait surtout, moribond qu'il était, d'avoir encore eu la force qu'il avait fallu pour accomplir un acte de vie et de mort et de s'être rassis dans son fauteuil sans un battement de cœur de plus. En fait, le Baron, en commettant ce meurtre, avait sans doute tiré sur soi-même.

Son enterrement fut digne de lui. On se conforma exactement aux instructions qu'il avait laissées. Il avait demandé un cercueil de bois blanc, et ordonné qu'on le menât au cimetière dans la plus vieille des charrettes de la ferme, traîné par deux bœufs. La charrette bien récurée était couverte de feuillages et de ramures. On passa lentement entre des champs déjà moissonnés et des prairies déjà fauchées. Ainsi, avec une solennité rustique, cet homme qui n'était jamais sorti de son Moyen Age alla rejoindre ses ancêtres.

Grand-Gué est presque le contraire de Fées. La demeure aux murs de pierre soigneusement taillés, aux fenêtres et aux encorbellements symétriques, garde la tranquille sévérité des belles plaisances du XVIIe siècle. Ses proportions justes, ses pièces spacieuses évitent également la mesquinerie et l'emphase. Les vieux portraits sans grande valeur artistique, produits de peintres anonymes, sont tous authentiques, sans repeints et sans blasons ajoutés. Çà et là, un portrait de magistrat ou d'officier frappe par une sorte d'intégrité qui fut peut-être celle du modèle vivant. Mais la gloire de Grand-Gué consiste en son parc. Les villageois, depuis trois générations déjà, l'appellent « la folie de Sacy ». L'arrière-grand-père, le grand-père et le père de Paul sont réputés, comme il l'est lui-même, avoir été ou être des personnages « regardants », sinon avares, mais on dit dans le pays que les allées au gravier soigneusement ratissé, sans une feuille morte, sans un rameau brisé, pourraient aussi bien être pavées d'or. Cinq avenues partant du château tracent à travers les grands bois leur dessin d'étoile. Deux d'entre elles s'arrêtent à la lisière de la forêt proprement dite, propriété aussi de la famille, et sur la lisière de laquelle on aperçoit parfois dans la distance le bond d'une biche ou la silhouette épaisse d'un sanglier. La troisième et la quatrième donnent sur le village et sur une colline avec une église, la dernière sur la mer, assez lointaine pour être devinée plutôt que perçue, mais à laquelle la demeure doit son nom, choisi peut-être par un aïeul ayant appartenu à la marine royale, parce qu'avec les yeux de la foi on parvient, dit-on, par les jours clairs, à distinguer de loin la côte ennemie, c'est à dire l'Angleterre. Des provinciaux de bonne race, mais sans la moindre prétention de monter jamais à

Versailles dans les carrosses du Roi, se sont créé ici un parc
de Lenôtre, sans nudités mythologiques et sans jets d'eau.
Michel qui a tant aimé les parcs fleuris de l'Angleterre
impute ici l'absence de floraisons au jansénisme, comme à
Fées il en accusait l'indolence, mais c'est la joie et l'orgueil
des hommes de la famille de faire faire à leurs invités le tour
du parc en landau, ou, s'ils sont cavaliers, de les promener
sur les pistes moussues des sous-bois. Paul de Sacy reste
fidèle à la tradition.

C'est ici que Marie, encore toute jeune, est entrée dans sa
vie de femme mariée, comme, si les circonstances eussent été
différentes, elle fût entrée en religion, et avec la même
chaude bonne volonté. La différence d'âge entre eux était
grande. Michel avait douze ans, plus ou moins, quand leurs
parents, qui pratiquaient la restriction des naissances, non
de peur d'encombrer le monde, problème auquel ils ne
pensaient guère, mais pour éviter d'avoir à diviser en trop
de parts l'héritage, décidèrent de donner une remplaçante
ou un remplaçant à leur aînée, morte à quatorze ans écrasée
par un charroi sur la pente du Mont-Noir. Michel, légèrement blessé, était remonté au château et avait été pour sa
mère le messager du malheur. Il avait treize ans, ou un peu
davantage, et se trouvait quelque part dans un quelconque
collège, quand la petite (elle était heureusement de sexe
féminin) vint au monde. Il l'aperçut rarement au cours des
années qui suivirent, durant les vacances qu'il s'arrangeait
pour écourter le plus possible, sentant bien que sa présence
irritait sa mère. Il eut néanmoins le temps de constater que
la petite, elle non plus, n'était guère choyée.

Plus tard, un bref retour au foyer de celui qui était déjà le
fils prodigue donna lieu à une photographie posée dans
l'atelier le plus sélect de Lille : un groupe de famille destiné
à prouver que le rebelle était rentré au bercail. Ce ne fut que

pour quelques jours, mais l'appareil à fixer les images a
conservé celle d'une fillette allongée sur un tapis turc,
croisant ses longues jambes fines dans ses bas noirs de
pensionnaire, deux parents compassés, le père indulgent, la
mère autoritaire, et un jeune homme rêveur qui était le
Michel de ces années-là. Plus il y repense, plus Noémi
devient pour lui une Némésis, une Méduse. Pourquoi le
frère et la sœur ont-ils tous les deux été exposés à cette
hargne qui est plutôt d'une marâtre que d'une mère ? Noémi
en veut-elle à Marie de n'être pas la petite morte, de même
qu'elle en a voulu à Michel de n'être qu'effleuré par la
catastrophe qui tua la chérie ? Ne pardonne-t-elle pas à
Marie ses couches difficiles de femme mûre ? Il semble que
cette épouse acariâtre n'ait aimé que l'enfant disparue, et se
souvenant d'obscurs épisodes de sa petite enfance, Michel se
demande même si cette aînée tant pleurée n'a pas surtout
été chérie morte. Il cherche à tout cela des raisons ensevelies
peut-être dans les lits conjugaux de Lille et du Mont-Noir.

Plus tard encore, déserteur à qui la France était interdite,
mais qui réussit, grâce aux clins d'yeux bienveillants des
autorités locales, à passer deux ou trois fois la frontière, il
revit Marie, charmante dans sa première robe de bal, toute
simple à un âge où par timidité ou par désir de plaire on est
rarement simple. Quelques mois de plus, et elle est la garde-
malade efficace de leur père mourant qu'il est revenu voir en
cachette, tendrement acceptée par le vieil homme rétif aux
soins revêches de Noémi et aux services patauds des Bonnes
Sœurs.

La page d'album tourne encore : il assiste au mariage de
Marie. Le jeune homme d'une trentaine d'années, sorti
d'une très bonne et très vieille famille provinciale, ne plut
qu'à demi à son beau-frère. Ce visage un peu morose a
l'expression contrainte de ceux qui exigent trop d'eux-

mêmes et craignent perpétuellement de se sentir tentés. « Paul est difficile », admet la mariée avec son beau sourire. Mais Marie l'a choisi de son plein gré, ou a de son plein gré accédé au choix des siens. Un voyage à Lourdes, au cours duquel ils se sont révélés l'un à l'autre dans leurs fonctions d'infirmiers bénévoles, lui a fait apprécier la piété du jeune homme qui égale ou surpasse la sienne. Les longues heures dans ce train des malades ont établi entre eux une espèce d'intimité rare à l'époque entre fiancés. Au retour du mariage, Michel, passant discrètement de nuit la frontière belge, salué par un vieil employé des chemins de fer qui le reconnaît, songe aux nouveaux mariés repartis immédiatement pour Grand-Gué et se demande ce que sera cette nuit de noces chrétienne. Il se dit que ce Paul austère et silencieux aime peut-être Marie plus encore qu'il n'en est aimé, et surtout la désire comme Marie à vingt ans n'imagine pas encore qu'on puisse désirer quelqu'un. Mais ce chrétien exemplaire tient sans doute à ne pas mettre trop de chaleur sensuelle, ou même de tendresse humaine, dans ce qui pour lui est avant tout un sacrement.

Lorsqu'enfin une amnistie lui rouvrit la France, Michel se rendit assez souvent à Grand-Gué. Il guette, d'une oreille attentive de musicien, les moindres dissonances possibles; peut-être n'existent-elles pas ou se sont-elles déjà résolues en accord. Marie approchait de la trentaine; elle avait deux enfants; un troisième allait suivre; elle s'était faite aux singularités de cet homme à mille facettes, mais taillé dans du jais plutôt que dans du cristal. Elle accepte ses directives en matière de religion et de politique; elle n'en connaît d'ailleurs pas d'autres. Il exclut bien entendu de son univers les protestants et les juifs (il n'a jamais eu l'occasion de frayer avec ces deux espèces humaines), ne toucherait pas du bout des doigts un livre à l'Index, et se refusera plus tard à entendre avec Michel les chœurs de l'église russe de la rue Daru, sachant que sa présence dans un lieu schismatique déplairait à Dieu. D'autre part, que Léon XIII conseille aux catholiques français d'être moins rétifs au gouvernement de la République, et pour lui, comme pour les invités de la belle Madame de..., ce pape touche-à-tout n'est plus que l'évêque de Rome. Il dépense sans compter pour les œuvres, mais Marie ne parvient pas à tirer de lui quelques sous pour une mendiante sénile ou un bâtard abandonné par sa mère : il ne croit qu'aux charités organisées. Il a ouvert à Grand-Gué un dispensaire en face de l'église, et fait en sorte qu'un officier de médecine vienne chaque semaine s'occuper sur place des malades et des éclopés ; il ne dédaigne pas entre temps d'aider Marie à rouler un bandage ou à badigeonner d'iode la poitrine d'un enfant qui tousse, mais jamais bienfaiteur n'a été moins aimé.

Son avarice fait rire le village : s'il lui arrive de donner à son valet de chambre ses vêtements usagés, de drap sombre, coupés par le meilleur faiseur, mais qui lui font toujours penser à ceux que portaient les messieurs de la Congrégation sous Louis XVIII, il advient aussi, paraît-il, il arrive aussi qu'il les reconnaisse, délustrés et retournés, sur le dos du domestique, à qui il les reprend, après lui avoir allongé la somme dépensée chez le tailleur. On va jusqu'à dire qu'il garde de vieilles boîtes à bonbons d'excellents confiseurs parisiens, et les remplit peu à peu de chocolats légèrement blanchis, ou de pralines écornées que quelqu'un a mordillées sans aller plus loin. Les plus moqueurs assurent même qu'il y aligne les amandes de dragées sucées. Ce sont là ses contributions au Noël des pauvres. Chez lui, ce renonçant exige les mets les plus fins, mais souvent les refuse quand on les lui offre, ou plonge distraitement dans le plat la cuillère d'argent pour la reposer ensuite. Les calorifères de Grand-

Gué sont toujours allumés un peu trop tard et éteints un peu trop tôt. Marie porte des sweaters de laine. L'avarice, si réelle qu'elle soit, n'explique pas tout. C'est parce qu'il est resté sur sa faim, et aussi pour ne pas laisser se perdre ce don de Dieu qu'est la nourriture, qu'il décide de prendre au dernier moment sur l'assiette de Marie ou des enfants l'œuf ou le gâteau qu'ils n'ont pas touchés. Souci d'économie, comme les bonbons avariés des pauvres, mais aussi humilité, mortification des sens et dressage de la volonté. S'il reçoit une enveloppe dont l'en-tête ou l'écriture lui apprend qu'elle provient du notaire qui fait valoir ses fonds, ou d'un parent dont l'état de santé l'inquiète, il se force à la fourrer dans sa poche pour ne l'ouvrir que le lendemain. Pas de concession à l'impatience, à la curiosité ou au désir. Michel se demande si cet ascète qui est parfois un voluptueux n'agit pas de même en matière d'amour.

D'imperceptibles failles séparent cet homme et cette femme socialement si proches. On assure que Paul, en épousant Marie, a dû renoncer pour ses enfants au titre de chevalier de Malte, le grand-père très plébéien de Noémi ayant, disait-on, trempé dans des affaires de biens noirs. De telles considérations influençaient-elles le Grand Maître de l'Ordre dans sa belle villa romaine du Mont-Aventin ? Je ne sais, et me demande même si Paul possédait en fait ce titre dont le mariage avec Marie aurait fait déchoir sa progéniture. Tout ce qui touche aux prétentions nobiliaires est presque toujours du domaine de la Fata Morgana. Mais des nuances plus subtiles différencient ces époux en apparence si unis. Paul, dont les parents se sont accordé des mois d'hiver sur la Côte d'Azur, alors belle, et fréquentaient à Paris les vieux milieux légitimistes, a eu l'occasion de visiter ici un musée, là un beau site, ou, boulevard Saint-Germain, d'anciens hôtels où s'entassent les œuvres d'art, pas tou-

jours meilleures, mais plus nombreuses et plus intelligemment présentées que celles qu'on voit dans les demeures de
province. Il s'est rendu à Rome à plusieurs reprises ; Marie
n'y est allée qu'une seule fois, en voyage de noces, et se
souvient surtout de l'audience que leur a accordée le Saint-
Père. Depuis, ses enfants la retiennent à Grand-Gué. Paul a
fait au Portugal un bref séjour à l'occasion d'un Congrès
Eucharistique ; il aime à évoquer la beauté des paysannes
portugaises, leurs manches remontées laissant voir leurs
bras nus qui soutiennent sur leur tête la jarre de terre cuite
pleine d'eau, comme autrefois la Sainte Vierge à Nazareth.
Marie écoute ces louanges avec un peu de gêne, comme si
elle soupçonnait une pointe d'illicite dans tout goût de la
beauté. A Paris, où il va de temps en temps conférer avec
son homme d'affaires — il a toujours deux ou trois litiges
d'héritage —, il lui arrive parfois de visiter une galerie ou
d'entrer chez un antiquaire, non pour acquérir un objet —
qu'a-t-on à faire de toutes ces possessions, et de toute façon
une œuvre d'art ne signifie pour lui que si, comme les
quelques beaux meubles et les quelques bons tableaux de
Grand-Gué, elle a appartenu depuis plusieurs générations à
la famille — mais il a du goût, il va même jusqu'à Renoir et
jusqu'à Monet. Un beau jour, il rapporte à Marie un
cadeau : un carton de forme allongée que noue un ruban
blanc. Marie comme toutes les femmes aime la toilette, tout
en se restreignant sur ce point. Elle espère vaguement une
de ces blouses montantes et finement plissées qui étaient
l'un des luxes de l'époque. Mais le papier de soie écarté
découvre une étoffe d'un rose pur et glacé, aux tons
doucement amortis, sur lequel se détachent de sombres
branches de prunier. Les corolles à peine écloses semblent
frissonner encore de froid. Sur un rameau, un oiseau est
perché. Marie déplie l'exotique étoffe : c'est un kimono de

soie de l'époque Meiji, de ce style ample et floral dont
certains grands artistes de nos jours, dénommés officiellement là-bas trésors nationaux vivants, ont encore conservé
le secret. Elle contemple avec étonnement les larges
manches, destinées, à en croire la littérature japonaise, à
essuyer discrètement des larmes, l'obi tissée où chatoient
des fils d'argent, faite pour enserrer la taille, et qu'un goût
raffiné choisit d'une texture et d'une couleur contrastant
avec celle du vêtement. Paul lui explique que ce costume à
Paris est devenu un négligé à la mode, mais la jeune femme
rougit violemment, comme soufffletée, et sanglote :
— Tu me prends pour une fille! Tu me prends pour une
fille!
Elle a grandi, instruite par sa mère dans les principes de
la décence bourgeoise, d'après lesquels une femme comme il
faut s'habille de pied en cap de bon matin, d'une honnête
robe de bonne laine ou de taffetas ajustée au col et aux
poignets, ou tout au plus, pour être de son temps, d'une jupe
et d'un strict chemisier, et se protège d'un fin tablier si par
hasard elle a à s'occuper elle-même des enfants. Elle
n'échange tout cela que, les soirs « où l'on sort », pour la
toilette de bal décolletée comme le veut l'usage, ou pour la
plus discrète robe de dîner, de préférence sombre. La nuit
s'écoule en flanelle blanche ou en batiste, mais nul négligé
n'est permis. Le kimono évoque pour Marie les chaises
longues et les boudoirs de filles perdues. Si par hasard une
occurrence extraordinaire, le feu ou la maladie d'un enfant,
oblige une honnête femme à se montrer au saut du lit, il est
convenable de passer un jupon de dessous et de se couvrir
les épaules d'un châle, équipage dans lequel personne ne
l'accusera de coquetterie. Sans doute Paul n'a jamais vu sa
pudique compagne en état complet de nudité. Marie ignore
que ces Asiatiques qu'elle suppose dévergondées, puis-

qu'elles ne sont pas chrétiennes, épouses loyales ou habiles geishas, ont des pudeurs analogues aux siennes, et rechignent à faire l'amour sans vêtements. Le kimono est soigneusement replié dans son carton et placé au haut d'un placard. Il y est peut-être encore.

Elle est pourtant si peu timide devant la vie qu'à elle seule Michel a confié spontanément, dans tous ses détails, cet épisode obscur et enfoui de son existence, la mort de Berthe et de Gabrielle. Vers la même époque, Fernande elle aussi les apprendra de lui, mais parce qu'il se doit d'informer celle qui sera sa seconde femme. Marie a été d'ailleurs la seule de la famille qui ait approuvé ce second mariage avec une étrangère (une Belge!), et relativement peu fortunée. Elle souhaite que Michel soit heureux, et croyant en l'état conjugal, elle l'approuve d'en faire de nouveau l'essai. Elle a accepté pour quelque temps de s'occuper du jeune Michel, dans l'intervalle entre deux collèges, mais l'adolescent se déplaît, chose peut-être assez naturelle, chez cet oncle et cette tante qui se conduisent comme un couple d'époux des premiers siècles du christianisme; il croit sentir flotter autour d'eux l'odeur de formol du dispensaire. D'autre part, l'arrogance du jeune homme irrite Paul et offense Marie. Elle lui reproche de donner des ordres tranchants aux domestiques qui servent à Grand-Gué depuis des années, et dont elle tient à ce qu'ils soient considérés, à un degré plus éloigné, comme membres de la famille, et que le ton parfois cassant de Paul inquiète déjà. De plus, une amourette de l'adolescent lui donne des appréhensions pour l'avenir... Si jamais, son propre fils... Michel, pour l'éprouver, l'interroge :

— Que ferais-tu, si Ernest avait dix-sept ans au lieu d'en avoir six, et s'il engrossait la fille de cuisine?

Elle réfléchit :

— Je crois que je prierais Dieu sans cesse pour qu'il me donne la force de le persuader de l'épouser.

Elle demanda discrètement à Michel de reprendre son fils, ce qu'il fit.

Ce mois de mai 1901, Marie a ce qui représente pour elle des vacances, les seules qu'elle s'octroie. Pendant quinze jours, dans un couvent de Lille, elle prend part à une retraite. Des dames se rejoignent là pour vivre pendant deux semaines une existence quasi claustrale, durant laquelle le temps se passe à prier, à assister au service dans la chapelle du couvent, à méditer ou à lire de pieux ouvrages, et où, même durant les brèves conversations au parloir ou au jardin, ces dames sont discrètement découragées de parler de leurs maris, de leurs enfants, de leurs domestiques ou de distractions mondaines, ou encore de se montrer l'une à l'autre des photographies de famille. Le silence règne, et, pour Marie au moins, c'est aussi un silence intérieur. Une série de causeries par des ecclésiastiques diserts sont supposées raviver chez ces pieuses personnes leur intérêt pour les vérités de la foi ; il semble parfois irrévérencieusement à Marie que ces homélies d'un ton quasi mondain l'emplissent d'un sentiment de vide et de sécheresse, défaillances du reste prévues par les docteurs de l'Eglise, et dont on sait qu'elles passent. Elle récite les prières habituelles et égrène les boules de buis de son chapelet, mais, contre son gré, l'attention parfois défaille, et il semble que le mouvement machinal de ses lèvres et de ses doigts la mène ailleurs dans un monde sans mots et sans gestes où elle s'étonne d'être. Sans le savoir, presque malgré soi, et sans même que son directeur le pressente, elle est arrivée à l'état d'oraison.

Par une fin d'après-midi un peu pluvieuse, dans sa cellule grise, devant sa table à écrire, elle lève distraitement les yeux. A Grand-Gué, un miroir ancien surmonte son secrétaire. Mais la cellule n'en comporte pas. Elle ne se voit pas, et sans doute si elle avait devant elle une glace, et par hasard s'y regardait, ce qu'elle fait d'ailleurs rarement en temps ordinaire, elle ne se verrait pas davantage. Elle ne voit pas cette femme qu'elle est et qu'elle accepte humblement telle quelle, sans savoir quelle splendeur de jeunesse et de vitalité habite ce visage un peu large, aux hautes pommettes, à la bouche bienveillante et ferme, aux yeux bleus rieurs sous les grands sourcils noirs. Qu'a-t-elle à faire d'ailleurs avec cette forme-là ? Elle refait son examen de conscience. A-t-elle trop joui de son corps qui ne doit être qu'un instrument ? Au dernier des bals de la préfecture, auxquels elle se doit de se rendre, a-t-elle trop dansé ? Même le lit conjugal, même un goûter sur l'herbe avec les enfants, peuvent être une occasion de péché. Il lui arrive parfois de soupçonner Paul de rencontrer à Paris des demi-mondaines (ces impures qui portent des kimonos) et d'avoir appris d'elles certains raffinements amoureux, auxquels elle s'est d'abord refusée, et que son directeur de conscience lui a conseillé d'accepter. Une bonne épouse se doit d'être sans soupçons envers son conjoint, et de toute façon le comportement des hommes est incompréhensible. Elle a manqué de charité envers une voisine de campagne qu'elle trouve prétentieuse ; elle a sans raison rabroué une bonne ; elle a parfois du dégoût pour les plaies des malades qu'au dispensaire elle s'oblige à soigner. Les larmes lui viennent aux yeux à chaque réponse un peu sèche de Paul, et elle sait que ce signe de chagrin, d'irritation aussi, est l'équivalent pour elle de ce que serait pour une autre femme une scène de ménage. Elle n'apprécie pas assez, à chaque moment qui passe, son bonheur

tranquille et monotone comme un jour d'été, privilège inouï
dans un monde où tant de pauvres gens souffrent. Mais il y
a aussi de l'arrogance à se vouloir sans défauts; il suffit
qu'elle fasse de son mieux. Elle se promet de s'y efforcer plus
que jamais. Bientôt, pourtant, ces choses auxquelles elle
pense, elle s'aperçoit qu'elle n'y pense plus. Ses idées
s'effacent. On se lève de très bonne heure au couvent; peut-
être va-t-elle s'endormir.

Elle prend machinalement une plume, la trempe dans
l'encre; son papier à lettres est dans un portefeuille ouvert.
« Mon cher Paul »; non, elle n'a rien à dire à Paul. « Mon
cher Michel », mais non, elle ne pense pas particulièrement
à son frère. « Mes chers enfants », non, ils sont trop jeunes
pour qu'elle leur écrive, et elle ne voit rien qu'elle puisse leur
confier. « Chère Maman », non, il est inutile qu'elle se
force; elle n'a rien à dire à sa mère. Ecrire à la famille n'est
d'ailleurs pas conseillé durant ces deux semaines de retraite.
Soudain, elle prend une feuille toute blanche, et, presque
sans savoir ce qu'elle fait, s'adresse à soi-même et à Dieu :

« En attendant que l'heure vienne de rendre notre âme à
Dieu, ne traînons pas notre vie dans la crainte de ce
moment, le seul certain. En recevant l'inévitable coup qui
doit nous coucher dans la poussière, ne tombons pas comme
l'animal, sans raison et sans amour, parce qu'il faut tomber.
D'avance donc, et parce qu'il faut tout prévoir, parce que je
ne sais ni quand ni comment je mourrai, j'offre à Dieu le
sacrifice de ma vie pour le salut de ceux qui me sont chers.

Nous serons tous surpris par la mort. L'essentiel est
d'avoir fait le sacrifice de sa vie.

Faire toutes nos actions en Dieu, par Dieu et pour
Dieu... »

Elle signe le feuillet, le glisse dans une enveloppe qu'elle
clôt en humectant la colle du bout de sa langue, et y inscrit :

« Mes résolutions de retraite, mai 1901. » Elle place ensuite
la lettre dans une poche de son portefeuille. On l'y
retrouvera après sa mort.

Le 30 janvier 1902, vers huit heures du matin, Marie,
assise dans le petit salon qui est aussi la salle à manger des
enfants, surveille patiemment ses deux aînés qui boivent
leur lait chaud à peine additionné de café à la chicorée et
dévorent leurs tartines. Ils se tiennent bien, ne se donnent
pas de coups de pied sous la table, ne frappent pas de leur
cuillère contre leur assiette. La petite, qui a environ deux
ans, est sur les genoux de sa mère. Le feu bruit dans la
cheminée ; la petite pendule Louis XVI grignote le temps.
Tout à coup, le nouveau garde-chasse, un garçon de seize
ans, qui vient de remplacer son père, auquel ses rhuma-
tismes ne laissent pas de répit, entre en courant. Il est si
excité qu'il a même oublié de déposer dans le vestibule son
fusil, probablement chargé, et Marie le lui reproche doucement. Mais il s'écrie :

— Venez vite, Madame, venez voir ! Il y a toute une
troupe de sangliers qui traversent le bois, dans le brouillard,
au bout de l'avenue.

Ce sont de ces spectacles qu'on ne manque pas à la
campagne. Les sangliers ne sont pas rares à Grand-Gué,
mais il est peu commun de voir se déplacer toute la harde.
Marie passe un paletot-sac sur sa blouse et sa jupe de laine,
met des galoches, se couvre la tête du châle noir que Paul lui
a rapporté de Lisbonne. Pendant ce temps, la bonne
emmitoufle les deux enfants assez grands pour sortir avec
leur mère.

C'est tout un groupe qui s'aventure dans le matin d'hiver.
Marie d'abord, accompagnée du jeune garde-chasse, et
tenant par les mains le petit Ernest et la petite Jeanne.
Quelques pas en arrière, les bonnes et le valet, vite avertis,

dont aucun ne veut manquer cette distraction. Monsieur de Sacy, qui travaillait dans son bureau, les suit d'un peu loin. Il n'a pas sa carabine ; il n'est pas chasseur, et d'ailleurs ce n'est pas la saison des chasses. On ne tue qu'en automne, et rarement, pour honorer les invités.

Le jour, qui ne vient guère que de commencer, est froid et calme ; il y a çà et là sous les grands arbres des coins d'humidité et d'ombre ; ailleurs, le sol résonne sous les pas. Le gravier de la grande allée et la pelouse sont parsemés d'une poussière de neige.

Soudain, bien visibles à la lisière des bois où flotte encore du brouillard, on distingue les puissants et obtus quadrupèdes, préhistoriques dans la brume et dans la distance. Il y a du fantastique dans toute rencontre avec la nature sauvage. Un sanglier vu de près, fouillant de son groin à la recherche de racines, n'étonnerait pas et ne ferait peut-être qu'amuser, à condition de se savoir prudemment hors de portée de ses défenses. Toute une harde de puissants animaux migrant d'une partie de la forêt à l'autre semble au contraire appartenir à un autre temps du monde, où l'homme en présence des bêtes pressent encore l'existence des dieux. Le jeune garde-chasse saute de joie, et, dans son excitation, sans même essayer d'atteindre l'un des grands porcs sauvages, tire un coup de feu.

Au même instant, ou tout au plus une seconde plus tard, Marie s'effondre sur elle-même sans lâcher la main des enfants. La balle ricochant contre le tronc d'un chêne est revenue la frapper en plein cœur. Elle n'a peut-être pas eu le temps d'entendre le coup qui l'a tuée.

Monsieur de Sacy s'approche rapidement, détache des mains de leur mère les doigts des deux enfants plus étonnés qu'effrayés et renvoie les petits vers leur bonne ; il étend de tout son long sur le sol la jeune femme prostrée. Il soulève la

paupière ; il cherche l'haleine sur les lèvres et les battements
du cœur sous le corsage avec l'attention pensive d'un
médecin. La vie n'est nulle part. Marie semble couchée sur
le gravier saupoudré de givre comme si elle l'était depuis
toujours.

Il se redresse et enjoint aux servantes et aux domestiques
qui s'agitent, braillent ou sanglotent, de se calmer et de
veiller silencieusement sur la morte, et charge l'un d'eux
d'aller prévenir le jardinier qui les aidera à improviser une
civière. Dès le coup de feu tiré, il a cherché des yeux le jeune
garde-chasse ; il l'a vu jeter son fusil et s'enfuir à toutes
jambes à travers les bois qui séparent Grand-Gué du village.
Sitôt ses ordres donnés, Paul abandonnant momentanément
Marie, pour laquelle il ne peut plus rien, marche à pas
rapides à la suite de l'adolescent. Sitôt hors de vue des
pleureuses, il prend le pas de course sous les sapins dont il
connaît chaque nœud de racine. Il atteint à l'orée du village
la maisonnette des parents d'Eustache (c'est ainsi que le
jeune garde-chasse s'appelle) presque en même temps que le
jeune homme lui-même.

Il pousse la porte et s'arrête, aveuglé par la pénombre (les
volets comme partout dans la région sont souvent tenus à
demi fermés) et se sent pris à la gorge par l'odeur d'un poêle
à charbon qui tire mal et sur lequel bout la cafetière. Les
deux parents, tremblants, sont assis côte à côte, derrière le
grand lit conjugal qui emplit un tiers de la pièce. Eustache
s'est jeté à plat ventre sur son lit étroit et sanglote, ou plutôt
hurle, la tête entre les mains. Monsieur de Sacy s'approche :

— Ne crains rien, mon garçon. Ce n'est pas ta faute.
Certes, tu n'aurais pas dû faire feu sans un ordre. Mais ce
n'est pas toi qui as fait ricocher la balle ; c'est le Bon Dieu.
Tu vas rester à mon service. Personne n'a l'intention de te
punir.

Et, avant de sortir, il répète son propos aux parents épouvantés. Le jeune garçon qui s'est redressé le regarde sans comprendre. Paul se rapproche, lui caresse maladroitement le front, et s'en va.

Il ne s'occupa plus ensuite que de sa femme morte. Les obsèques n'eurent lieu que la semaine suivante, pour permettre aux proches parents de se réunir, et à Michel et à Fernande de rentrer du Midi, où ils se trouvaient. Noémi vint de Lille, mais la mort violente de sa fille cadette ne la bouleversait pas, comme l'avait fait trente-trois ans plus tôt celle de l'aînée. Elle avait l'âge où l'on ne pleure plus beaucoup les morts. Mais les langues allaient leur train dans toute cette région du Nord. Les rumeurs qui avaient couru lors de l'accident d'autrefois recommencèrent. Les pieuses gens voyaient dans ces deux fins tragiques le châtiment d'une grande fortune construite autrefois sur les biens d'émigrés ou des biens d'Eglise, ce qui est une conception rudimentaire de la justice de Dieu. Il n'est pas sûr qu'un coin de cette superstition ne se soit pas enfoncé dans la conscience de Paul.

Michel et Fernande s'arrêtèrent à Lille pendant quelques jours. Moins d'une semaine s'était passée depuis l'enterrement quand Paul les rejoignit. Il avait sur lui les dernières résolutions de Marie, qu'il fit lire à son beau-frère. Michel les lui rendit sans trouver à les commenter, mais Fernande, qui n'avait guère eu l'occasion de rencontrer Marie, sent les larmes lui monter aux yeux, effrayée peut-être autant qu'émue par ce texte étrange, qui diffère à tel point du ton un peu fleuri de ses livres de dévotion. Quand les deux hommes sont seuls, Paul sort de sa poche une lettre sur papier quadrillé, parsemée de fautes d'orthographe et

composée dans le style guindé cher à certains illettrés. On
lui fait savoir — c'est une femme qui écrit — que Madame
la Comtesse est apparue à la soussignée, mais que la chère
défunte tient tout particulièrement à ne faire qu'en présence
de son bien-aimé mari certaines communications impor-
tantes. Madame Arsinoé Saindoux, voyante extralucide, 18,
boulevard des Batignolles. Les mains de Paul tremblent sur
les bras de son fauteuil.

— Tu crois à ces choses-là ? demande Michel, se retenant
de laisser paraître du dédain.

— Je ne sais. Puisque je crois en l'âme immortelle, je n'ai
aucune raison de supposer *a priori* qu'on ne puisse communiquer avec les morts.

Michel trouve le raisonnement juste.

— Mais l'Eglise désapprouve le spiritisme.

Paul a un geste excédé.

— Spiritisme ou non... Seulement, ajoute-t-il comme un
aveu qui lui coûte, j'ai peur...

— Veux-tu que je t'accompagne ?

C'est en effet ce qu'il voulait. Donnant une raison
quelconque pour leur soudain voyage à Paris, ces deux
messieurs prennent à Lille le train du matin.

Ils débarquent le soir sous la pluie fine et dans la boue de
l'hiver parisien, qui continuent pour eux celles du Nord. Les
réverbères jettent des reflets jaunâtres sur les pavés de la
Ville-Lumière. Le temps de déposer leurs valises au Grand-
Hôtel, et ils reprennent le fiacre qui les conduit 18,
boulevard des Batignolles.

J'abrège la description refaite cent fois depuis Balzac :
l'escalier raide (mais l'appartement est heureusement à
l'entresol), une femme lourde et molle qui vient pesamment

leur ouvrir en pantoufles et peignoir à fleurs, le relent banal
de pommades, de frites, et de bouquets fanés, le salon petit-
bourgeois avec au centre un guéridon à tapis de velours que
Michel s'imagine qu'on va faire tourner. Il se trompe. Après
avoir mentionné de nouveau l'importance des communications qu'aurait à faire la pauvre dame, et qui concernent,
paraît-il, ses enfants, la voyante bat des paupières, appuie sa
nuque sur la têtière de son fauteuil, et entre en transe
presque sans préambule, avec seulement les quelques
soupirs, les quelques petits mouvements convulsifs auxquels
on s'attend. D'une voix devenue lointaine, elle décrit la
scène : un beau jour d'hiver, Madame la Comtesse en
amazone de drap noir et chapeau à plumes, tombant de son
bel alezan, frappée au cœur par un chasseur maladroit, le
chapeau à plumes roulant à terre... Michel se lève.

— N'écoute pas plus longtemps ces insanités. Viens...

Paul le suit un peu à regret. La voyante brusquement
réveillée les agonit d'injures en les entendant prendre la
porte. Michel et son beau-frère marchent sans parler sur le
trottoir gras. Ils passent devant un kiosque à journaux.
Michel contemple un moment un exemplaire du *Petit Journal
du Dimanche* posé sur l'étalage, l'achète, et le montre à Paul.
C'était l'époque où l'illustration photographique n'était pas
encore descendue au niveau des petits journaux ; la lithogra-
phie en couleur régnait, illustrant les faits divers de la
semaine à l'aide de ses bleus et de ses rouges débordant un
peu les uns sur les autres, fille abâtardie des images
d'Epinal, et donnant à ses sujets « mondains » comme
celui-ci, un vague air de scène pour roman de Georges
Ohnet.

— Tu vois où ta sibylle est allée chercher ses renseignements ?

Il y a longtemps que les grossières erreurs de la presse,

quand ce n'est pas sa tendance au sensationnel et à l'imposture, ou, tout simplement, son besoin de satisfaire l'avidité et la bêtise du lecteur, ne l'étonnent plus ni même ne l'amusent plus. Paul repousse de la main l'image obscène.

— Je comprends tout cela... Mais, néanmoins, quand elle est entrée en transe, ne t'a-t-il pas semblé qu'un instant son visage s'ennoblissait, et que quelque chose comme l'écho d'une voix...

— Non, je n'ai rien vu ni entendu de pareil. Mais en ce cas la lecture de la pensée serait une hypothèse moins difficile à accepter qu'une visite du fantôme de Marie 18, boulevard des Batignolles. Tu étais assis en face de cette femme. Pourquoi n'aurait-elle pas trouvé au fond de toi un reflet ou un écho de Marie ?

— Peut-être bien, dit lugubrement Paul.

Il pleut plus fort. Ces messieurs pressent le pas. Michel essaie de faire avaler à son beau-frère un bon repas au Café de la Paix.

Du point de vue du sceptique prudent qui ne nie rien, mais fait l'énorme part qui convient à l'illusion et au mensonge, Michel a raison. Mais « l'hypothèse la moins difficile à accepter », et que Michel lui-même estime seulement à la limite du possible, n'élimine pas pour autant d'autres cheminements compliqués que Paul, dans son désarroi, a quelque peu humblement perçus. Dans l'obscur magma de ce qu'on appelle l'autre monde, où le pied, si nous nous aventurons sur ses bords, enfonce comme dans un marécage, il n'est pas impossible que des rapports puissent s'établir grâce à des intermédiaires équivoques, par le truchement d'êtres louches ou grossiers qui, du fait d'un don inexplicable, sont « bons conducteurs de l'inouï et de l'invisible », comme le gosier d'un individu stupide ou méprisable pour tout le reste est bon conducteur du chant. Mais il n'y a pas grand-chose à gagner à ces expériences toujours douteuses, et Monsieur de C., d'accord pour une fois avec les recommandations de l'Eglise, a bien fait d'en détourner Paul.

Mis en présence des dernières résolutions de Marie, il est impossible toutefois de ne pas se sentir sur un terrain qui tremble. Cette porte entrouverte donne à la fois sur la plus concrète réalité et sur le plus fuyant des mystères, qui est le temps. L'éternité n'est sans doute que la même chose autrement, mais les rapports que nous entretenons avec ces deux notions sont à la fois infiniment rapprochés et jamais susceptibles d'une solution adéquate, comme ceux du diamètre d'un cercle avec sa circonférence. A moins de s'enfoncer dans un obtus scepticisme, on est forcé d'admettre que Marie ici a franchi un seuil, sans le savoir peut-être, et ensuite sans s'en ressouvenir, et qu'elle a, « dans un miroir, sombrement » comme l'eût dit Paul de Tarse, vu sa propre mort. La mention des bêtes qui tombent comme elle est tombée, mais sans raison et sans amour est à la fois saisissante et pénible ; saisissante parce qu'elle semble faire allusion à la harde de sangliers aperçue ce matin-là, et dont presque tous sont destinés à subir un jour ou l'autre la mort violente qui a été celle de Marie, pénible parce qu'elle révèle l'insolente morgue de l'âme chrétienne devant la créature. « Qui sait, dit *L'Ecclésiaste*, si l'âme des bêtes va en bas ? » Qui assure à Marie que les animaux frappés à mort tombent « sans raison et sans amour, parce qu'il faut tomber » ? Elle a dû constater la tendresse souvent poussée jusqu'à l'héroïsme des bêtes pour leurs petits, la fidélité du chien à son maître, la patiente affection des chevaux pour leur compa-

gnon de peine. De quel droit s'arroge-t-elle une supériorité
sur le reste de ceux qui vivent et qui meurent ? Mais elle ne
s'arroge rien ; elle reste tout bonnement fidèle aux opinions
qui ont cours autour d'elle.

La mention du sacrifice gêne presque autant. Sublime à
première vue, cette donnée archaïque est inséparable d'une
odieuse conception de Dieu ou des Dieux. Ni Isaac mené au
sacrifice, ni Iphigénie tombant sur l'autel ne prouvent autre
chose que la déraison humaine. Mais la mort de Marie n'est
pas à proprement parler un sacrifice ; elle l'a prévue ; il ne
semble pas qu'elle l'ait voulue et suscitée, comme, par
exemple, ont voulu et suscité leur mort ces prêtres catholiques américains qui offrirent leur vie au cours d'une messe
pour obtenir la paix au Vietnam, et qui, du fait peut-être de
cette volition, succombèrent assez rapidement. Marie, elle,
a dû se contenter d'offrir sa résignation à la volonté de Dieu,
faisant ainsi le sacrifice de sa révolte et de sa peur, ce qui est
déjà beaucoup. Mais la réversibilité des mérites, qu'elle
espérait obtenir pour « ceux qui lui étaient chers », n'est pas
nécessairement évidente dans le monde où nous sommes.
Les prêtres catholiques, qui donnaient très volontairement
leur vie, et que nous mentionnions tout à l'heure, sont
effectivement morts, mais la guerre au Vietnam s'est
longtemps traînée et en un sens se traîne encore, mal
changée en une paix aux cicatrices infectées. Je décrirai plus
tard ce qui en advint des personnes chères à Marie : il
semble que leur vie se soit poursuivie tant bien que mal,
comme celle de tout le monde. Ce qu'on peut dire de plus
profond au sujet du sacrifice l'a été par le tantrisme, où
d'abord l'initié, dans un élan de ferveur, offre sa vie pour le
bénéfice de toutes les créatures, et s'apprête à se laisser
dévorer par elles au cours d'un rituel nocturne, le Chöd
rouge, célébré en pleine solitude, puis revient au même

endroit un an plus tard accomplir le Chöd noir, au cours duquel il constate qu'il n'est rien et n'a rien à sacrifier.

Durant les longues années de ma vie, à cette époque pas encore commencée, j'ai eu l'occasion de suivre, de façon intermittente et d'un peu loin il est vrai, ces êtres chers que Marie, soulevée hors de soi par l'étrange vision, avait souhaité aider de façon posthume, faisant de leur bonheur le contrepoids de sa mort. Les bienfaits que ce petit groupe d'individus en recueillit ne sont pas manifestes; ils semblent n'avoir été ni plus heureux, ni plus malheureux, ni meilleurs que la plupart des êtres appartenant au même pays, à la même classe sociale, au même temps. Le petit garçon et la petite fille dont Marie tenait les petites mains le jour de l'accident ont grandi, ont vieilli, sont morts. Ernest fut un soldat des années 14 fort cité à l'ordre du jour et fort décoré; je le revois encore, invité par mon père chez Ledoyen et songeant, avidité fort naturelle, à partir à temps pour ne pas manquer le lever de rideau des Folies-Bergère. A soixante ans, c'était un homme sérieux et distingué, un peu provincial, dont on parlait comme on avait parlé de son père autrefois, c'est à dire comme de l'image même du gentilhomme français. Jeanne se maria dans « nos familles », vécut en Touraine et y laissa des héritiers : je ne sais rien de plus. Cécile, trop petite pour être sortie de la maison ce matin-là avec sa mère, entra en religion vers la vingt-cinquième année; sa vie se passa dans un couvent français à Rome; retraitée — car l'Eglise a ses retraités —, elle revint mourir en France. Je ne l'ai vue que deux ou trois fois avant son entrée au couvent; elle semblait abrupte et difficile; la cousine de treize ans que j'étais ne l'intéressait pas. Elle finit, semble-t-il, en vieille religieuse éclairée et sage; j'eus parfois un mot amical d'elle par l'entremise d'un fils d'Ernest devenu prêtre. Peut-être ces deux vocations furent-

elles dues aux requêtes de Marie. Il se peut aussi que dans
ce milieu catholique elles se fussent de tout temps dévelop-
pées d'elles-mêmes. Quant à Paul, il se remaria au bout
d'environ deux ans avec la voisine de château dont Marie
avait eu honte de critiquer la prétention. Cette personne
bien née, un peu montée en graine, se flattait en effet de
posséder dans leurs derniers raffinements le ton et les
manières du meilleur monde ; elle les aiguisait, pour ainsi
dire, comme en restant de préférence dans les tons aigus,
elle aiguisait sa voix. Ce fut un ménage uni, qui eut deux
enfants ; elle adhérait, comme Paul, aux opinions de l'*Action
française* ; ils la lisaient ensemble le soir, comme dans
certains pieux couples protestants on lit la Bible. Uxorieux,
comme le disait autrefois l'Eglise, c'est à dire uni successive-
ment à ses deux femmes par un lien surtout charnel,
Monsieur de Sacy semblait céder davantage à la seconde
dans les petites choses, mais gardait autour de lui cette zone
désertique de froideur sèche, de politesse acariâtre dans
laquelle sans doute il se sentait libre. Dans le grand
appartement meublé avec un luxe sombre où ils s'étaient
installés à Paris pendant la guerre de 14, Grand-Gué étant
en territoire occupé, le mari et la femme s'étaient mis
d'accord selon les bons usages pour caser dans la salle de
bains leur précieuse provision de bois. Les Allemands
étaient, bien entendu, honnis, encore qu'un certain respect
pour la puissante organisation allemande subsistât (on ne se
serait pas abaissé, dans ce milieu bien élevé, à parler de
« Guillaume »), mais une grande partie des maux dont
souffrait la France étaient dus aux errements de la laïcité et
de la République. On aperçoit déjà, à travers des failles
presque invisibles, sous le patriotisme et le jusqu'au-
boutisme indiscutés, quelque chose de l'état d'esprit qui
s'imposera en 1940 en France.

De temps à autre, la seconde Madame de S. arpentait les quelque cent mètres de l'avenue d'Antin, qui séparaient son appartement et celui de Paul du nôtre. Egalement spacieux, mais moins sombre, ouvrant ses portes-fenêtres sur la cour intérieure d'un immeuble qui n'existe plus, avec ses murs tapissés de lierre et son parterre de buis taillés en fleurs de lys, l'appartement était à peu près vide de meubles. Michel qui l'avait loué cinq ans plus tôt, à l'époque de la vente du Mont-Noir, ne s'était jamais soucié d'y mettre autre chose que l'essentiel.

Madame de S. trouvait son beau-frère à lire, revêtu d'un vieux manteau (les calorifères du 15 avenue d'Antin étaient eux aussi fermés), avec autour de lui d'autres livres. C'était tantôt Shakespeare (« Il lit trop de livres étrangers »), tantôt les *Affinités électives* de Goethe (« En ce moment, lire un Allemand »), souvent, comble d'horreur, *Au-dessus de la mêlée,* de Romain Rolland (« Ce Suisse, qui se permet de juger la France ! » A cette époque, Romain Rolland était assez souvent supposé Suisse, les gens de bien ne s'imaginant pas qu'un Français pût se déshonorer en cherchant à départir sans biais entre les responsabilités de la France et celles de l'Allemagne). Ce livre, que Michel m'avait donné à lire, et qui fut ma première expérience de pensée à contre-courant, était devenu pour lui une ancre dans une mer de mensonges où des journalistes à gages, ou eux-mêmes partageant, en la multipliant autour d'eux, l'hystérie des foules, avaient plongé de grands peuples. Il aimait un peu mieux la France parce qu'un Français au moins, courageux et vilipendé, tâchait de faire face à ce chaos d'imposture. A d'autres occasions, il lui arrivait de lire un livre, un roman policier que Madame de S. lui empruntait.

Mais c'étaient mes livres, rangés sur ma table de travail, qui provoquaient surtout l'irritation de la visiteuse, cette fois exprimée tout haut. Des dictionnaires grecs et latins, une édition juxtalinéaire d'un dialogue de Platon, un Virgile. On sait que le latin brave l'honnêteté, et le grec sans doute aussi. Michel faisait remarquer à la dame que le grec est la langue des Evangiles. Mais déjà la seconde Madame de S. avait remarqué *La Cathédrale* et *L'Oblat* d'Huysmans, dans lesquels je commençais à m'informer du vitrail et de la peinture du Moyen Age. Comme toutes les personnes incultes, elle jugeait d'un livre par un mot pris au hasard, et qui lui paraissait exprimer l'opinion de l'auteur, même s'il était prêté à un concierge pris de vin. Mais Madame de S. ne lisait ni si avant ni si après. Elle tomba sur une conversation dans laquelle un personnage, en ce langage à la fois affecté et réaliste qui plaisait à l'époque, et qui est presque la marque de fabrique d'Huysmans, se plaignait d'avoir à manger « de la vache enragée d'âme ». La visiteuse eut une grimace justifiée (« Est-ce là la nourriture spirituelle que vous donnez à votre fille ? »). Barrès, homme de droite, la rassura, mais D'Annunzio et Fogazzaro étaient de nouveau des étrangers, et Tolstoï un homme qui joue au moujik. Mais toute prétention à l'affabilité prit fin quand elle apprit que Michel, m'ayant consultée sur ce point, n'avait pas l'intention de me faire confirmer. La cérémonie qu'elle envisageait déjà à Saint-Philippe-du-Roule faisait long feu. Mais Michel me voulait libre.

Avant de fermer ce registre, il me faut rapporter un incident qui me concerne. Je venais d'avoir quatorze ans. L'année poursuivait son cours ; quelques mois plus tôt, et avec trois ans de retard sur le folklore de l'éternelle fraternité d'armes, les Américains déclaraient la guerre à l'Allemagne (« La Fayette, nous voilà ! »). Lawrence d'Arabie prenait Aqaba ; la troisième bataille d'Ypres, la dixième bataille de l'Isonzo, la deuxième bataille de Verdun dans leur ressassement d'obus éclatés, de corps déchiquetés et de sang versé. Le Mont-Noir, dont le château depuis quatre ans ne nous appartenait plus, occupé par un état-major britannique, avait été conséquemment bombardé ; cette bâtisse de briques n'était plus qu'un squelette entouré plus tragiquement encore de grands squelettes d'arbres. Michel parlait à peine de tout cela. Il lui semblait qu'une catastrophe — qui en fait dure encore — s'était abattue sur le monde, et avait emporté la raison humaine. Moi-même, j'étais peu touchée. La guerre était surtout ressentie à Paris à travers la présence de permissionnaires en bleu horizon fané, assis sur les bancs des Champs-Elysées, et passant leurs courtes vacances à regarder passer des Parisiens dont les habitudes semblaient à peine changées, et des Parisiennes qu'ils trouvaient chouettes, qu'elles le fussent ou non. Les prostituées, qu'on voyait surtout le soir, dans la pénombre, étaient souvent déguisées en veuves.

Michel, pour tromper sa nostalgie de la Riviera et de ses casinos, avait décidé d'aller passer quelques jours à Enghien, pour se remettre au vert, le vert des arbres et le vert des tapis verts. Tandis qu'il tentait avec modération sa chance avec les jetons du temps de guerre, je me promenais dans les bois en compagnie de Camille, la petite bonniche belge, la seule des domestiques qui nous fût restée. Camille était en quelque sorte un cadeau de ma tante maternelle, la bruxelloise tante Jeanne. Elle avait vécu avec nous les mauvaises heures du début de la guerre, où il avait fallu fuir au cours d'une visite à la famille de mon demi-frère, sur une plage belge, et un an de séjour difficile en Angleterre avant de regagner Paris. Cette petite rousse de dix-sept ans, fille d'ouvriers de manufacture, était la gaîté et la grâce mêmes,

une gaîté de jeune chèvre. Elle fut pour moi une compagne
de mon âge, ou presque, pendant ces cinq années. Elle
s'était fiancée à un soldat permissionnaire ; elle lui adressait
au front de petites lettres que je l'aidais à écrire ; le reste du
temps, elle ne pensait guère, se les imaginant mal, aux
dangers qu'il courait. La guerre ne nous empêchait pas de
jouer dans l'allée boisée qui bordait le petit lac ; des ombres
de feuilles bougeaient sur le chemin ; nous nous amusions à
marcher sur elles ou à traîner les pieds sur quelques feuilles
sèches et crissantes qui restaient du dernier automne. A
travers le mince rideau d'arbres, le petit lac s'étalait
innocent, avec ses canots blancs pour la plupart recouverts
d'une bâche, attachés par un piquet à la rive ; leurs
propriétaires sans doute étaient dans les tranchées. Tout à
coup, deux promeneurs débouchèrent sur le sentier.
C'étaient un monsieur et une dame de bon ton, assez âgés,
vêtus de vêtements noirs, peut-être de deuil. La dame, qui
depuis un moment semblait discrètement m'examiner,
s'arrêta à deux pas de moi et demanda :

— N'êtes-vous pas la fille de Marie de Sacy ?

— Non, Madame. Je suis sa nièce.

— Nous étions grands amis. Je me souviens maintenant
qu'elle avait un frère.

Je donnai de mon mieux quelques éclaircissements. Mais
Marie seule semblait avoir compté pour ces deux personnes
dont je continue à ne pas savoir le nom.

Ils s'éloignèrent. La dame en noir se retourna une fois
pour me regarder. Que voyait-elle ? Une photographie
d'époque me montre appuyée sur le bastingage d'un bateau-
mouche parisien, un livre à la main. Les cheveux longs,
noués sur la nuque en queue de cheval, tombent d'un petit
chapeau cloche de paille, une robe de toile rayée, sans doute
bleue et blanche, m'arrive à mi-jambes. La figure ombragée

par le chapeau de paille n'est pas très visible. J'ai comparé depuis des photographies de Marie vers la trentième année à la mienne au même âge ; j'y retrouve certains traits qu'elle tenait, comme Michel, de leur père Michel-Charles : les yeux clairs sous les sourcils épais, les hautes pommettes, le front large et un peu carré. Le bas des deux visages au contraire ne se superpose pas. De toute façon, désormais, la ressemblance partielle est beaucoup moins visible. La trace des années a bouleversé cette face.

UN GRAIN D'ENCENS

Un nouvel été, le second depuis la naissance de la petite fille, commence. Michel n'en espère rien. Ce seront les mêmes promenades dans le parc, les mêmes conversations désultoires avec les fermiers, les mêmes subterfuges pour éviter le plus possible Madame Noémi. Un matin, il prend à sa porte le plateau du déjeuner. C'est une scène que j'ai déjà décrite, mais cette fois au lieu du coin de la cheminée, c'est devant la croisée que Michel s'installe, en face des pentes herbues qu'on n'a pas encore fauchées. Il jette au panier, sans en retirer la bande, le journal local posé sur son plateau, en fait de même pour deux ou trois lettres en qui il soupçonne des offres d'usuriers ou des factures de fournisseurs, s'arrête enfin devant une enveloppe encadrée d'un mince fil noir, de celles dont les gens de bonne compagnie se servaient en témoignage de sympathie pour communiquer avec leurs amis en deuil. L'écriture haute et penchée désignait une main de femme, plus précisément de femme du monde ayant fait ses études au Sacré-Cœur ou dans quelque pensionnat exclusif comme celui des Sœurs de l'Annonciation. L'écriture n'était pas très différente de celle de Fernande ; elle était moins grêle et plus ferme. Michel retourne l'enveloppe : un cachet de cire noire la ferme,

timbré d'un blason évidemment d'origine germanique, avec
son cimier et ses tenants somptueux et compliqués. Il y
glisse soigneusement un couteau au lieu de la déchirer du
doigt, sentant déjà que c'est une enveloppe qu'on va peut-
être garder.

Il lut ce qui suit :

Monsieur, je ne vous écris qu'en tremblant.

*Je n'ai appris que tout récemment la mort de Fernande, qui fut l'une
de mes meilleures amies. Vous vous souvenez sans doute à peine de
moi : j'étais demoiselle d'honneur à votre mariage, et ne vous ai
rencontré que ce jour-là.*

*Je me suis mariée à mon tour peu de mois plus tard, à Dresde, avec
un Balte, et comme tel sujet russe. Nous avons vécu environ deux ans en
Courlande, où réside sa famille, puis à Saint-Pétersbourg, ensuite en
Allemagne. Le faire-part, s'il m'a été envoyé, ne m'est jamais
parvenu. C'est seulement à mon retour en Hollande que j'ai appris de
ma mère les circonstances de la mort de Fernande, et le fait qu'elle vous
a laissé une petite fille. Quand Fernande m'a écrit pour m'apprendre
qu'elle était enceinte, je l'étais moi-même. Nous nous sommes promis
réciproquement, au cas où un accident nous arriverait, de veiller sur nos
enfants. Il serait vain et prétentieux de me proposer pour tenir auprès
de la petite la place d'une mère ; je le sens mieux que jamais,
maintenant que j'ai moi-même deux fils. Mais je puis peut-être vous
aider un peu, quand vous le voudrez, dans cette tâche, si lourde pour un
veuf, d'élever un enfant.*

*Vous savez peut-être que ma mère possède, dans les bois de
Scheveningue, une grande maison où nous passons la belle saison. Un
pavillon dans le jardin est destiné aux invités ; il est maintenant
presque toujours vide, ma mère invitant peu. Ce serait une joie pour
elle et pour moi si vous consentiez à l'habiter une part de l'été avec la
petite et la personne qui s'occupe d'elle. Vous seriez dans un milieu
ami, et l'enfant profiterait du bon air marin. Mon mari, d'accord avec*

moi en tout, en serait heureux lui aussi. *Il est très occupé par sa carrière de musicien, et vous prie de l'excuser d'avance d'être souvent absent.*

Je suis encore à Paris pour une quinzaine de jours. Veuillez m'y répondre, et croyez à toute ma sympathie que j'aurais voulu avoir l'occasion d'exprimer plus tôt.

Jeanne de Reval

Michel arpente de long en large sa chambre, comme si ce va-et-vient monotone était celui d'un pendule l'aidant à remonter le temps. Oui, c'est bien la ravissante apparition en velours rose qu'il a aperçue par un jour gris de novembre, lors de son mariage avec Fernande, il y a environ quatre ans. Jeanne de Reval... Fernande, plus tard, avait en effet échangé avec son amie quelques lettres. Elle avait parlé à Michel du mariage de Jeanne avec un baron balte; en passant, elle avait aussi fait quelques allusions à des épisodes plus anciens de la vie de la jeune femme. Il n'a écouté tout cela que d'une oreille distraite. Maintenant, il l'écoute à nouveau. Il ira à Scheveningue avec l'enfant. Ce projet de séjour sous les pins et au bord de la mer l'emplit d'une sorte de nostalgique douceur, comme si toutes les émotions desséchées se revivifiaient.

A-t-il vu dans cette mention du mari souvent absent une manière de dire qu'ils seront fréquemment seul à seule? Cela n'est pas sûr. Cette lettre sans fard l'empêche d'aller plus avant. Certes, naguère, devant la belle demoiselle d'honneur, il s'est dit, un peu par plaisanterie, qu'il était dommage que leur rencontre se soit faite si tard, et qu'il l'eût volontiers vue échanger son rôle contre celui de mariée. Mais ce qui est impossible n'a pas longtemps prise sur l'imagination : il avait entre temps oublié Jeanne. Maintenant, il se ressouvient. Devant la beauté, cette chose si rare,

le sentiment qui chez lui l'emporte est celui du respect. Le
respect pour Jeanne est un sentiment qui survivra chez lui
aux flammes de la passion elle-même.

J'essaie d'évoquer la vie de Jeanne jusqu'à ces mois de
Scheveningue que mon père passa près d'elle, en raccordant
entre eux les quelques souvenirs qu'on m'a transmis de ces
années-là. Ma principale source est Michel lui-même, qui
jusqu'à la fin ne cessa jamais de parler d'elle, mais il ignora
sans doute bien des petits faits qui la concernaient et
qu'avait connus Fernande. Il eût été contraire à son code de
lire les lettres, d'ailleurs infréquentes, que s'adressaient les
deux femmes, et ni l'une ni l'autre n'allaient assurément très
loin dans la confidence écrite. Des récits discrets et parfois
évasifs me furent faits beaucoup plus tard par des dames
âgées qui avaient sans doute mis beaucoup d'eau dans le vin
de leurs souvenirs. Quelques faits enfin proviennent directement de Madame de Reval, à l'unique moment où j'ai pu
l'aborder en qualité d'adulte, à supposer qu'on soit adulte à
vingt ans. Il m'arrivera sans doute comme je l'ai déjà fait
parfois, très exceptionnellement, au cours de ces chroniques,
de remplir un blanc, ou de souligner un trait à l'aide de
précisions empruntées à d'autres personnes, ayant avec
Jeanne une ressemblance au moins de profil, ou de profil
perdu, ou placées dans des circonstances à peu près
analogues, qui authentifient celles où elle a vécu. Encore le
procédé n'est-il acceptable qu'à condition de choisir dans la
cohue des êtres ceux qui ont appartenu au même groupe
sanguin, ou à la même race d'âme... Mais les propos plus ou
moins incomplets ou désultoires de tiers, les récits faits
distraitement au cours d'une promenade, ou les coudes sur
une table desservie, nous laissent toujours à court : il faut

boucher les trous de la tapisserie, ou rejointoyer les fragments de verre brisé. Dans *Archives du Nord,* j'ai pris à Michel sept ou huit détails, rapportés parfois à de longs intervalles, ayant trait à la visite de son père à Londres pour essayer de lui faire quitter une maîtresse anglaise, et épouser en France une jeune personne noble et pauvre qui allait l'entraîner plus loin que toutes les Bacchantes de l'Angleterre. Le vieux Monsieur comptait aussi sur ce dernier voyage pour faire quelques achats à Bond Street, voir la Tour, et jouir du confort de l'Hôtel Brown. Ces quelques informations, pressurées jusqu'à la dernière goutte de suc, fournissent dans *Archives du Nord* la matière d'une dizaine de pages; je ne crois pas y avoir ajouté rien qui n'était pas implicitement en elles, ou qui n'appartenait pas à la matière de mes personnages. C'est ainsi, mais avec plus de scrupules encore que je voudrais replacer dans son champ magnétique l'existence de Jeanne.

A seize ans, sa mère, Madame Van T., l'avait confiée pour un an au Sacré-Cœur de Bruxelles, pour donner le dernier fini à son français. C'était une erreur, car le français décanté parlé depuis le XVIIIᵉ siècle par les bonnes familles de Hollande, de Russie ou d'Autriche, était plus pur que celui d'un couvent belge. Mais peut-être y avait-il dans ce choix d'une institution catholique en Belgique (Paris effrayait les mères) le désir de sortir Jeanne des routines hollandaises et protestantes.

Jeanne eut du mal à se faire aux dévotions quelque peu sirupeuses, aux autels ornés de fleurs et de papiers de dentelle, et surtout à l'inane ambition mondaine, déjà si sensible chez ces petites filles, ce snobisme virulent dans certaine société belge, et qui tient peut-être à ce que trop de parvenus et de descendants des vieux lignages s'étaient âprement frottés les uns aux autres dans la Belgique nouvelle-née du XIXᵉ siècle. On ne savait plus très bien d'où venait tel titre ou tel nom, ni le sens exact du *de* minuscule français opposé au *De* majuscule flamand. Une seule élève du pensionnat devint et resta pour Jeanne une amie : Fernande.

Un peu plus jeune que la Belle Hollandaise, plus naïve, comme il convient à une fillette qui ne connaissait du monde que son Hainaut et sa Sambre-et-Meuse, Fernande plaisait sans doute par sa sensibilité un peu fiévreuse, par son goût des fleurs et par son amour des bêtes, par ses yeux verts aux paupières un peu allongées, par une délicatesse qui à de certains moments ressemblait à de la beauté. La jeune Fernande se dépensait en ferveurs extérieures, les lys de la chapelle, le mois de Marie, le Sacré-Cœur, les crèches de Noël autour desquelles flotte pour l'adolescente le sentiment des maternités futures, le culte des saints qui met dans la vie journalière un élément de roman pieux et de pathétique, des Vierges parfois peintes et parées comme celles d'Espagne et garnies d'épées. La ferveur nue de la jeune luthérienne étonne Fernande. Par bonheur, ou par l'effet d'une instruction religieuse plus sage qu'à l'ordinaire, Jeanne n'opposait pas la Bible à ces poétiques apparences, et ne semblait pas croire que toutes les vérités fussent contenues dans un livre appelé par excellence Le Livre. Entre elles, une grande liberté régnait. Des lèvres édentées d'anciennes gouvernantes ont longtemps susurré qu'une amitié particulière existait entre les deux élèves. Ce fut en tout cas une intimité caressante et chaude. C'est l'un des miracles de la jeunesse que de redécouvrir sans modèles, sans confidences chuchotées, sans lectures interdites, du fait d'une profonde connaissance charnelle qui est en nous tous tant qu'on ne nous a pas appris à la craindre ou à la nier, tous les secrets que l'érotisme croit posséder et dont il ne possède le plus souvent qu'une contrefaçon. Mais les bavardages des vieilles Fräulein sont trop peu comme preuve d'une pareille illumination des sens : nous ne saurons jamais si Jeanne et Fernande la connurent ou même l'entrevirent ensemble.

Mademoiselle Van T. rentra en Hollande où sa mère se languissait d'elle. Ses études se poursuivirent sous la direction bienveillante du pasteur W., prédicateur libéral et ami de la famille. On parlait autour d'elle plusieurs langues ; les plus beaux livres de deux ou trois littératures furent mis entre ses mains sans lui inspirer peut-être plus que du respect ; l'émotion pour elle ne jaillissait pas spontanément des livres. De la littérature de son temps, elle ne connut guère que quelques romans traînant sur toutes les tables. Elle eut le bon goût de ne pas s'y plaire. Ses connaissances musicales n'allèrent pas non plus au delà de ce qu'on attend d'une jeune fille de bonne famille. Mais sa beauté, une élégance innée dans la toilette et le maintien qui, chose rare, s'accompagne de discrétion et de douceur, une simplicité qu'on n'attendrait, à tort d'ailleurs, que d'une laide, la font apprécier et aimer. Elle va selon l'usage de bazar de charité en bazar de charité, de parties de patinage en parties de patinage, de thés sous les grands arbres aux valses sous l'œil des mères dans les salons à girandoles avec rafraîchissements sous les palmes des jardins d'hiver ; des jeunes gens bien élevés, ou qui du moins paraissent tels, ne s'enhardissent que rarement à lui passer un bras autour de la taille ou à lui baiser furtivement la main. Des émotions de ses sens et de son cœur, à cette époque, on ne sait rien, et peut-être est-elle la première à ne pas savoir. Les demandes en mariage affluent, et cela d'autant plus que la jeune fille est une héritière. C'est sa

mère qui décide pour elle : Madame Van T. ne veut pas
marier sa fille avant la vingtième année. Toutefois, elle ne
refuse pas l'offre du comte d'A., et insiste seulement pour
que le mariage n'ait lieu que dans deux années. Le comte
d'A. accepte cette condition.

Pour l'instant, ce sont moins les personnages qui
comptent que l'arrière-plan et le cadre. Sauf pour quelques
amateurs de peintures qui voient dans ce pays des musées et
dans ces musées des chefs-d'œuvre, la Hollande est pour la
majorité des Français une terre inconnue. On évoque très
vaguement et pêle-mêle les montagnes de fromages, les
hectares de tulipes, l'assèchement partiel du Zuydersée,
l'outillage du port d'Amsterdam, les banquiers et les
brasseurs millionnaires, le pittoresque des bordels aux
femmes en caleçons roses, en évidence derrière leurs cloisons
de verre, dans un quartier à l'époque encore privé de sex-
shops, de boutiques de cuir noir, et de chiens de police
dressés à flairer la drogue. Ceux qui connaissent un peu
mieux l'Amsterdam d'aujourd'hui pensent au reflux des
Indonésiens sur la métropole, qui rend à la ville cette
coloration des *Mille et une nuits* qu'elle devait naguère à son
ghetto aujourd'hui pulvérisé. (Et cependant, comme toujours dans les lieux frappés de la foudre, des individus, de
petits groupes sont revenus sur l'emplacement du malheur,
génération nouvelle souvent de provenance différente,
comme au Marais les juifs maghrébins et algériens dans les
vieux locaux laissés vides par les juifs de France et d'Europe
centrale massacrés.) Quelques uns songent aux provos, déjà
oubliés, mais symptômes d'une violence toujours latente
sous la placidité du nord, aux hippies sur lesquels on
marchait littéralement dans les années soixante, les enjam-
bant de son mieux comme on l'eût fait de cadavres,
maintenant refoulés sur Copenhague, sur Vancouver, sur

Goa, où je les ai retrouvés hier encore, un peu plus pâles en
dépit du soleil des Tropiques, ou sur je ne sais quel port ou
quelle plage d'un autre monde. Des lettrés, qui se comptent
sur les doigts d'une main, savent que ce pays de peintres a
aussi ses romanciers, ses essayistes, ses poètes secrets
comme tous ceux qui s'expriment dans des langues peu
connues hors de leurs frontières. Baudelaire seul en France a
rêvé la Hollande avec une véracité hallucinée : ses soleils
brouillés et ses cieux mouillés sont encore ceux que nous
voyons aujourd'hui et que voyaient vers 1900 Jeanne et le
comte d'A.

Mais la vie sociale est une réalité complexe. L'image du
pesant bourgeois ploutocrate, faisant régner à la fois autour
de lui le luxe et l'austérité, nous poursuit depuis des siècles
dans toutes les *Sorties de la Garde civique* et les *Banquets* de
confréries, diversifiée çà et là par celle d'un jeune porte-
etendard, beau comme saint Michel, que n'ont pas encore
alourdi la graisse et l'argent. Peu savent qu'à côté de cette
bourgeoisie marchande subsiste, d'une part, une vieille
noblesse datant du Saint-Empire, de l'autre, un patriciat
issu des petites villes, magistrats, officiers, administrateurs,
possesseurs de noms bien connus eux aussi dans l'histoire
des Pays-Bas. Le comte d'A. appartenait au premier de ces
deux groupes. Etudiant à Groningue et dans une université
d'Allemagne, où il avait appris strictement ce qu'il lui
plaisait d'apprendre, aimant peu la chasse, mais participant
chaque année aux battues des princes, bon cavalier courant
le renard en Angleterre, il possédait dans sa maison de La
Haye et dans son manoir près d'Arnhem, au milieu d'une
Hollande de bruyères et de bocages bien différente de celle
des côtes, quelques bons tableaux de grands petits maîtres
auxquels il ajoutait parfois une œuvre de peintres moins
connus des gens du monde, une aquarelle de Boudin, un

dessin de Seurat, un des premiers Mondrian. A Paris, on lui connaissait un petit appartement meublé avec goût, dans le XVe arrondissement : il avait entrevu avec admiration Mallarmé et rencontré Verlaine. Il avait dû bien connaître la grande ville hivernalement grise, où les becs de gaz s'entourent de halos, où les chevaux fument sous la pluie et trop souvent glissent sur le pavé gras, sans autre avenir que les coups de fouet et l'abattoir s'ils ne se relèvent pas. C'est aussi le Paris du Cancan et des appétissantes filles de brasserie, le Paris des duchesses et des bas-fonds, toujours mal décrits, sauf par Proust, qui bientôt s'occupera d'eux. On ne connaît au sujet de Monsieur d'A. qu'un scandale, d'ailleurs flatteur : il est allé sur le pré à la suite d'une liaison avec la femme d'un conseiller d'ambassade. A trente-huit ans, c'est le parfait homme du monde au sens français du mot, ce qui signifie un membre de la bonne société, au sens anglais du mot, ce qui signifie un homme qui a vu le monde.

On spéculait depuis des années sur son futur mariage ; Madame Van T., qui l'aura pour gendre, est fort enviée. Le privilège des longues fiançailles et la relative liberté des filles non-mariées, plus grande en tout cas que dans le Paris de l'époque, font de Jeanne et de Johann-Karl de constants compagnons. Elle lui doit beaucoup ; il lui prête des livres qu'il choisit délibérément pour elle : les poèmes de Samain, qu'ils s'accordent d'ailleurs à trouver fades ; les *Romances sans paroles* et *Sagesse* du Pauvre Lelian dont tous deux font leurs délices ; Loti et son Proche-Orient langoureux, mais berceur comme une lente chevauchée sur du sable ; *Le Trésor des humbles et La Sagesse et la Destinée* de Maeterlinck dont le mysticisme et le moralisme s'écoulent

mélodieusement goutte à goutte, filet dérivé d'antiques
sources qu'on sent à la fois abondantes et pures ; le *De
profundis* d'Oscar Wilde dans l'abrégé qu'on en possède
alors, Swinburne, tout englué de mélancolique volupté,
certains poèmes du jeune Rilke qui laissent à jamais un
frémissement au cœur. Ils en parlent ensemble ; comme elle
est de ces êtres qui en tout vont plus loin, elle part de
Maeterlinck pour lire Emerson et aborder Novalis, s'étonnant seulement qu'il faille tant de mots pour définir le Bien
et tant de symboles pour signifier Dieu. Il compense ce que
les idées sociales du milieu ont de conventionnel en l'emme-
nant voir jouer Ibsen. Mais il est déjà tout plein de la *Candida*
de Bernard Shaw qu'elle songe encore au destin de Nora. Ils
vont ensemble au concert : il la prépare sans le savoir pour un
autre, qui ne sera capable de s'exprimer que par des accords.

Tous deux sont beaux, et à première vue se ressemblent.
Les cheveux et les yeux noirs, rencontrés plus souvent qu'on
ne croit en Hollande, attestent presque toujours, dans ce
pays ouvert au monde, une goutte de sang étranger. Il a la
sienne : au début du XVIIIe siècle, un de ses ancêtres
accompagna Pierre Ier, venu apprendre à Saardom le métier
de charpentier. Il y resta après le retour en Russie du Tsar.
Le grand-père de Jeanne a été administrateur à Batavia ; il a
épousé la fille d'un officier née elle-même d'un mariage avec
une Indonésienne de haut rang. Un peu d'Insulinde donne
à Jeanne ce teint doré et ce rien d'indolence créole qui est
l'un de ses charmes, mais dont elle eût rougi si elle s'en fût
aperçue. Ils se rendent ensemble dans la propriété de
Monsieur d'A., près d'Arnhem. Elle s'initie avec lui au
cheval dans ce décor de landes ; il la présente à une vieille
tante un peu folle qui occupe en ce moment le manoir
familial et le traite en prince héritier. Ils font parfois des
excursions plus longues ; elle dort tranquillement dans la

chambre d'hôtel provincial ou d'auberge paysanne à côté de
celle de Johann-Karl, assurée au point de ne pas fermer à
clef sa porte ; il est d'un milieu où l'on respecte une fiancée
quel que soit par ailleurs ce qu'on ne respecte pas. Mais les
sens prennent lentement place dans ce compagnonnage
d'avant les noces. Assis sur le sable, il lui parle des îles
dalmates ou des côtes de Norvège où il a pu, en pleine
solitude, se baigner sans vêtements, goûtant ainsi l'envelop-
pement complet de la mer, délice encore assez rare à cette
époque où les messieurs et les dames s'affublent de costumes
de bain en laine noire ou bleu marine brodés d'ancres. Elle
lui raconte que depuis l'enfance elle a pris l'habitude de
sortir dans l'obscurité totale sur son balcon, ou, quand
l'occasion s'en présente, par la porte de sa chambre de
plain-pied avec le jardin, toute nue, pour mieux goûter ce
noir sans forme, ces senteurs nocturnes imprégnant la peau,
et sur tout son être la douceur ou la force du vent. Rien que
quelques instants, comme un rite d'ablution avant d'aller
dormir. Quelques semaines plus tard, ils se trouvaient dans
l'île de Texel, dans la grande paix d'avant l'arrivée des
familles estivantes, déjà à l'époque envahissant les plages et
les dunes. Ils sont quasi seuls dans leur hôtel perché au haut
d'une falaise de sable. En pleine nuit, elle ouvre sans bruit la
porte-fenêtre qui donne directement sur la dune. Ses pieds
nus touchent avec bonheur l'herbe rare et rude. Le vent
venu de très loin souffle doucement sur elle, apportant un
peu du bruit amorti des vagues. L'air et l'eau la baignent
plus complètement qu'ils ne le feraient au soleil. C'est alors
qu'elle entend le léger crissement d'une autre porte à ras sur
le sable. Johann-Karl est là, invisible autant qu'elle l'est
elle-même. La crainte d'une sensation inconnue, mais
souhaitée, l'effleure un instant, puis cesse aussitôt qu'il
approche. Il est bon de s'étreindre aussi, peau contre peau,

chair contre chair, sans en passer par les petites décences et les petites indécences des vêtements qui s'ouvrent et qui tombent. Pas très sûre de l'aimer, pas particulièrement avide de se donner à lui, elle répond simplement au désir par le désir. Le couple tout debout s'agenouille sans desserrer l'étreinte ; il est contre elle, et elle contre lui, comme ils le seraient chacun contre un tiède rocher. C'est sans parler, sans crier non plus, qu'elle jouit ; son halètement très bas et l'essoufflement de l'homme se perçoivent à peine plus que le bruit lointain des vagues et du vent. L'échange terminé, ils se séparent. Elle rentre seule dans sa chambre comme elle l'a voulu.

Ils eurent deux ou trois rencontres du même genre, mais sans la solennité de l'air libre et de la nuit, dans la maison de ville que Johann-Karl habite, ou plutôt qu'il n'habite pas, à La Haye, et où il s'agira bientôt de tout mettre en état en vue du prochain mariage : faire faire quelques raccords aux vieux parquets de marqueterie, retrouver çà et là un stuc de Daniel Marot, blanc sur bleu, un peu effrité par le temps. Johann-Karl exige le grand jour dans la chambre dépourvue de rideaux à la mode hollandaise : la vitre n'encadre, au dessus du toit d'en face, qu'un grand rectangle de ciel. Ce grand jour plaît à Jeanne. Deux corps, qui n'ont plus rien à apprendre l'un de l'autre, étendus côte à côte, goûtent paisiblement le fait d'exister. Mais certains aspects de la situation la déparent aux yeux de la jeune femme. Madame Van T. comprendrait peut-être, peut-être même approuverait-elle, mais un tabou de langage, plus fort même que les impératifs moraux, empêche qu'on ne parle de ces choses à une mère. Et il reste en elle le sentiment très fort qu'entre le tranquille abandon des sens et la débauche, c'est à dire l'excès, il y a un gouffre, mais que ce gouffre est parfois de l'épaisseur d'un cheveu.

Mais les premières fêlures, presque imperceptibles, antidatent de beaucoup l'union des corps. Il s'agit moins de la chair, qui, au contraire, du moins brièvement, les rapproche, que de cette matière mal connue qu'on nomme l'âme. Se peut-il que tant de philosophes et de poètes en aient parlé sans même en avoir atteint la frontière ? Très tôt, elle a remarqué chez Johann-Karl de courts moments, parfois d'impatience, comme si le moindre contact l'écorchait jusqu'au sang, parfois d'atonie, durant lesquels il faut lui faire plusieurs fois les mêmes questions pour qu'il y prenne garde, lui poser la main sur le bras pour obtenir qu'il se lève de son siège, jette un pourboire sur la table, et sorte, ou pour qu'il s'approche de la voiture avancée. Ces moments sont si courts qu'elle les qualifie d'instants de distraction d'un esprit occupé ailleurs. Mais, avec une fréquence croissante, d'autres symptômes embarrassants se produisent, commentés avec désapprobation par l'entourage de Jeanne et de son fiancé : il ne répond pas aux lettres d'invitation, ou se rend négligemment vêtu, lui, l'arbitre des élégances, aux dîners priés ; il lui arrive d'employer devant la jeune femme des termes grossiers qu'elle n'est pas censée connaître ; elle n'y voit d'ailleurs, et à juste titre, que l'effort délibéré d'un délicat qui tâche de s'arracher à ses propres raffinements. Il lui revient même, parmi les commérages propagés à voix basse, que Johann-Karl a répondu par un juron brutal aux propos d'un prince — non pas dans l'intimité, au cours d'une partie de cartes ou à l'écurie, où un prince prend parfois plaisir à être rudoyé, en camarade, mais dans une de ces cérémonies où chacun se surveille. Ses dépenses inquiètent sa famille qui tente de lui imposer un conseil judiciaire : on déplore surtout la vente à vil prix de tableaux d'honorables petits maîtres vite remplacés par quelques délirants Van Gogh. La mesure est comble quand on apprend qu'il a jeté à la balayure un insignifiant mais vénérable portrait d'ancêtre qui occupait à A. la même place entre deux crédences depuis cent cinquante ans.

C'est vers cette époque qu'il confie à Jeanne avoir très secrètement composé des poèmes, qu'on l'accuserait sans doute, disait-il, d'avoir plagiés, ou qui choqueraient par leur liberté d'expression et leur pensée subversive. Elle lui demande un jour, non sans imprudence, de lui montrer au moins quelques vers. Etrangement, il lui offre le lendemain un paquet de feuillets presque entièrement brûlés, aux bords recroquevillés et noircis; quelques mots à peine lisibles subsistent au centre du papier pâle et friable, déjà presque transformé en la même matière grise que les cendres. Johann-Karl a dû poser son manuscrit sur le tas de braises du foyer et le reprendre ensuite à l'aide de pincettes, juste avant que l'holocauste soit complètement accompli. Elle regarde ces débris avec des yeux pleins de larmes : ces poèmes perdus méritaient-ils d'être regrettés? On ne sait, mais ce qui bouleverse Jeanne est qu'il ne les regrette pas lui-même. Elle se souviendra toute sa vie d'un autre épisode. Un jour, sur une plage où ils goûtent le plaisir d'être ensemble, il a ramassé des coquillages pour lui en faire un collier. Il les lui apporte le lendemain, enfilés à une mince lanière de cuir qu'il lui noue au cou. Quand elle lui demande où il a trouvé cette étroite bande noire, il avoue avec un demi-sourire qu'il l'a depuis longtemps; il l'a ramassée naguère dans une maison de prostitution, sur le plancher d'une chambre où l'on venait de fouetter une fille. Le premier mouvement de Jeanne est d'indignation et de pitié.

— Laissez cela, dit-il. Les femmes ne reçoivent jamais que ce qui leur est dû.

Elle porta le collier quelques jours. Mais à l'usage,

frottant sur cette peau tiède, la lanière se révéla avoir été barbouillée d'une sorte de cirage plutôt que teinte. Elle tacha de noir un de ses cols blancs. Jeanne la jeta, mais garda les innocents coquillages.

Cet homme si proche d'elle, au sujet de qui elle ne s'est posé que quelques questions tout au plus, comme nous le faisons tous au sujet de nos intimes, cet ami devenu un amant et resté un fiancé, avec qui elle trouvait hier encore naturel de demeurer liée toute la vie, cesse par degré, d'être une personne à peu près définissable, un être humain établi dans son corps et dans certaines attitudes d'esprit ; il devient en somme une sorte de champ magnétique, un composé de matière et de vibrations infiniment plus complexe qu'elle ne s'en était doutée. Elle se demande si l'approche du mariage ne déséquilibre pas cet être de liberté et de solitude.

— Il n'aura pas lieu si vous n'y tenez pas.

— Mais non, lui dit-il, laissons ce qui a été projeté s'accomplir.

L'histoire d'un vieux garde-chasse malmené et laissé pour mort parce qu'il n'obéissait pas avec assez d'empressement aux ordres de son maître, celle, plus choquante encore pour la bonne société, et resservie partout avec des enjolivements, de l'insulte publiquement adressée au prince, quelques autres incidents plus obscurs dont Jeanne elle-même ne sut jamais bien en quoi ils avaient consisté, déterminèrent la famille à faire appel à des psychiatres ; l'heure du porto chez l'oncle X. se changea inopinément en une heure de consultation. Les sommités conseillèrent un mois de repos dans une maison de santé, où, entouré de ses propres domestiques, Monsieur d'A. serait « comme chez lui », un peu comme plus tard sera chez lui l'Henri IV de Pirandello. C'était oublier que Monsieur d'A. n'avait jamais tenu à avoir un chez-soi.

On eût cru qu'une telle proposition déclencherait chez Johann-Karl ces accès de fureur auxquels il cédait maintenant pour les causes les plus futiles. Il n'en fut rien. Peut-être, comme un homme fatigué d'avoir roulé et tangué par gros temps, atteint d'on ne sait quelle nausée intérieure, il accepte l'aliénation comme une manière de jeter l'ancre. Il voit sans se troubler le mois devenir des mois, et les domestiques remplacés par des infirmiers. Jeanne et sa mère avaient longtemps fait silence sur le désarroi du comte, mais le moment vient où mère et fille ont à subir le supplice des condoléances équivoques, des « Qui l'eût jamais cru ? » et des « Quelle maladie mentale au juste ? ». Après avoir envié aux deux femmes un tel futur gendre et un tel fiancé, on les blâmait maintenant de n'avoir pas reconnu plus tôt on ne sait quelle dangereuse étrangeté chez cet homme étiqueté désormais comme fou. Madame Van T., toujours tranquillement soumise à la volonté de Dieu, accepte avec calme cette commisération à base d'envie rentrée. Jeanne, à qui des amies, soucieuses en apparence de son plus grand bien, conseillent de n'avoir plus rien à faire avec ce malade, lui rend au contraire visite chaque semaine. Mais l'asile est situé dans une région isolée ; il faut changer de train et se faire attendre par une voiture. Jeanne prend l'habitude de passer la nuit dans une auberge du voisinage. On en médit, supposant malicieusement que les infirmiers subornés lui permettent de rejoindre en secret le malade, alors qu'on ne s'est jamais permis d'élever des doutes sur la correction de ses rapports avec son fiancé bien portant. Un peu plus tard, Jeanne prend une décision plus audacieuse encore : elle s'installe au château d'A. situé à quelques lieues seulement de l'asile, et où l'accueille avec un enthousiasme sentimental la vieille tante qui croit à une machination du reste de la famille contre Johann-Karl. Jeanne se rend ainsi presque

chaque jour au pavillon où est séquestré celui qui fut son
ami.

Monsieur d'A., il est vrai, paraît à peine se réjouir de sa
présence, mais ses départs l'affligent ; à en croire les
infirmiers, les jours où elle ne vient pas, il circule dans le
pavillon comme une âme en peine, collant le front contre les
vitres. Elle a pris l'habitude de ces moments d'amnésie
totale où il ne la reconnaît même pas, ou a oublié son nom.
Elle se dit qu'il a peut-être gardé d'elle, tout au fond,
désormais hors d'atteinte, un souvenir plus essentiel que ces
oublis. En aucun cas d'ailleurs, il ne se départ de sa
courtoisie habituelle ; les jours où il se souvient de son nom,
il demande cérémonieusement qu'on fasse avancer la voiture pour Mademoiselle Van T. ; le prénom de Jeanne, dont
il ne s'est jamais beaucoup servi, ne lui vient plus aux lèvres,
sauf un jour de pluie et de rafale où elle l'a suivi, comme elle
le fait toujours, dans son tour de parc accompagné d'un
geôlier. Sur le seuil du pavillon, il prend dans ses mains les
mains glacées de la jeune femme.

— Mais, Jeanne, vous êtes trempée ; changez de vêtements.

Toutefois, une demi-heure plus tard, il ne s'aperçoit pas
qu'elle revient affublée d'une robe de chambre d'homme,
aucun vêtement féminin de rechange n'étant disponible au
pavillon. Il scande vaguement sur le bras de son fauteuil le
morceau qu'elle lui joue au pianola. « Assez. Ça suffit. » Il
croit évidemment que c'est l'un de ses valets qui lui moud
cette musique. Peut-être est-ce mieux ainsi. Elle se sent
pareille à ces bibelots du château d'A. qu'on a posés sur des
consoles, ce livre timbré aux armes de la famille ou cette
pendulette que d'un revers de main il fait voler à terre, parce
qu'on les a mis là pour ouvrir une porte au souvenir.

Le chef de clinique, qui s'intéresse à elle, lui prête

quelques livres, entre autres les premiers ouvrages de Freud. Ces textes lui ouvrent certains aperçus, mais il lui semble que ces spécialistes en viennent trop vite à prendre pour des dogmes ce qu'ils ont eux-mêmes d'abord présenté comme des hypothèses. Les médecins de Johann-Karl hésitent d'ailleurs quant aux causes du désastre ; une syphilis contractée durant ses années d'étudiant suffirait-elle à expliquer cet effondrement presque subit d'un homme de trente-sept ans ? On en doute ; c'est au théâtre seulement que l'Oswald d'Ibsen devient subitement imbécile sous les yeux de sa mère. Il y a dans l'ascendance de Monsieur d'A. l'habituel oncle faible d'esprit et l'oncle à la mode de Bretagne aliéné ; peu de familles n'ont pas un fou analogue au fond de leurs secrètes archives. Jeanne, qui a suivi des cours de la Croix-Rouge, pense à une maladie du cerveau, abcès ou tumeur, à cette époque de diagnostic difficile. Se peut-il qu'un choc émotionnel ait suffi à bouleverser l'âme ? L'histoire de l'amour pour une femme de diplomate est bien loin ; Jeanne pense avec une sorte d'effroi sacré à la lanière de cuir noir ; il s'est agi peut-être d'une curiosité plus que d'une obsession. Est-elle en partie coupable ? A-t-elle été jugée et condamnée pour médiocrité par un homme difficile ? Ce serait s'accorder beaucoup d'importance que le croire. Confusément, car en elle la femme au cœur aimant ne demande qu'à servir, elle s'aperçoit peu à peu que ses petites prévenances, l'art qu'elle met à décider le malade à se laisser faire une piqûre ou à avaler un calmant sont peu de chose. Dans un accès de lucidité amère, surtout à cet âge, elle constate qu'il est souvent bien vain, et parfois tyrannique, d'essayer d'être utile.

Vers la Noël, un incident se produit. La vieille tante venue imprudemment sans se faire annoncer, les bras pleins de fleurs et de friandises, est reçue par un furieux qui veut la rouer de coups. Rien de pareil ne se produit pour Jeanne, mais les médecins s'opposent à la continuation de ses visites. Elle retourne le cœur lourd chez sa mère.

Madame Van T. fit ce que faisaient assez fréquemment à l'époque des femmes indépendantes et riches de la bonne société. Pour laisser s'amortir les bruits qui avaient couru sur Johann-Karl et sur Jeanne, si vite remplacés d'ailleurs par d'autres bruits concernant d'autres couples, mais surtout pour donner à sa fille ce changement de décor et de pensée dont elle avait besoin, Madame Van T. prit la décision d'accomplir ce qui était vers la fin du XIXe siècle l'équivalent féminin du Grand Tour des jeunes hommes de l'Ancien Régime. Les libertés en étaient, à coup sûr, rognées ; les jeunes personnes à ombrelle et à blouse de linon finement plissée n'ont pas, comme les beaux cavaliers d'autrefois, le privilège de fréquenter les bordels à Venise, les bagnos à Livourne, de perdre de grosses sommes au jeu avec les roués en France, les dandies en Angleterre, de se battre à l'arme blanche ou au pistolet, d'entrer, grâce à un protecteur bien en cour, dans le secret des cabinets, d'entrer au service des princes étrangers, ou de fréquenter des érudits ou des expérimentateurs illustres, non plus que de s'enivrer aux petits soupers des filles d'opéra. Si j'énumère ces divertissements, c'est pour montrer à quel point l'espèce féminine est toujours restée en deçà des libertés que la mode d'un temps accorde aux hommes. Mais ce Grand Tour accompli par des femmes n'était cependant ni sans instruction ni sans charme.

Il se déroule surtout dans les pays de l'Europe centrale et de l'Europe du Nord protestantes, et au sein de la bonne société conservatrice où perçaient çà et là des idées libérales, crues d'ailleurs à peu près anodines, à cette époque où le progrès scientifique, le bien-être, moins commun d'ailleurs qu'on ne le croyait, et la paix, pourtant précaire, semblaient devoir se répandre et durer toujours. Madame Van T. a à peu près partout ses entrées dans les ambassades, le monde des cours (elle a été en Hollande dame d'honneur), les sociétés bienfaisantes ou savantes dont elle ou ses amis font partie. On pousse une pointe jusqu'à Venise et à Vérone, car il faut bien que Jeanne ait vu un peu d'Italie, mais ces deux années se passent surtout en Suisse alémanique ou française, en Allemagne, alors solide et compacte sur la carte d'Europe; on fait l'été des échappées vers Copenhague, Stockholm, ou les îles suédoises et danoises. Vienne, visitée, est jugée par trop frivole. Ces dames s'installent partout au Bauer-au-Lac, au Grand-Hôtel, à l'Hôtel d'Angleterre, ou à celui des Quatre-Saisons. On prend ses habitudes; on devient clientes attitrées de la couturière en vogue; on a au temple sa place attitrée; les gardiens de musée saluent Jeanne en la voyant passer. Les bals abondent et elle aime danser; elle aime aussi patiner sur les étangs gelés. Johann-Karl, séparé de la vie dans son pavillon comme un mort dans sa tombe, descend peu à peu dans ces profondeurs où le souvenir subsiste sans faire souffrir.

Ces dames s'établirent pour tout un hiver à Dresde, où l'un des cousins de Madame Van T. était consul. La ville baroque était encore là, gracieux rêve de pierre; un peu moins d'un demi-siècle, et ce sera l'enfer où les fugitifs s'enliseront les pieds dans le macadam bouillant des rues et des routes, où les nobles bêtes du jardin zoologique, à demi brûlées vives, tournoieront en hurlant dans une sorte d'horrible carrousel de la mort, où l'un de mes amis, prisonnier de guerre affecté aux gros travaux, me racontera

que, chargé de déblayer un bunker où des gens s'étaient
réfugiés pour se protéger d'un bombardement, il en trouvera
une vingtaine assis sur des bancs, le dos appuyé au mur,
morts, qui s'effondrèrent soufflés par le courant d'air venu
de la porte ouverte. Mais ce mauvais rêve ne sera rêvé par
l'humanité que dans quarante-trois ans : Jeanne elle-même
sera depuis longtemps poussière. Pour le moment, elle vit
comme si de rien n'était.

Les soirs où l'on ne sort pas, elle s'assied au coin du feu,
un livre à la main. (C'était l'époque où les bons hôtels
avaient encore des feux de bois dans les chambres à
coucher.) Madame Van T., dans son fauteuil en face d'elle,
lit un ouvrage de dévotion. Jeanne songe. Elle lit beaucoup :
elle essaie de s'intéresser à l'histoire et aux œuvres d'art
dans chaque lieu où elle se trouve. Madame Van T.
approuve ses visites aux hôpitaux et aux prisons, toujours
guidées par des pasteurs de leur connaissance. Dans les
asiles de fous, les infirmières lui parlent des patients qu'elles
connaissent souvent mieux que les médecins eux-mêmes,
ayant pour ainsi dire à habiter leur enfer. Les femmes, à les
en croire, sont fréquemment plus forcenées que les hommes,
des désirs et des fureurs frustrés débordant, comme une
bave obscène, de ces bouches de matrones ou de demoiselles
bourgeoises qu'on n'aurait pas cru en savoir aussi long. Les
hommes, au contraire, se surveillent de leur mieux en
présence de ces femmes en coiffe blanche, en qui ils
s'efforcent peut-être de trouver la bonne mère ou la bonne
femme qu'ils n'ont jamais eue. Bien que les médecins y
voient un préjugé populaire datant du Moyen Age, tout le
personnel de l'hôpital est au fait des perturbations causées
par les nuits de lune, les malades accrochés aux barreaux
des fenêtres hurlant ou chantant, comme si eux seuls se
souvenaient d'on ne sait quel rite que le reste du monde

aurait oublié. Les visites aux asiles de filles repenties lui présentent les mêmes visages douceâtres et hypocrites, pas trop différents de ceux de certaines de ses cousines ou compagnes supposées impeccables ; les asiles de vieillards sont des prisons ; les prisons sont des asiles de fous marqués moins par leur crime que par le tempérament et les circonstances qui ont mené au crime. Elle sait qu'on ne lui montre le monde qu'à travers des vitres bien lavées et souvent voilées de tulle, mais le peu qu'elle en voit lui montre presque partout l'irrémédiable.

Mais qu'y peut-elle ? Sa condition de femme la limite, mais elle se rend compte que le pasteur Niedermayer, leur meilleur guide à Dresde, ou le consul de Hollande, jovial et obligeant personnage, ne sont en rien plus ouverts et plus réfléchis qu'elle-même. Elle a cessé de croire au luthéranisme qu'on pratique autour d'elle ; elle ne croit même plus, ou ne croit pas complètement au dogme chrétien tel qu'il est partout institutionnalisé et vécu. Mettons au moins qu'elle y croit autrement. Mais elle n'a rien d'une rebelle. Selon l'usage, elle accepte d'être finalement confirmée dans l'église luthérienne en qualité d'adulte. Sa mère trouverait choquant qu'elle ne le fît pas.

A Dresde, par un printemps encore aigre, Jeanne et sa mère se voient présenter un jeune Balte que le pasteur Niedermayer, pris de court par le départ de son organiste, a engagé temporairement comme remplaçant. Le prédécesseur, un certain Muller, fort apprécié par la congrégation à laquelle il servait chaque dimanche sa ration de rengaines religieuses, entrecoupées çà et là d'une *Prière de Valentin* ou d'une *Romance à l'Etoile,* avait commis la fausse note d'épouser une femme de basse condition, serveuse de son

métier. Les bocks et la serveuse le perdirent. On n'avait rien
à craindre de tel de ce fin jeune homme blond, élevé,
semblait-il, avec une rigidité prussienne, qui claquait imperceptiblement des talons en effleurant la main des dames. Un
peu pâle, volontairement effacé, il eût passé presque inaperçu si son nom, ancien et illustre, n'avait fait flotter sur lui
l'équivalent des étendards de la guerre de Trente ans.

Sa famille, riche en hectares de forêt et de terre arable,
pauvre en espèces, encombrée de fils, était à la fois honorée
et brimée par le gouvernement russe, à cette époque où les
effets de la défaite de Port-Arthur ébranlaient les toujours
fragiles provinces baltes. Egon avait réussi à quitter librement la Russie, muni de son diplôme du Conservatoire de
Riga, pour continuer ses études musicales à Vienne, à Paris
et à Zurich. Dresde était en pareil cas le point de départ ou
d'arrivée d'étudiants groupant leurs espoirs ou leurs désap-
pointements autour de la Madone et des angelots raphaëles-
ques du Musée, souvent la première illustrissime œuvre
d'art italien qu'il leur ait été donné de contempler. Les
travaux d'Egon avaient déjà porté quelques fruits : à
Zurich, à Paris, de petites pièces pour flûte, pour hautbois,
pour piano, avaient été appréciées d'une douzaine d'amateurs, le reste avait bâillé ou sifflé. Les préjugés familiaux
s'opposaient à ce qu'Egon donnât des récitals payés (chance
qui d'ailleurs ne se présentait pas encore) ou même des
leçons. Le jeune homme avait parfois passé outre à ce
dernier interdit, mais les professeurs de musique bien
achalandés n'étaient pas rares à Dresde. L'offre assez chiche
du pasteur Niedermayer était venue juste à point pour lui
permettre de retarder son retour dans un pays qu'il aimait,
mais où il ne voudrait pas vivre.

Jeanne et lui se retrouvent dans les raouts un peu guindés
de la bonne société dresdoise. Ce bon danseur qui n'aime

pas valser fait avec elle quelques tours sur des airs de Strauss ; un soir, au Bellevuehoff, dans le salon de musique où la plupart des appliques à gaz sont déjà baissées, il s'apprivoise jusqu'à lui jouer une ou deux de ses compositions. Peut-être est-elle pour lui l'auditrice idéale, trop peu musicienne au sens courant du terme pour tenir aux formes prescrites et critiquer leur absence. Il semble à Jeanne n'avoir que trop souvent entendu le battement de la mesure se superposer à la musique elle-même, les sons tourner comme des chevaux sur une piste, ou se succéder en bon ordre par groupe comme une procession en marche. Ici, les libertés rythmiques et tonales préludent, sans que Jeanne et Egon s'en rendent compte tout à fait, aux audaces iconoclastes de l'avenir. Mais justement toute agression préméditée semble exclue de ces notes insistantes, isolées, tantôt fermes comme des tiges perçant au printemps la neige et les paquets de feuilles mortes, tantôt déchirantes à force de discords, comme les rapports trop longuement prolongés entre deux êtres humains, tantôt doux comme le frottis léger d'une feuille contre une feuille. Elle comprend qu'il ne s'agit pas, comme pour tel maître impressionniste, de projeter les vagues de la mer ou les allées d'un jardin sur une surface sonore, pas davantage, comme dans la musique des compositeurs romantiques, de répandre indiscrètement son bonheur et son malheur sur le public des concerts, ni d'errer, passant infime, dans l'équivalent de vastes et invisibles architectures baroques ou gothiques qui momentanément imposent à l'espace une forme. Admirer, ou comprendre, ou même aimer, importe moins que s'accorder brièvement à une réalité au pouls plus lent que le nôtre, à un monde auditif sans effusions et sans symboles, qui à la fois nie et remplace tout. Un peu plus loin, mais situé pourtant à une distance toujours infinie, on aboutirait au silence.

Elle aime : c'est la première fois. Johann-Karl a été un instructeur, un maître à vivre ; il l'a déniaisée de ce fond de crédule innocence, si vite amassé dans le cerveau d'une fille de mère pieuse au sein d'une société compassée. L'expérience du monde qu'elle tient de lui colle à sa peau comme un vernis protecteur, un peu comme les a protégés, en son temps, leur titre de fiancés. Il a été son compagnon, son amant parfois, jamais son confident. Après les mois de soins dévoués qu'elle lui a consacrés lors de son effondrement mental, elle n'est pas sûre et ne sera jamais tout à fait sûre qu'il ait été son ami.

Auprès d'Egon, tout change. Je vais souvent, au cours des pages qui viennent, employer, ou du moins sous-entendre, à propos d'un amour des années 1900, ce mot maintenant aussi pollué que l'océan, aussi inefficace que le mot Dieu. Et pourtant, l'amour d'Egon emplit Jeanne comme le bruit des flots un coquillage et y résonnera jusqu'à ce que le coquillage soit brisé. Leur rencontre fournit à leurs vies un sens et un centre. Il s'émerveille d'avoir en face de lui à cette table d'une konditorei cette belle jeune femme qui l'écoute comme pourrait le faire une sœur ou un ami. Parmi les visages féminins insipides ou aguichants dont il a détourné les yeux, il n'avait pas prévu cette seule femme au monde... Pour elle, le cœur, les sens et l'âme sont entrés en jeu ensemble. Elle est malgré tout trop femme, et trop de son temps, pour ne pas rougir d'aimer un homme qui n'a pas encore avoué l'aimer. Elle sort honteuse de ses nuits blanches. Séduire, ce divertissement féminin par excellence, lui répugne. Elle s'interdit de regarder trop constamment ce beau visage, et résiste au désir de faire durer trop longtemps le contact de leurs mains. Timidement, il lui demande s'il pourrait la voir chaque jour, ou sortir avec elle au moins une fois de la ville, pour aller parcourir ensemble à loisir ces champs et ces berges qu'ils aiment tous les deux, et elle s'aperçoit qu'en le demandant ses lèvres tremblent.

Ces excursions presque journalières ressemblent à de modestes sorties d'étudiants : la fierté d'Egon se froisserait de l'étalage d'un luxe ou d'un confort qui du temps de Johann-Karl allait de soi. Un train ou un vapeur matinal les conduisent hors de la ville, parfois jusqu'aux paysages agréablement alpestres de la Suisse saxonne, plus souvent dans quelques villages riverains de l'Elbe ou situés à flanc de coteau. Tout les délecte : une vieille tour, une bâtisse à demi ruinée par les intempéries, une grange aussi bien qu'une cathédrale en ruines, une bergerie où la poussière, un rayon de soleil et des brins de paille auréolent les douces têtes destinées à périr chez le boucher, un cimetière oublié où des anges de pierre pointent du doigt vers le ciel, les bêtes des bois, le bétail des champs. Partis de bonne heure, par les fins de nuit frileuses, leur but est d'atteindre à l'aurore le site qu'ils ont choisi ; ils y parviennent quelquefois. Le monde est jeune : leurs vingt-cinq ans ont dix-huit ans. Grandi à la campagne, Egon connaît mieux qu'elle le nom des céréales et des mauvaises herbes qui croissent dans les champs. Dans un sentier longeant un pâturage, ils s'arrêtent au petit matin, à l'heure où les fermiers dorment encore dans la ferme ; ils assistent à la facile délivrance d'une vache et aux premiers essais de mouvement du petit veau dont les jambes tremblent. Tous deux acceptent comme une leçon de sagesse la sérénité de la grosse bête maternelle, en marche vers le tronc d'arbre qui sert d'abreuvoir, suivie de près par le petit chancelant. Un peu de placenta pend encore. Le nouveau-venu a fait de vains efforts pour trouver les pis nourriciers, la mère s'est remise à brouter l'herbe. Le lendemain, à la même heure, ils reviennent au même endroit, et trouvent la mère qui rumine, et le petit tirant

maladroitement sur la chaude mamelle. Tout prend pour
eux une qualité de fraîcheur et de simplicité magique,
comme à l'aube des temps. Dans les auberges où il leur
arrive de prendre un repas du soir avant de regagner, à
regret, la ville, un ménétrier du lieu fait parfois danser les
garçons et les filles dont les pas sur le grinçant plancher
empêchent presque d'entendre le mince filet de musique.
Parfois, Egon emprunte l'instrument, et la danse rustique
devient alors sauvagement joyeuse, ou, rendant son crin-
crin au violoneux de village, il saisit la main du dernier
garçon ou de la dernière fille de la ronde, et y entraîne aussi
Jeanne. Ce jeune rêveur mélancolique est à ces moments un
jeune dieu rieur. Un soir, sur une colline où paissent des
moutons, Egon la quitte à grands pas pour s'emparer du
plus beau bélier aux cornes recourbées, le roi du troupeau.
Il sait que le Bélier est son signe céleste. La puissante bête
résiste. Un combat quasi mythologique affronte la masse
grise et bouclée et le jeune étranger qui a adopté ce jour-là la
courte culotte paysanne et découvert ses bras nus. Il pousse
et traîne devant lui son prisonnier aux fortes cornes ;
l'homme et son bestial symbole se rapprochent agrippés l'un
à l'autre. Pendant un instant, elle a peur, une peur quasi
sacrée, venue du fond des temps où hommes et bêtes étaient
dieux. Les yeux d'onyx du bélier luisent dans le crépuscule
du soir, tout proches des yeux bleus. Très vite, elle se
reprend, honteuse de sa faiblesse, et flatte de ses mains
l'épaisse fourrure, les cornes cannelées, le front têtu où
s'élabore la pensée animale, essuie d'un mouchoir le front
strié de sueur de l'homme qui lâche enfin son prisonnier et
aide Jeanne à redescendre la pente.

   Un autre soir, à une heure plus tardive encore, ils
cherchent une piste à travers bois pour regagner la station
où ils reprendront le petit train local, mais la nuit est déjà là,

et la forêt semble un fourré magique. Tout à coup, à deux pas d'eux, ils discernent un jeune garçon d'environ seize ans, bûcheron peut-être, ou cueilleur d'herbes, ou chasseur de vipères qui s'apprête à rentrer chez soi, si beau que sa vue coupe le souffle. Un personnage de conte de Grimm ou d'Andersen aux joues avivées de rose, aux cheveux d'or comme ceux des Elfes ou des Fées, de ceux qui conduisent le prince et la princesse égarés dans les bois au pays merveilleux. Celui-là se contente de leur indiquer de sa voix un peu chantante la direction de la gare, mais l'émerveillement subsiste, et Egon se retourne pour regarder le jeune dieu écartant des branchages reprendre en courant sa piste en pleine forêt, comme un faon.

La plus belle de ces journées qui ne sont que pour eux seuls, naquit d'une proposition d'Egon. Il s'agit d'atteindre au cœur de la forêt une clairière isolée, et d'y demeurer tout le long jour d'été, assis sans parler, attentifs à tout. A l'aube, du pont du vapeur qui les menait de Dresde à la station fluviale, d'où ils continueront à pied leur promenade, il leur était arrivé d'entendre, plusieurs fois déjà, le grand cri victorieux des oies qui traversent le ciel. Mais le plein jour dans la clairière appartient aux petits oiseaux chanteurs, les sédentaires, toujours présents, mais qui se réfugient dans les bocages pour y construire leurs nids, aux migrateurs qui en cette saison s'abattent pour manger goulûment entre deux volées. Souvent, le coup sec et répété d'un pivert met dans ce concert de pépiements son bruit artisanal de tâcheron pressé creusant un abri pour la future couvée. Un trille tombe de très haut. Un écureuil suspendu entre deux branches fait son grincement de crécelle irritée. Aux approches du soir, le petit peuple des bois semble s'enhardir davantage ou peut-être ne craint plus ces deux humains immobiles. Une taupe creuse entre deux racines ; un lièvre

pantelant interrompt sa course, à demi camouflé par
l'herbe. D'un sourire, ils s'indiquent l'un à l'autre une
hérissonne suivie par la file de ses nouveau-nés. Quand la
lumière oblique entre les troncs, on voit mieux les brins
diaphanes et dorés qui s'élèvent de la toison touffue des
mousses, antennes presque invisibles, frémissant si la
paume et les doigts s'enfoncent un peu longuement dans ces
vallées vertes. Fidèles à leur pacte, ils se relèvent sans
parler, la main dans la main. Le sort de Jeanne se décide par
une après-midi comme celle-là. Comment ne pas vouloir
continuer à vivre avec quelqu'un, lorsqu'on s'est si longuement tus ensemble ?

En ville, les tâches charitables auxquelles les a dressés
leur bonne formation protestante leur servent d'excuse pour
se rejoindre, d'autant plus acceptable que les idées humani-
taires sont de mode en ce début de siècle, et l'éducation des
masses considérée le plus grand des services sociaux qu'on
puisse rendre. Le pasteur Niedermayer a chargé son organiste d'une heure hebdomadaire de cours dans un réforma-
toire pour jeunes délinquants. Jeanne admire la patiente
cordialité d'Egon envers ces garçons souvent maussades et
grossiers, son souci de faire entrer un peu de musique dans
ces adolescents qui ne connaissent que les orgues de
Barbarie ou les orphéons de la rue, ou les accordéons des
bastringues. Elle ne l'admire pas moins quand il tord les
poignets d'un garçon bagarreur qui démolit à coups de
poing les touches. Un dimanche, il se laisse amener par elle
à l'Asile d'aliénés, qu'elle visite à titre d'assistante bénévole.
C'était vers la Pentecôte ; on a réuni les folles pour un goûter
de café et de kuchen. Le programme comporte un ou deux
morceaux de musique légère, et un illusionniste. Les femmes
dodelinent de la tête, chantonnant, l'une d'elles, esquissant
des pas, se met à danser. Egon, cédant la place à l'illusion-

niste, va s'asseoir près d'une agitée qui pose en minaudant la tête sur l'épaule de ce jeune monsieur bien mis. Mais les kuchen et le café crémeux la font vomir. Egon essuie le vieux visage et tamponne sans embarras son propre vêtement. « Rien de ce qui est du corps ne me répugne », dit-il à Jeanne embarrassée.

Quelques moments plus tard, dans leur pâtisserie habituelle, ils passent en revue les incidents de la journée, puis, comme d'habitude, glissent du présent à leur court passé. Leur intimité semble tissée ainsi.

— Cette folle... Il faut vous dire qu'à l'âge de dix-huit ans, j'ai été toute une saison chargé de veiller sur ma grand-mère, devenue peu à peu sénile. Oui, il y avait des domestiques, mais on ne leur faisait pas confiance, et mes frères aînés... J'aimais beaucoup ma grand-mère ; c'est à elle que je dois le peu que je sais des oiseaux et des plantes, parfois même des livres. Et elle chantait d'une petite voix juste et faible. Longtemps, enfant, j'ai dormi dans son lit où elle était toujours seule. Son mari, un homme austère, dur, ou qui peut-être n'aimait pas les femmes, n'était pas, disait-on, entré dans cette chambre depuis quarante ans. Elle riait et chantonnait comme aujourd'hui l'autre. J'arrivais parfois à la calmer un peu. Souvent, elle faisait et refaisait ces gestes qu'on ne fait pas en public : elle froissait et refroissait sa jupe entre ses cuisses. Cette folle me la rappelle.

Jeanne, elle, n'a presque pas de souvenirs qu'il vaille de partager avec lui. Ses études et ses jeux à la maison et sur la plage, les chiens aimés, les oiseaux de la volière, les rondes de petites filles et leurs courses à cloche-pied seraient sans doute des vignettes fanées. Certes, des instants l'ont marquée ; par exemple (elle devait avoir neuf ans) le moment où, debout sur le sable, ne sachant plus très bien l'heure du jour et le jour du mois où l'on était, elle s'est écriée

« Dieu ! » ne sachant pas non plus très bien ce qu'était Dieu. Le sait-elle aujourd'hui ? En tout cas, elle croit sentir qu'Egon comprendrait cette ferveur enfantine qui contenait déjà toutes les autres. Il n'est pas non plus nécessaire de parler beaucoup de Johann-Karl. Il devine. Il sait bien qu'il n'a pas à faire à une vierge des salons.

Ses souvenirs d'enfance et d'adolescence, ceux qu'il raconte au moins, sont au contraire une légende dorée. Ils rejoignent d'ailleurs de plain-pied leurs promenades d'Allemagne. Comme tout fils de bonne famille dans les provinces du Nord, il a grandi parmi les gens des bois et des fermes, à peu près libre de toute contrainte, s'ébrouant comme un faon dans les landes et sur l'herbe, arrachant ses petits vêtements une fois sorti de l'allée du château pour être plus prêt à se baigner dans l'étang. Si c'était à l'aube, il se trouvait toujours une vieille femme pour lui demander s'il a aperçu le Neck, le beau cheval blanc lacustre qui émerge, frappant de ses sabots l'eau plate, et chantant au lieu de hennir. L'été, dans la nuit claire, les hommes de la ferme l'emmènent à la pêche. Il se souvient du jeune journalier rencontré par hasard, qui le souleva brusquement dans ses bras, à deux pas d'une vipère sur laquelle, confiant, l'enfant se penchait. Temps sans peur, où tout semblait neuf et permis, inoffensives même les morsures d'un chien errant ou les piqûres d'un couvain d'abeilles. Les vieilles dans les cabanes lui offraient leurs remèdes et leur manger. Plus tard, il a aidé les garçons ramenant le bétail récalcitrant en se mêlant à leurs jeux et à leurs voltiges de village, insoucieux d'être écrasés. Il a monté à cru, comme eux, s'accrochant aux crins de la bête, lui prodiguant les encouragements et les coups de pied inefficaces de ses talons nus. Les périodes d'école ont de moins beaux souvenirs ; il y a eu des incidents dont la famille n'a jamais voulu rien savoir, ou qu'elle n'a peut-être vraiment pas sus. « Je comptais si peu. Après tout, je n'étais qu'un des sept fils. »

Il avait déjà dix-neuf ans et travaillait au Conservatoire de Riga quand les rapports avec une fille tournèrent au drame. Jusque là, il avait connu les vagues idylles moitié rieuses, moitié bagarreuses, où l'on ramasse ensemble les myrtilles, renverse sournoisement un panier, et barbouille de force les visages et les mains. Ce jour-là, dans la lande où ils étaient seuls, les traits de la petite paysanne se convulsent ; les larmes boursouflent les paupières autour des yeux terrifiés. Une grossesse de deux mois ; elle se laisse tâter la ceinture sous son tablier. « Mes parents me tueront. » Il n'en doutait pas : une famille de rustres rigoristes, piliers d'une chapelle dissidente quelconque.

— C'était votre enfant ?

— Nullement. Et elle ne savait pas qui en était le père. Un garçon quelconque. Un de mes frères peut-être. Elle était si belle que tous la voulaient. Un soir, je n'y ai plus tenu, et j'ai décidé de l'amener pendant qu'il en était temps encore chez une faiseuse d'anges de petite ville. Nous avons marché, puis pris une carriole ; nous sommes montés ensuite dans un wagon à un arrêt du train pour Riga. J'étais épouvanté pour elle, que ces manœuvres pourraient tuer, pour moi qui me voyais déjà dénoncé à la police, jeté en prison, peut-être roué de coups. Je n'avais pas encore appris mon immunité de jeune seigneur, ni combien l'illicite est un peu partout plus licite qu'on ne croit. Mais si, par hasard, un policier russe... J'ai confié ce soir-là la petite à la vieille avorteuse, qui semblait bonne femme. J'avais dû quand même prendre ce qu'il fallait dans le tiroir de ma grand-mère pour avoir sur moi autant de roubles qu'elle en demanderait. Elle me dit de lui laisser la petite jusqu'au lendemain matin. Quelle nuit ! J'ai été de taverne en taverne ; ce n'est pas cela qui manquait, le bourg en avait quatre. J'ai fait des choses insoupçonnées ; j'ai rencontré des êtres comme nulle part dans ma vie. Les bas-fonds de Saint-Pétersbourg ou de Paris n'étaient rien auprès de ceux de cette petite ville de trois mille âmes, avec de temps en temps sur un seuil une lanterne.

Je suis allé la reprendre le matin. Elle était prête, empaquetée dans une quantité de vêtements, livide, mais la vieille assurait qu'elle supporterait le trajet. Elle l'a fait, mais j'ai cru un moment que je ne la ramènerais pas vivante. Je l'ai laissée chez sa sœur aînée, à quelques verstes de ses parents qui n'ont jamais rien su. Oui, je l'ai revue plusieurs fois ; l'hiver suivant, elle a épousé un fermier d'un autre district. Elle doit avoir maintenant deux ou trois enfants.

— Et vous et elle n'avez jamais... ?

— Si, une fois. C'était la semaine avant la visite à l'avorteuse. Nous étions assis sur la mousse. Elle voulait me faire don de quelque chose, me payer enfin... Et à ce moment-là, elle ne courait aucun nouveau risque. Elle était vraiment très belle.

— Et des jeunes filles de votre milieu, parlant bien votre langue ?

— Quelques unes. Celle qui s'appelait Karin était une voisine. On est voisin à cinquante lieues de distance, dans cette région-là. La seule enfant d'une famille riche et connue. Mes parents voulaient d'elle. Nous allions au bal ensemble : il y a beaucoup de bals. Elle était sans cesse chez nous. Même après mon départ, mes parents ont cru quelque temps que je reviendrais l'épouser. Jolie, naïve, bonne il me semble. Nous nous aimions bien.

— Alors, pourquoi ?

— Vous ne pensez pas que j'allais laisser Karin épouser un homme comme moi.

Ce soir-là, ils ne parlèrent pas davantage.

Quelques jours plus tard, c'était un lundi de plein été, elle s'habillait pour prendre avec lui le vapeur de l'Elbe et souper dans une auberge au bord de l'eau. On lui remit un mot hâtivement tracé : Egon était souffrant et ne pourrait la joindre. Voudrait-elle passer un instant chez lui ? Elle connaissait sa chambre, du genre chambre de bonne, au second étage de l'église luthérienne où il tenait l'orgue. Les fenêtres du corridor ouvraient, comme celles d'un cloître, sur le jardin du presbytère : une bonne odeur sortait des plates-bandes. La porte n'était fermée qu'au loquet. Tout de suite, la chaleur et l'obscurité la suffoquèrent. Elle ouvrit la croisée, poussa les volets, tira largement le grand rideau sombre. Un immense désordre régnait dans cette pièce minuscule. Les chaussures de marche, prêtes à être enfilées, traînaient à terre sur les souliers de ville ; la chemise du matin, roulée en boule, tiède de lui, n'était pas encore tout à fait remplacée par la chemise paysanne qu'il affectionnait, à demi passée sur l'épaule nue. Il était couché sur le ventre, sanglotant, la tête dans les mains. Elle s'assit sur le lit, émue plutôt qu'inquiète ; elle connaissait déjà, chez lui, cette propension aux larmes. Elle crut entendre à travers les pleurs :

— Jeanne... Je vous ai déjà assez fait de mal... Je ne savais pas que ce milieu inepte commentait nos sorties. Votre mère pense peut-être... Oh, ma réputation n'est pas compromise ; je crois que personne... Mais je vous ai dit que je ne voulais pas que Karin prît un homme tel que moi.

— Karin vous aimait peut-être tel que vous étiez.

Elle soulève la main qui pend le long du lit, la fait sienne ; il lui laisse insérer ses doigts dans les intervalles des siens

qu'il écarte et referme ; répond par une pression plus forte à
la pression de sa paume, jusqu'à ce que les deux plaines de
chair que sillonnent, dit-on, les lignes de vie, de cœur, et de
destin, ne soient plus que deux surfaces sensibles étroite-
ment collées l'une à l'autre ; leurs épousailles furent d'abord
ce glissement et cette jonction de deux mains. Il se souleva
vers elle ; quelqu'un pouvait entrer. Jeanne garda le sang-
froid qu'il fallait pour tourner la clef, protégeant le secret de
la chambre, mais la croisée, les volets, le rideau restèrent
grands ouverts. Il n'y aurait jamais assez de jour autour
d'eux. Ce moment qu'ils avaient prévu, souhaité et craint,
comme l'écueil à fleur d'eau sur lequel pourrait se briser
leur intimité commençante, fut au contraire une heure de
clair bonheur. Elle ne cessa jamais d'éclairer au moins un
lambeau de leur vie.

Contrairement à ce qu'avait cru Egon, Madame Van T.
approuvait ce mariage. La grandeur du nom, les dons
musicaux du jeune homme, et un charme qui s'imposait à
tous compensaient ce que la fortune familiale avait d'incertain. On décide que la cérémonie très simple se fera à
Dresde. Madame Van T. avait été d'une sage indifférence à
l'égard des propos malveillants ou simplement sots tenus en
Hollande lors de l'effondrement mental de Johann-Karl ; le
dévouement presque provocant de Jeanne avait, elle le
savait, été censuré ou moqué des gens comme il faut. Peu
importait, mais les deux femmes ne voulaient pas que ces
ragots reparussent à l'occasion du présent mariage, comme
un tas de détritus soulevé par un balai au fond d'un jardin.
Madame Van T. tenait néanmoins à rentrer s'entretenir
avec son banquier et son notaire, à donner des ordres pour
un nouvel aménagement de la maison de La Haye et de la

villa de Scheveningue. Il fallait aussi renouveler ou rafraîchir le trousseau de Jeanne, la mode ayant changé entre
1897 et 1900. Comme Jeanne refusait les plumes et les
fourrures, ses manteaux d'hiver et ses parures du soir
présentaient des problèmes.

Les quelques semaines prévues se prolongèrent en deux
mois. Presque chaque jour, au début du moins, Jeanne se
demande si ce ne serait pas demain qu'elle accomplirait le
grand projet qui lui avait toujours tenu à cœur, du moins à
ce qu'elle croyait : aller voir ce que la vie a fait entre temps
de Johann-Karl. Les médecins lui disaient qu'il n'avait pas
changé durant ces quelques années ; les crises violentes
étaient rares ; il continuait tranquillement à coller des ex-
libris sur ses incunables. On ne voyait aucun inconvénient à
ce qu'elle vînt le voir, mais il était probable qu'il ne la
reconnaîtrait pas. Finalement, elle s'abstint. Qu'il la recon-
nût ou non n'importait pas. Quelque chose au fond d'eux-
mêmes se souviendrait sans doute toujours des moments
passés ensemble, mais il était indifférent que la mémoire
écrivît sur ces incidents un nom ou une date en particulier.
Un jour pourtant elle prit une auto de louage, et demanda
au chauffeur de passer lentement sans s'arrêter sous les
fenêtres de ce qu'on appelait à l'Asile le pavillon des
Fougères. Il était là assis à une table en face d'un infirmier
avec lequel il jouait aux cartes.

Quelques jours avant le retour à Dresde, elle fit seule le
trajet de La Haye à Bruxelles dans le wagon-salon, acajou et
tapis turcs, de ces années-là. Elle allait au mariage de
Fernande de C., dont elle avait accepté d'être l'unique
demoiselle d'honneur. Il bruinait. La joue contre la vitre,
elle écoutait les roues la conduire, non pas même à ce
mariage, si souvent remis en question, de Fernande et de
Michel, auquel elle se réjouissait d'assister, mais vers son

propre centre. Elle n'imaginait pas Egon dans sa petite
chambre, si grande quand il s'était agi d'y voir une aire de
bonheur, ni Egon à sa table de travail, traçant sur la portée
une blanche ou une noire, ou lisant, les sourcils un peu
froncés, un livre qu'à cette époque ils aimaient, peut-être
Angelus Silesius ou un traité de Schopenhauer. Elle était lui.
Elle était ses mains sur ce cahier ou sur ce livre. Elle
s'étonnait, en percevant son reflet dans la vitre, de n'avoir
pas les cheveux blonds. Elle le voulait libre, sans aucune
contrainte, et il le savait. Elle l'accompagnait, invisible
parce qu'intérieure à lui, le soir, le long d'un quai de l'Elbe,
à la recherche d'on ne sait quelle rencontre, dont elle a
décidé d'avance de ne pas souffrir. Soudain, une joie infinie
l'envahit, différente de celle de l'orgasme, parce qu'elle
n'ébranlait pas un tréfonds de son corps, mais comme celle
du lit, abandon et béatitude, plénitude d'être et de n'être
plus. Son cerveau évalua froidement ce don qui ne lui
semblait pas dû, et qu'elle définissait tantôt comme un
miracle, tantôt comme le passage d'un seuil, tantôt comme
une fusion en un tout androgyne. Mais pourquoi dans ce
wagon-pullman allant de La Haye à Bruxelles ? Pensait-il à
elle ? Eprouvait-il une sensation analogue ? Elle ne voulut
jamais essayer de s'informer : les moments de bonheur des
autres sont à eux seuls, comme leurs malheurs aussi. Tous
deux en tout cas, avant le départ, s'étaient embrassés à
travers la voilette de la voyageuse, sous l'œil rond du Consul
et de sa femme venus accompagner ces dames à la Gare de
Dresde. Tous deux gardaient aux lèvres cette même sensation d'un contact à travers la dentelle.

La maison de Mademoiselle Jeanne, l'Infirme, était trop
petite pour ce bourdonnement mondain. Les deux sœurs,

après s'être juré de n'inviter presque personne, avaient par lassitude convié tout le monde. Les voitures étaient déjà rangées dans la rue étroite pour le départ vers la mairie et l'église. On s'impatientait. Fernande était encore en haut, écœurée par l'odeur du fer chaud, aux mains d'un coiffeur qui avant qu'on posât le voile essayait de faire les dernières retouches à ces cheveux indociles. Monsieur de C. n'était pas loin. Fernande, une serviette encore sur les épaules recouvertes de dentelle, l'appela pour le présenter à Jeanne.

Tout de suite, Mademoiselle Van T. fut conquise par cet homme de quarante-sept ans, d'aspect impétueux et robuste, qu'on sentait évidemment mal à l'aise dans cette maison encombrée d'une cohue de jour de noces. Michel à l'époque avait le crâne rasé, à la hongroise, et les longues moustaches tombantes de ce pays, qu'il n'arrive pas à oublier. Mademoiselle Van T. reconnaît, d'après les descriptions de Fernande, les yeux un rien sorciers, sous les sourcils embroussaillés, et les mains aux deux phalanges mutilées de cet homme du monde qui a si souvent vécu en aventurier. Mais les manières à la fois aisées et courtoises sont entièrement mondaines et françaises. Grâce aux lettres de Fernande, Jeanne est l'une des rares personnes à savoir quelque chose du drame encore récent qu'a été pour Michel la mort de sa première femme; Mademoiselle Van T. n'en comprend que mieux les sourires un peu crispés et mouillés de larmes de la mariée. Cette timide amie de couvent, à peu près de son âge, mais qu'elle a toujours considérée malgré soi comme une sœur cadette, a choisi cet homme mûr qui a ses coins d'ombre. Mais quel homme n'a pas ses coins d'ombre? En tout cas, le choix est bon. Les yeux attentifs se posent sur la jeune Belge avec une sollicitude qui n'est pas feinte; ces grandes mains affectueuses semblent faites pour soutenir une femme dans la vie.

— Vous voyez que tout va bien, dit avec enjouement le marié. Fernande il y a huit jours parlait encore de s'habiller de dentelle noire.

— Tu es charmante en blanc, dit doucement Jeanne.

Ce furent les seuls mots qu'ils eurent le temps d'échanger. Mis pour la première fois en face de Mademoiselle Van T., Michel cache bien son éblouissement encore visible dans le portrait qu'il me fit d'elle près de vingt ans plus tard. D'avance, il la savait belle ; il n'avait pourtant pas imaginé ce visage d'ambre pâle, ce corps praxitélien aux contours discrètement marqués par le long tailleur de velours rose, ce grand chapeau de feutre rose couvrant à demi la nuit des cheveux et les tranquilles yeux sombres. Un tel émoi dut s'exprimer silencieusement en lui par un de ses laconiques jurons d'ancien cuirassier : Crénom ! Si seulement la baronne V., la charmante marieuse qui en ce moment s'approche d'eux d'un air minaudier, avait songé à inviter pour une semaine de Pâques, dans sa villa d'Ostende, la belle Hollandaise en même temps que Fernande ! Mais les jeux étaient faits. Fernande avait quand même bien du charme ; et Mademoiselle Van T. irait dans quinze jours se marier à Dresde. Tout, du reste, permettait de croire que les deux jeunes femmes se reverraient souvent. La mairie ennuyeuse, l'église froide et morne, ne favorisaient pas non plus les rêves romanesques. Michel se souvient sobrement que moins d'un mois plus tôt sa petite fiancée fantasque, en dépit de tous les « bons » usages, a souhaité l'accompagner à la messe du bout de l'an de sa première femme et de la sœur de celle-ci, pour qu'il soit moins seul dans l'église du village du nord de la France, au milieu des soupçonneux et des hypocrites qui rabâchent au hasard sur « ces tristes événements ». Il n'a pas permis à Fernande, bien entendu, de passer la frontière, mais la tendre sollicitude dont elle a fait preuve ce jour-là lui vaut d'être aimée.

Les invités commencent à s'égailler, les serveurs engagés pour l'occasion débarrassent le grand et le petit salon des verres vides et des assiettes sales. Au moment du départ des nouveaux mariés pour la gare, Mademoiselle Jeanne l'Infirme, âgée de trente-cinq ans, déjà toute grise, mais déterminée et sûre de soi, insensible (mais qu'en sait-on ?) au fait que les joies du mariage (c'est à dire les seules que l'époque accorde aux femmes chastes) ne sont pas pour elle, descend dignement les marches du perron et se présente à la portière du coupé, soutenue par sa femme de chambre et par la vieille Fräulein, l'ancienne institutrice des deux sœurs. Les adieux sont courts, la femme de chambre et la Fräulein ont hâte de ramener leur maîtresse à l'intérieur, avant qu'une crise de sa paralysie nerveuse se déclenche et qu'elle tombe sur le pavé gras. C'est maintenant le tour des trois frères de Fernande, bons garçons en ce moment un peu bus, avec des rires pour rien et des poignées de main fracassantes. Madame de C., l'acariâtre mère de Michel, escortée du jeune fils du premier lit, hargneux et sec à vingt ans, de la douce Marie sœur cadette du marié, et de son froid conjoint, sont déjà repartis pour ne pas manquer le train de Lille. Jeanne Van T. est encore là. Les deux amies de couvent s'embrassent avec émotion ; discrètement, Jeanne glisse dans la poche du grand manteau de voyage de Fernande un flacon de sels du XVIIIe siècle, babiole de luxe donnée ce matin par Michel à Fernande, et que les excitations de la journée lui ont déjà fait égarer deux fois. Il ne faut pas que Monsieur de C. s'aperçoive de cette étourderie. Mais le champagne, la petite effervescence des adieux, familiaux et mondains, et le bras de Monsieur de C. affectueusement passé autour de sa taille ont produit l'effet désiré : les yeux de Fernande brillent et elle sourit sans crisper les lèvres. Les deux amies échangent un dernier baiser. Quant à Michel, si pointilleux en matière de bonnes manières, il commet volontairement une infraction à l'usage qui veut que le baise-main soit réservé aux femmes mariées, et bien que pour quinze jours Jeanne soit encore officiellement jeune fille, il baise longuement la belle main tendue.

LE TRÉPIED D'OR

Je voudrais dans mes bras serrer ton corps sans voiles ;
Je voudrais arracher à la voûte des cieux
Pour t'en faire un collier, tout un trésor d'étoiles ;
Les regarder pâlir sous l'éclat de tes yeux.

Je voudrais devant toi effeuiller mille roses,
Faire fumer l'encens de mille trépieds d'or,
Me coucher à tes pieds, et, dans l'oubli des choses,
Contempler ton visage en attendant la mort.

Et, quand Elle viendra, penche-toi sur ma couche,
Afin qu'au grand réveil j'aie la félicité
De sentir ton baiser tout vivant sur ma bouche,
D'en garder la douceur pendant l'éternité.

Scheveningue, automne 1904

Vers d'amateur, les deux premières stances surtout.
D'amateur au sens courant du mot, car un professionnel eût
évité davantage les formes toutes faites, ces « voûtes des
cieux », par exemple. Mais amateur aussi au sens antique,
c'est à dire amant. Ces vers ne sont sûrement pas les seuls
que Michel ait composés ; ce sont les seuls qu'il a gardés et

m'a montrés quelques années avant sa fin. Ils me touchent,
certes, ne fût-ce qu'à cause de celui qui les écrivit et de celle
pour qui ils furent faits. Mais c'est seulement vers leur
milieu, toute imagerie employée et laissée de côté, que je
sens ce frémissement unique qui caractérise les bons vers
d'amour.

Michel d'un côté et Jeanne de l'autre ont toujours gardé
un silence de bonne compagnie sur la nature de leurs
rapports. Furent-ils amants ? Je ne sais quoi de chaleureux
chez Jeanne, d'impétueux chez Michel, à qui le rôle
d'amant platonique eût fort mal convenu, me le font croire.
D'autres indices vont dans ce sens, mais déjà les derniers
vers de ce poème font pour moi pencher la balance du côté
de l'amour accompli. L'intimité quasi conjugale de ce
dernier vers, et surtout la douceur connue et comme
remâchée du baiser, me porte à croire que Michel a joui en
ce monde d'un privilège qu'il revendiquait pour l'éternité.
Près de vingt ans plus tard, j'allais voir des larmes déborder
sur les joues grises de Madame de Reval prononçant le nom
de cet homme sorti de sa vie depuis tant d'années, et qui
continuait à ne plus vouloir d'elle. Vingt-deux ans plus tard,
j'allais entendre Michel quasi moribond dans sa chambre
d'une clinique suisse éclater en sanglots à la vue d'une
corbeille de fleurs qu'on lui envoyait en mémoire de Jeanne.
Les souvenirs brûlent rarement si longtemps à moins qu'il
n'y ait eu entre deux êtres connivence charnelle.

Les bonnes habitudes mondaines empêchent Michel de se
rendre à Scheveningue sans avoir d'abord rendu visite à
Jeanne à son adresse parisienne et rencontré Monsieur de
Reval. Le grand appartement de la rue Cernuschi se trouve
au premier étage d'un immeuble neuf datant de 1900. Il est

à peu près vide : des caisses venues de Russie laissent échapper leur paille ; çà et là, un portrait ancien qui n'a pas encore trouvé sa place sur un mur, ou quelques meubles de Boulle prêtés ou donnés, provenant de l'un des châteaux de la famille, mêlés au Louis XVI de production courante d'un mobilier neuf parisien. Monsieur de Reval est absent ; c'est une réponse que Michel s'entendra souvent faire. Madame de Reval reçoit dans un salon improvisé ; son entourage comporte quelques femmes élégantes de la colonie hollandaise, en discret gris perle, et qui toutes s'intéressent aux prêches de l'Oratoire et aux bonnes œuvres ; un jeune poète italien qui voudrait qu'Egon mît en musique ses vers ; Jean Schlumberger, très fier comme toujours de son ascendance De Witt ; et quelques jeunes secrétaires de l'ambassade de Russie, attirés comme des mouches par cette jarre de miel. Jeanne a gardé sa douceur et sa beauté grave. Cinq ans et deux enfants ne l'ont en rien changée. Par contre, elle perçoit vite sur les traits de Michel les traces de trois années de mariage, d'entente et de mésentente, et des fatigues d'avoir eu à veiller de nouveau auprès d'un lit d'agonie. Le temps manque pour parler de Fernande : ils se rattraperont à Scheveningue.

Il existe au Musée du Havre une petite toile de Boudin, un groupe de dames marchant sur la plage miroitante, une traînée confuse d'étoffes et de visages féminins dans un paysage d'air gris et d'eau grise. *La Promenade à Scheveningue.* Est-ce à cause de la désinence doucement étirée de ce nom prononcé à la française (car Scheveningen n'est qu'un nom néerlandais comme un autre) que cette plage est restée pour moi l'archétype de toutes les plages du Nord ? Vers le même âge, qui d'ailleurs n'est pas encore celui où l'on se souvient, au début de l'ère où l'automobile rendait les déplacements faciles, on a dû m'emmener, certains jours, tremper mes pieds dans les flaques d'eau d'Ostende, ou encore sur la plage de Furnes ou celle de Boulogne. Mais rien n'en reste. De Scheveningue au contraire, que j'ai souvent revu, je retrouve à la fois mes souvenirs d'hier, d'avant-hier, et ceux, que je crois miens, d'il y a trois quarts de siècle. Nul besoin de plonger dans des nostalgies inutiles : tout ce qui est de la station balnéaire y est affreux et l'était déjà vers 1900. Les blocs d'appartements loués au mois ou à la saison paraissent plus nombreux qu'autrefois, mais certains sont des hôtels reconvertis. Des villas d'aspect martien aujourd'hui, hier encore d'aspect gothique, toute la laideur que peut produire la pompe bourgeoise, s'exhibent entre la plage et la route. L'énorme Casino était déjà là avec son orchestre de cuivres, à l'allemande, et la surabondance de ses mangeailles, que passait pour rendre indispensables l'air de la mer, qui creuse comme on sait. Juillet-août : durant les deux mois des Grandes Vacances, qui sont aussi ceux des déclarations de guerre ou des guerres qu'on ne déclare même plus, des autobus et des roulottes automobiles, de nos jours, des trains en ce temps-là, vomissent des hordes en quête de bon temps au bord de la mer. D'autres hordes, celles-là armées et toutes vêtues de gris, prendront la suite ici pendant près de cinq années, laissant à la lisière du sable et de la terre ferme des bunkers devenus avec le temps des abris pour défécations ou pour conjonctions illicites, et des embrouilla-mini de fils de fer.

Les dames qui arpentent cette plage d'avant-guerre ne prévoient rien de tel, et ne se disent pas non plus que les baleines qui dessinent leur taille et soutiennent leur col ont récemment fait partie de bêtes sorties de la mer. Des fumées s'exhalent des lèvres sous les moustaches et au dessus des barbes, polluant le bon air qu'on était venu chercher. Des baigneurs en caleçons rayés descendant jusqu'aux genoux, la poitrine couverte d'ancres, piquent une tête dans les vagues ou jouent au ballon. Des baigneuses entuniquées et culottées de laine bleu marine, pourvues jusqu'à mi-cuisses d'un chaste volant assorti, se font asperger par la marée montante et s'enfuient en criant, alourdies par l'eau et le sable amassés dans leurs fonds de culottes. A l'heure où le flot recule épouvanté, les humbles et beaux chevaux traînent les loueurs de cabines roulantes vers la marée basse. A en juger par les emballages de papier d'argent et les papiers gras qui jonchent la plage à demi sèche, la vente des chocolats et des sandwichs doit édifier des fortunes.

Cette figuration humaine est peut-être, tout bien considéré, plus laide alors qu'aujourd'hui, où les corps huilés et hâlés ressemblent plus ou moins à du bronze. Mais l'immensité de la plage réduit de tout temps ce grouillement saisonnier à une tache incongrue au bord de la mer. Puis l'automne et l'hiver nettoient tout par le vide et le vent. On sent que même les lourdes bâtisses en lisière de la dune sont en souffrance et menacées. L'informe masse mouvante, même contenue çà et là par des quais et des digues, triomphera finalement de ces fétus de plâtre et d'acier. Rien d'essentiel n'a changé ni ne changera pendant des siècles au tracé des courants et à la force des flots sur cette côte. Clément et Marguerite, les deux petits enfants qui s'avancent, pieds nus, riant de voir le sable sourdre entre leurs orteils, et le petit Axel, qui se traîne encore à quatre pattes sur cette plage, pourraient être les premiers ou les derniers enfants du monde.

C'est pour eux que Madame Van T. a fait dresser cette tente où toute la journée trois bonnes, dont Barbe venue du Mont-Noir, veillent sur leurs sommeils et leurs jeux, apai-

sent les pleurs et les hurlements des disputes enfantines.
Quand les parents s'approchent, elles se lèvent précipitamment, ramassant dans leur tablier leurs boules de laine et
leurs aiguilles à tricoter, avec, si elles sont d'origine
paysanne, une esquisse de révérence aux maîtres. Aucun des
trois n'appartient tout à fait à la comédie balnéaire. Egon se
glisse dans ce qui est encore la nuit vers un bain rapide et
glacé, un bref combat avec la mer toujours un peu effrayante
avant l'aube, évitant au retour sur la plage les méduses
échouées, pareilles dans le petit jour frisant à de grands
crachats roses. Monsieur de C., à qui les bains de mer ont
toujours fait mal, se contente une demi-heure plus tard d'un
tour sur la plage vide. Jeanne, avec son inertie corporelle
presque créole, à laquelle elle laisse prendre le dessus durant
ces loisirs de l'été, dort et rêve. Vers midi, elle descend
indolemment s'étendre sur la chaise longue de vannerie, et
regarde jouer les enfants. Des photographies commentées
un peu plus tard par Michel ou par l'une de mes anciennes
bonnes m'ont montré, parmi des adultes en costume clair,
une toute petite fille ombragée par une immense capeline de
paille, engoncée dans sa longue robe de broderie anglaise
dont la jupe se gonfle et risque de l'emporter au large. Le
petit garçon aux longues boucles blondes porte la tenue
d'été des marins britanniques, l'uniforme de rigueur des
petits garçons au début du siècle. Ces deux-là sont munis de
seaux, de râteaux et de bêches. Le plus jeune des trois tient
une pelle à manche court; accroupi sur la plage, il creuse
gravement une fosse que de nouveau le sable remplit. Celui-
là mourra jeune, après une vie frustrée passée en grande
partie dans les sanatoria. Les deux autres au contraire ont
devant eux une longue route. En fin de parcours, regardant
pour un moment derrière eux, ils cherchent à rejointoyer
tant bien que mal leurs quelques souvenirs des adultes dont

ils sont sortis, mais il en sera d'eux comme de tous les fils et de toutes les filles qui s'efforceront de déchiffrer le tempérament des parents, quelque chose toujours fuira entre leurs doigts, comme du sable, se perdra dans l'inexpliqué. « Quel dommage, Marguerite, que nous ne nous soyons pas retrouvés et mariés à vingt ans ! » « Votre premier mariage, Clément, a été vite suivi d'un retentissant divorce, et trois sur quatre des autres n'ont pas, m'avez-vous dit, mieux tourné. Il est douteux que le nôtre eût plus réussi. Nous ne nous sommes pas mal débrouillés chacun de notre côté. » « Mais dites, Marguerite, Clément ne serait-il pas votre frère ? » « Non, Walter, les dates sont contre. » Ainsi, nous-mêmes ou des amis très proches, nous nous efforçons aujourd'hui de donner un sens à ce qui n'en a pas, d'expliquer, s'il se peut, ce lien très mince et pourtant magique entre deux êtres qui n'ont fait que se frôler au commencement de la vie. Pour le moment, la petite, maladroite, trébuche sur sa bêche, tombe, s'écorche un peu le genou, et reste assise à terre sans pleurer ni hurler, vaguement occupée déjà d'un petit crabe qui court sur le sable. Laissant là les deux hommes qui échangent de temps en temps un mot ou une cigarette, rendant Axel aux soins empressés des bonnes, Jeanne se lève, prend par la main les deux aînés, et s'avance doucement avec eux vers la mer.

Il semble à la petite que la longue jupe et la longue écharpe blanches palpitent au vent comme des ailes. Mais les photographies roussâtres sont floues : je ne saurai jamais si cette jupe blanche et cette main secourable n'étaient pas celles de ma bonne. C'est peut-être parce que je veux que cette promenade ait été une sorte d'enlèvement loin du petit monde domestique connu, une espèce d'adoption, que j'ai préféré imaginer ce beau visage penché sur moi, cette voix plus douce que celle de Barbe, cette étreinte de doigts intelligents et légers. Jeanne règle son pas sur celui des enfants, s'arrête pour les laisser çà et là ramasser un coquillage. De grandes flaques parsèment le sol à marée basse, comme les fragments d'un immense miroir brisé. Les petits y barbotent, tendant les mains pour essayer d'attraper les crevettes couleur d'argent. Souvent, un moment plus tard, Egon quitte silencieusement son fauteuil de rotin, et rejoint Jeanne au bord de la mer, portant sur l'épaule Axel comme l'Hermès des musées porte l'enfant Bacchus. Avant de le voir, Jeanne devine son approche à ce frémissement délicieux que trois ans de vie commune ne lui ont pas encore fait perdre. Ce jeune homme qui n'est pas tout à fait un père, ni tout à fait un mari, ni tout à fait un maître de maison, est resté un dieu.

Il tire de la poche de son pantalon une montre d'argent.

— Une heure bientôt. Il faudra que j'aille à la gare retrouver Hugues. Vous savez que nous jouons ces jours-ci à Düsseldorf.

— Oui, dit-elle. Ne sois pas en retard.

L'emploi du français leur permet le glissement du *vous* et du *tu*. D'habitude, le *vous* prédomine. Elle s'est aperçue qu'elle emploie moins souvent ce *tu* dans les moments d'intimité sensuelle qu'à d'autres occasions, peut-être plus secrètes encore.

Tous deux croient sentir de loin le regard vif de Monsieur de C. posé sur leurs nuques. Ils se trompent. Monsieur de C. lit *Le Mercure de France*.

Jeanne s'est donnée simplement. Michel a éprouvé de ce don une grande reconnaissance et un peu de surprise. Il ne s'imaginait pas voir crouler si vite ce qu'il suppose être pour elle la loi morale. Il ne la soupçonne pourtant pas de

mensonge ou d'hypocrisie : « Lui avez-vous dit ? » —
« Pourquoi ? Il me laisse libre. » — « Mais sait-il ? » — « Je
suppose qu'il sait. » Rien, pas même l'adultère, ne se
conformant tout à fait à l'idée qu'on en a, ses rapports avec
les maris ont toujours été moins définis qu'il l'eût voulu.
Quant aux rapports avec les femmes, il faudrait être très
simple ou très grossier pour les ranger pêle-mêle dans cette
catégorie, sacro-sainte et conventionnelle en France, qu'est
« l'amour ». Maud au lit était une nymphe fantasque, une
fée ravissante ; il n'a jamais débrouillé l'écheveau compliqué
des rapports entre elle et Rolf. C'était lui, l'amant de vingt-
cinq ans, qui s'efforçait de deviner le jeu du mari quadragé-
naire. De « ses deux femmes », comme il lui arrive de les
appeler à part soi, Gabrielle a été dans l'amour d'une
gaminerie délicieuse, le type de la petite femme des journaux parisiens du temps ; Berthe brûlait d'un feu sombre.
Mais qu'étaient dans la vie de ces femmes les innombrables
soupirants de casinos ou de plages à la mode, qu'elles
paraissaient toiser de très haut ? Qu'était surtout durant une
quinzaine d'années Galay leur chevalier servant, que
Michel appelle encore son meilleur ami ? Le gentilhomme
méprisait-il les femmes, comme il le disait, et ne se servait-il
que des malheureuses tombées au niveau le plus bas de la
fête, ou bien plaisantait-il en compagnie de Berthe, ou de
Gabrielle, ou des deux, du rôle de garde du corps que lui
prêtait l'ingénu Michel ? Il a pu y avoir entre ces trois êtres
d'autres fougueuses délices que celles de galoper ensemble
dans la plaine hongroise. Mais il ne s'explique pas non plus
très bien l'affection ardente des deux femmes l'une pour
l'autre, complices plutôt que rivales comme elles auraient
pu l'être. A moins que... un secret cache l'autre. Il est sûr en
tout cas d'avoir été le premier homme dans le lit de
Fernande, mais nullement sûr de l'avoir été dans sa vie.

Avec ces femmes romanesques, il y a toujours çà et là des bouffées de nostalgie pour un beau passant. Sur ces velléités de Fernande, Jeanne elle-même sait sans doute bien des choses qu'elle ne lui dira pas.

Il ne se demande pas si Jeanne l'aime. Cet homme supposé bien à tort du type conquérant est trop humble envers la femme pour se poser la question. Mais le mystère demeure. Jeanne n'est ni dévergondée, ni nymphomane. Cette ardente douceur, ce tendre désir de satisfaire l'autre en se satisfaisant soi-même en font preuve. Il sent bien aussi qu'Egon n'est pas un mari trompé, ni un mari auquel il doit une réparation. Se peut-il qu'il suffise de quelques jours d'absence pour que Jeanne ait ouvert sa porte à un quasi-inconnu, qui n'a pour lui que d'être le veuf d'une amie d'autrefois ? Elle n'est pas de celles qui font des confidences sur l'oreiller. — « Sait-il ? » — « Il me veut libre. » — « Oui, mais sait-il ? » — « Je le suppose. Il n'en parle pas. » Le beau silence se referme. L'un des axiomes de la petite science conventionnelle des sexes est que l'infidélité féminine soit souvent une forme de revanche, mais le mot infidélité dans ce cas sonne faux, et de quelle revanche s'agit-il ? Michel ne perçoit pas l'ombre d'une jupe dans la vie du jeune musicien. L'impuissance est l'une de ces raisons qu'un homme à court d'explications va volontiers chercher pour en accabler un rival, mais les deux fils d'Egon lui ressemblent. Quand Jeanne a dit la joie qu'elle ressent à s'occuper momentanément de la fille de Fernande, il lui a rappelé qu'il se peut qu'elle ait un jour une fillette à elle ; la jeune femme secoue la tête ; il leur suffit de deux enfants. Cette franchise sur un sujet que les femmes à l'époque n'abordaient qu'entre elles, et avec des précautions infinies, lui paraît admirable. Admirable aussi qu'il ne l'ait jamais entendue dire du mal de personne, ni d'ailleurs du bien par

simple convenance mondaine. Il n'a jamais surpris dans sa
voix une nuance d'irritation ou de moquerie, ni même
d'empressement excessif; elle parle aux enfants sans prendre des intonations enfantines. Admirable surtout, pour un
homme qui m'apprendra de bonne heure qu'on ne peut
discuter intelligemment qu'avec des amis et sur des
nuances, l'absence totale des arguties inutiles, des contra-
dictions toujours aussi obtuses que le pion contredit, des
aigreurs rentrées expectorées dans un *Oui, mais,* ou dans un
Vous ne pensez pas que...? Il n'y a pas non plus de refus dans
ses silences. Parfois, un regard, un geste indolent du jeune
Balte, ce rien d'inexplicable qui est l'essence même d'une
personne, mettent Monsieur de C. sur une autre piste, mais
Michel, qui a gardé certains résidus de bons principes sur la
moralité conjugale, imagine mal qu'une femme si sévère
pour tout ce qui lui paraît bas consente à servir d'écran à
des agissements que la bonne société de son temps, et même
la société tout court, ne savent trop comment nommer.
Quand par hasard elle lui parle d'Egon, c'est pour évoquer
les souvenirs d'enfance du jeune homme, qu'évidemment
elle a faits siens, ou pour mentionner, avec une pointe de
satisfaction naïve, que sa carrière d'exécutant et de compositeur commence enfin à prendre forme, sans dire jamais
que ses efforts à elle et ceux de Madame Van T., leurs
entrées dans le monde artistique et musical des grandes
capitales, y sont pour quelque chose. Là aussi, le clair
silence se reforme. Michel, qui a plus d'une fois tenu dans
ses bras ce beau corps nu, sait d'instinct que vouloir
pénétrer plus avant dans les secrets de cette vie de femme
serait d'un goujat. Mais qu'importe? Mieux vaut goûter en
paix, lorsque çà et là il s'offre, le meilleur d'un bel été.

La pierre d'achoppement, c'est Dieu, il s'en rend bien
compte. Jeanne en parle peu, mais on sent qu'elle le respire

et l'exhale comme l'air même de sa vie. Ses quelques petits écrits, minces et difficiles, contraints malgré elle par le style resté académique de ses instructeurs protestants, et diffusés seulement parmi peu d'amis, n'ont à la vérité pas d'autres thèmes. La rigidité du pasteur Niedermayer, avec son insistance sur la logique et la théologie, l'a au moins préservée du flot d'occultisme bourbeux et d'exotisme religieux de pacotille si répandu dans la mauvaise littérature du début du siècle, et il n'est pas non plus dans sa nature de tomber dans un sec scientisme. Elle se contente d'écarter ce Dieu voyeur, espion et juge impitoyable, qui a épouvanté tant de consciences féminines et adolescentes, et auquel Michel depuis l'âge de dix ans ne croit plus. Mais comme la plupart de ses contemporains, il s'est contenté de remplacer cet importun gigantesque par un brouillard d'où rien n'émerge. Jeanne, elle, s'est efforcée de remplacer ce Bon Dieu par Dieu. Il est pour elle le Bien Suprême, et identifier le Bien Suprême avec la force universelle qui nous entraîne tous l'acculera fatalement un jour ou l'autre au dilemme auquel nul n'échappe : nier le mal ou dire oui au mal. Pour l'instant, le bien seul l'occupe, et la paix qui l'entoure est peut-être à ce prix. Elle aime Dieu dans Egon, ce qui met le jeune Balte hors d'atteinte ; pour autant qu'elle aime Michel, elle l'aime en Dieu qui lui a donné cet ami. Durant les chauds soirs d'été, Egon qui n'apprécie ni le monde ni la danse, se dérobe. Michel accompagne la jeune femme aux soirées dans les jardins des ambassades et des bonnes familles. Lui non plus n'aime guère ces sorties et pas du tout la danse, sauf quand c'est Jeanne qui tournoie sous les lumières et sous les feuillages, dans ses robes toujours très simples, car par frugalité ou par crainte d'éveiller davantage l'attention, qu'elle attire toujours, elle rejette les modèles des grands couturiers. Michel sent bien que dans les bras d'un attaché quelconque, dont elle sait à peine le nom, elle gravite au centre des choses, blanche étoile qui accomplit son orbite au ciel. « Vous ne me direz pas que dans ces moments-là vous pensez à Dieu ? » — « On peut toujours penser à Dieu. » Quant à lui, et malgré ses accès de douloureux désir, il se sent glisser à côté d'Egon au rôle du mari qui accepte et qui fait confiance.

Tout grand amour est un jardin entouré de murailles. *Hortus conclusus.* Tout ce qui se chuchote sûrement autour de ces personnes et sur elles, les ragots du monde qui salissent et qui déforment n'atteignent pas ces trois êtres qui ne reconnaîtraient probablement pas l'image qu'on se fait d'eux. Littéralement, c'est le charme de ces bosquets de Scheveningue qu'il suffise de s'installer dans le coin de pinède qui constitue le jardin pour échapper complètement au brouhaha de la plage, et presque totalement aux rumeurs de la mer. Ce qui reste est tout au plus un fond sonore. Par ces chaudes après-midi, les interminables sessions d'Hugues et d'Egon prennent fin. On n'entend plus monter du pavillon au fond du jardin, désormais transformé en studio, les claires réponses du piano aux interrogations aiguës du violon. Egon et Hugues répètent pour une première qu'ils doivent donner à Amsterdam cet automne ce commentaire musical aux poèmes d'Angelus Silesius, qui est le premier livre que Jeanne et Egon aient aimé ensemble. La même composition doit se donner en novembre à Paris dans la traduction française de la jeune femme.

Vers une heure, Egon congédie son partenaire ou celui-ci s'arrête de son propre gré. Ce Hugues a ce rien d'impudence de ceux dont la timidité résulte d'un manque d'usage, plutôt que d'une sensibilité excessive. Son anglais, presque toujours correct, compense çà et là certains restes d'intonation cockney par une pointe d'exotisme. Egon, qui a sans doute

épuisé dans le travail de la matinée à la fois son bon vouloir
et son irritation à l'égard du violoniste, ne parle pas à table.
Les deux femmes au contraire s'adressent à l'étranger avec
d'autant plus de prévenance qu'il n'est évidemment pas de
leur milieu et de leur monde. Michel, partial envers tout ce
qui est anglais, s'astreint seul à une conversation à peu près
suivie avec Hugues. Malheureusement, les habituels clichés
de la critique musicale des quelques grands journaux
s'allient à des mots d'esprit déjà usés du temps où Rolf
promenait dans Soho Michel et Maud et leur offrait dans
des salles de concert à demi vides des places de faveur dont
il n'était jamais à court. Le café à peine pris, l'Anglais, qui
jusqu'ici n'avait pas mis le pied sur le continent, s'éclipse,
s'en va flâner dans La Haye toute proche, ou chercher des
distractions dans le plus bruyant Amsterdam. Tout est neuf
pour lui : *La Ronde de nuit, La Fiancée juive,* Saül qui pleure en
écoutant jouer un David frisé auquel il ressemble, et les
petites dames en caleçon rose des rues accueillantes. Le
pianiste l'accompagne rarement dans ces expéditions. Le
grand silence vert et doré de la pinède que le jeune Balte
aspire avec une sorte d'avidité est rompu de temps à autre
par des cris d'enfants. Clément et Axel veulent grimper sur
le corps du jeune homme étendu dans le hamac ; Marguerite
s'efforce de faire de même. Michel ordonne à Barbe toujours
présente d'emmener la petite qui se débat avec des cris.

D'autres fois, un murmure s'échappe de la villa comme
d'une ruche un bourdonnement d'abeilles. Le bruit grandit
à mesure que le flot des invités se répand de la maison au
jardin. Madame Van T. préside avec une profusion discrète
à ce rite presque journalier ; les gâteaux secs, les rôties
beurrées ; l'arôme exquis du Ceylan et du Lapsang-Sou-
chong mélangés par les soins de la maîtresse de maison elle-
même, selon des dosages immuables et secrets, se marient à

l'odeur résineuse des pins. Madame Van T. parle de sujets sérieux à des messieurs presque tous âgés et décorés, qui se prémunissent à l'aide d'une canne contre les aspérités inattendues du sol et les racines cachées sous la mousse. Bientôt, joignant les talons et baisant cérémonieusement la main des douairières, Egon trouve des prétextes pour quitter le jardin. Michel va chercher dans sa réserve de plaisanteries et de flatteries déférentes ce qu'il faut pour charmer ces dames d'un certain âge. Jeanne dispense à tous la même aménité. Comme l'usage le veut dans les bonnes familles qui possèdent des trésors de porcelaine ancienne, une sorte de petit baquet non moins précieux que le reste arrive tout rempli d'une eau savonneuse et tiède que Jeanne touche légèrement du doigt. Elle noue à sa taille un fragile tablier de dentelle qui est plutôt l'insigne d'une fonction qu'une manière de se préserver des éclaboussures, et chaque fois qu'un invité vide sa tasse, la prend pour la laver, la rincer dans une eau plus limpide encore et l'essuyer d'un linge avant de la rendre à l'invité. Monsieur de C. ne se lasse pas de voir les belles mains manier la porcelaine translucide, fabriquée jadis à Canton pour les acheteurs d'outre-mer, et qui a précairement traversé les océans. Elle y met l'aisance qu'on a dans l'accomplissement d'une tâche familière et héritée d'aïeules. Les angoisses de l'amour, les interrogations de l'esprit, les sourdes inquiétudes de la chair s'harmonisent à ces moments-là comme les couleurs et les formes d'un tableau de Vermeer.

Monsieur de C. a laissé au Mont-Noir sa voiture, mais une Peugeot quelconque, louée à La Haye, lui a permis d'emmener un jour Jeanne parmi les miroirs d'eau de Delft et les vitres sans rideaux des maisons dont l'intérieur s'expose à la vue comme une conscience pure ; une autre fois, souvenir plus chargé d'intimité et d'imprévu, du fait d'une panne de moteur qui les a retenus jusqu'au petit jour, à Veere, qui devient pour eux un de ces lieux de parfaites délices où l'on ne supposait pas qu'on irait, et où l'on ne pense pas qu'on doive jamais revenir. Mais ces randonnées ont surtout servi à quelques sorties entre hommes plus d'une fois terminées dans la boue et dans la poussière, à manier le cran d'une manivelle, à essayer de regonfler un pneu à l'aide d'une pompe pneumatique, ou encore à chercher dans le cambouis une vis perdue. Cette fois, il s'agissait seulement d'aller prendre une barque au petit port pour une tournée du côté de Flessingue.

La mer était hargneuse. Hugues n'était pas au rendez-vous et Egon n'avait pas paru s'en apercevoir. Les brutaux paquets de mer ravivent chez Michel le souvenir de ses croisières dans les îles de la Frise avec « ses deux femmes » et enchantent Egon comme tout ce qui lui rappelle le jusant et les bancs de sable des estuaires de son pays. Au bout d'une heure, les bateliers fourbus rentrent spontanément. Une fois à terre, et bue l'indispensable goutte de genièvre avec les deux hommes, on décide, pour le plaisir de s'exposer le plus longtemps possible aux gifles du vent et aux giclées du sable, de rentrer par la plage en laissant la Peugeot toujours plus ou moins récalcitrante qu'on reprendra demain. Les deux amateurs de gros temps marchent côte à côte, mais doivent crier pour se faire entendre.

— Hugues s'est défilé.

— Vous l'auriez vu vert de peur. Ce n'est pas un beau spectacle.

— A table, s'il vous parle, vous vous taisez. Absent, vous le tournez en dérision. Je constate que la musique n'adoucit pas les mœurs.

— Vous avez failli ajouter l'adjectif mauvaises. Ne protestez pas. C'est le malheur qu'un homme intelligent, courtois, connaissant le monde (je vous crédite de toutes ces qualités), s'il parvient par effraction ou tout autre moyen à entrer dans un recoin plus ou moins caché de nous-mêmes, il s'y installe et croit tout voir de cette perspective. Un valet, un dépendant, un serviteur quelconque devient selon l'âge et l'aspect un partenaire ou un pourvoyeur. Tout associé ou tout ami passe pour un amant, même si, comme dans le cas présent, il a le teint jaunâtre et les cheveux gras.

— Le David de Rembrandt est également jaune et gras, et cependant il a le pouvoir de faire pleurer le Roi Saül à demi caché derrière une tenture. Mettons que ce soient des variations sur la harpe qui mettent Saül dans cet état.

— Saül est vieux et débile, dit Egon comme à contre-cœur. Sais-je sur qui ou quoi je pleurerai à soixante ans?

— Votre concert se donne dans quinze jours et vous aurez besoin de votre partenaire. Partirez-vous à sa recherche à Londres?

— Qui parle de Londres? Les jours de fâcherie, Hugues s'installe dans un bordel tout près de l'Hôtel Kranapolski. Il en donne le numéro de téléphone à qui le demande, mais a persuadé le patron de répondre que l'Hôtel Kranapolski, c'est ici. Et si on veut le voir, il donne rendez-vous au salon de l'hôtel, et prend juste le temps qu'il faut pour changer de veste et traverser la ruelle... Je n'ai jamais aimé la plaintive insistance de ses trémolos. Il me semble que les questions qu'Angelus Silesius pose à Dieu doivent être à peu près aussi claires que les réponses. On sait toujours un peu d'avance ce que répondra Dieu.

— Pourquoi avez-vous épousé Madame de Reval?

— Dites Jeanne. Une situation qui n'est que scabreuse devient répugnante si l'on ment ne fût-ce que d'un mot.

— Jeanne, donc. Pourquoi avez-vous épousé Jeanne ?

— Par amour, figurez-vous. Le premier être que j'ai aimé, et j'espère que ce sera le dernier. Elle m'a appris qu'il n'y a pas beaucoup d'êtres.

— Supplémentée par les travestis et les débardeurs d'Amsterdam.

— Même si vous dites vrai, et ce l'est peut-être moins que vous ne croyez, ou autrement, la seule personne qui puisse en souffrir est Jeanne.

— Une femme heureuse ne prend pas d'amant.

— Elle me veut libre. Elle croit — et elle a raison — qu'il n'y a de liberté que réciproque. C'est du moins ce qu'elle m'a dit la première fois que nous nous soyons levés d'un lit ensemble. Je n'étais pas, vous le sentez bien, le premier homme de sa vie. Peut-être étais-je le seul à pouvoir lui donner cette liberté qui n'exclut ni la tendresse, ni par moments la chaleur charnelle, que ne lui avait pas données tout à fait son ancien ami. Et ses quelques passades l'avaient laissée sur sa faim. Je ne crois pas qu'une seule des libertés prises depuis ce matin-là ait eu pour cause une rancune envers moi, ou le désir de rendre le mal pour le mal. (La chair ne nous semblait jamais tout à fait un mal.) Encore moins pour faire naître une jalousie qui n'est pas dans ma nature.

— Halte ! Vous vous assombrissez dès qu'on lui parle trop longtemps ou de trop près.

— Il est naturel d'avoir froid quand l'attention d'un être aimé se pose sur quelqu'un d'autre, comme en été quand un nuage passe sur le soleil. Mais je crois qu'elle a voulu surtout se rapprocher de moi, en expérimentant comme elle sait que je l'ai fait (que je le fais parfois ; ne mentons pas) avec des satisfactions sans lendemain. Et puis, elle n'a jamais voulu se trouver dans le rôle aigre de l'épouse qui attend du mari l'accomplissement du devoir conjugal. Vous êtes le premier, il me semble, qu'elle ait accueilli dans son intimité, en amant, je n'en doute pas, en ami, certes, peut-être aussi en tant que mari d'une amie morte, enfin, autre chose qu'un passant entreprenant à qui l'on fait l'aumône de la pointe d'un sein.

— Un ami qui n'est ni un confident, ni un protecteur. Un amant qui n'est que quelqu'un sur qui on se rabat par les soirs décidément trop vides. Le veuf supposé romantique d'une femme qu'après tout il n'a pas tant aimée. Me croyez-vous taillé pour ces rôles-là ?

Le vent semblait crier autour d'eux les gros mots et les injures non dites. Poussés par une rafale plus forte que les autres, les deux hommes se rencognèrent sous l'auvent d'une villa inhabitée; Michel assit presque de force Egon dans l'angle le plus abrité d'un banc sur lequel s'amassait déjà du sable et s'y plaça à son tour, les protégeant tous deux d'un pan de sa vieille cape de loden achetée en Autriche avec Fernande, et qu'il ressortait les jours de mauvais temps. Ils se parlaient ainsi à voix basse, un peu à court de souffle, comme à l'intérieur d'une tente verte.

— Ecoute, et mets-toi dans la tête que je ne te tutoie pas par dédain, ni non plus par tendre familiarité. N'attends pas de moi ce qu'il ne te déplairait peut être pas d'obtenir, des termes de mépris plus ou moins conventionnels ou grossiers; en somme, l'équivalent d'une grêle de coups. Et n'attends pas non plus que je m'attarde à subtiliser sur ton cas, que tu supposes à peu près unique, comme chacun le fait, au moins au début d'une émancipation de ce genre-là. Tout ce qui te concerne est à peu près aussi banal qu'une lampée d'alcool dans un bar d'Amsterdam. Les gens s'en rendraient compte s'ils étaient capables d'observer autour d'eux ou de s'analyser soi-même. Ils préfèrent ne rien savoir ou tout oublier. Si je fouaillais dans les détritus de mon passé (mais je ne prends jamais cette peine) j'y trouverais à coup sûr des situations pareilles à la tienne, recouvertes par d'autres, différemment scandaleuses, et dans les deux cas des figures et des corps humains dont je n'ai pas envie de me souvenir, mais qui, de ce temps-là, m'ont paru désirables et satisfaisants. Et bien sûr, pour moi, le féminin prédomine. Mais je ne dirais pas, avec Casanova (un tombeur exclusif de femmes, à deux ou trois exceptions près), que ce plaisir entre hommes n'est qu'un divertissement presque négligeable, une sorte de jeu un peu fou, parce que tous nos exercices charnels pourraient être définis de la sorte, sauf la procréation dans le cadre rassurant du lit conjugal, et encore les casuistes font-ils là-dessus des distinguos. Le goût de l'expérience, l'audace, la volonté d'affronter certains risques comptent, et, pourquoi pas (on l'omet toujours dans la nomenclature, et pourtant il est au centre), le désir. Et je ne te dirais pas non plus qu'il y a là je ne sais quelle voie rapide pour atteindre à la réalité charnelle pure et simple, ou impure et simple, un mot de passe comme les francs-maçons disent en avoir et n'en ont pas. Non, trop d'imbéciles et de brutaux s'en mêlent. Je tiens seulement à démontrer que nous sommes moins antithétiques, moins irréductibles l'un à l'autre que tu te le figures. Nous sommes du même temps, du même milieu, ou presque, nous parlons deux ou trois des mêmes langues ; nous avons dû faire quelques expériences secrètes analogues. J'ai vingt ans de plus que toi, mais nous ne sommes pas de ceux qui donnent beaucoup d'importance au calendrier...

On me prend pour le type même de l'homme à femmes ; j'en ai effectivement rendu heureuses ou malheureuses une demi-douzaine, ennuyé, agacé ou fait jouir quatre ou cinq douzaines d'autres, dont une bonne partie faisait tout simplement en se donnant leur métier de putain. La seule chose que je n'ai pas réussie, c'est à me faire entretenir, et à ton âge, j'en aurais eu parfois besoin. De ces femmes, rien à dire : elles ont occupé ma vie ; elles l'occuperont sans doute jusqu'à l'heure de la mort. Mais si je me trouvais sur un bateau échoué sans espoir de renflouage sur un dangereux banc de sable, ou coincé parmi des rochers qu'envahit la marée montante, et si, alors, jetant les yeux autour de moi, je n'apercevais pas une femme passable, je ferais sans doute de mon mieux pour m'emparer d'un beau garçon de l'équipage, et pour passer dans la chaleur humaine ces courts et longs mauvais moments. Et peut-être, de ton côté, tout camarade masculin manquant, chercherais-tu dans la même occasion une passagère obligeante. Nous sommes pareils, mais nos choix vont en sens inverse, un peu comme dans les anciens manuels militaires où l'on nous apprenait que faire sur place demi-tour à gauche est exactement la même chose que faire demi-tour à droite, seulement c'est le contraire.

Je glisse ici une note de la narratrice. Ces propos, ou d'autres semblables, tenus à Egon par Michel à Scheveningue, ne lui acquirent sans doute pas plus de sympathie de la part de son jeune interlocuteur : on charme rarement les gens en leur disant que leurs passions les plus secrètes sont plus ou moins celles de tout le monde. Je n'ai de la conversation des deux hommes ces jours-là que des notions les plus vagues, mais je suis bien placée pour savoir que l'ensemble des paroles mentionnées plus haut viennent tout droit de Michel. Il me tint à peu de chose près les mêmes propos vingt ans plus tard, sur un banc d'Antibes d'où nous regardions la mer. Contrairement à ses propres assurances, le calendrier comptait. Sur la plage de Scheveningue, vers 1905, ce jeune homme de trente ans dut lui paraître à peu près aussi ignorant du monde comme il va qu'une fille de vingt ans perturbée par une rencontre avec un jeune inconnu qui lui paraissait différent des autres, et que Michel, dédaigneux comme toujours des amis de sa fille, ne tenait même pas à se faire présenter. Il me mettait seulement en garde contre une tendance à dramatiser la vie. Mais j'avais déjà réfléchi, aussi bien que rêvé. Il en résulta en 1928 _Alexis_ où je m'étais servie, pour reculer dans le passé ma mince aventure, de l'alibi que m'offrait le souvenir de Jeanne et d'Egon. Cet _Alexis,_ Michel le lut sur son lit de mort et nota en marge de ce petit récit que rien n'était « plus pur », commentaire qui m'émeut encore aujourd'hui, mais montre à quel point le mot « pur » devenait dans la bouche de Michel autre chose que ce qu'il est pour la plupart des pères. La conversation d'Antibes ne fut pas reprise par la suite. Dans les deux cas, Michel avait essayé de calmer un esprit ou une sensibilité troublée en rappelant que rien n'est véritablement insolite ou inacceptable. Ce n'étaient pas des confidences qu'il offrait (Michel ne se confiait jamais) ; c'était un témoignage. La vie, telle qu'il la connaissait, était ainsi. Les goûts sensuels de ses contemporains, connus de lui ou célèbres, ne l'intéressaient pas, pas plus que les « histoires de mœurs » des petits journaux. D'autre part, le préjugé renaissait de ses moindres irritations personnelles. Un « inverti » (nous sommes à l'époque et dans le vocabulaire de Proust), ridicule ou agaçant sur le plan social, était vite qualifié en termes pittoresques et grossiers, tout comme cet admirateur du génie hébraïque traitait de « sale Juif » un médecin louche. Michel n'eut d'abord que sympathie pour le mari de Jeanne ; la colère et le dégoût vinrent plus tard, pour être aussi gommés comme tout le reste.

— Ce que je retiens de tout ceci, dit Egon se remettant en marche, et n'ayant (c'est probable) entendu qu'une partie des remarques de Michel, notre attention à tous n'allant pas bien loin, c'est qu'à l'âge de trente ans vous n'aviez pas encore réussi à vous faire entretenir par une femme. Et depuis, je suppose que vous n'avez pas eu à essayer. Mais regardez-moi. N'est-ce pas un jugement que vous portez en secret, comme votre allusion tronquée aux mœurs illicites ? Voyez un peu : un étranger jeune, et inconnu malgré son nom, ne pouvant espérer de gros subsides d'une famille héréditairement pauvre, et dont l'argent, quand il y en a, ne passe pas la frontière, un musicien excentrique dont personne ne savait rien, sinon peut-être qu'il courait sur lui quelques histoires, — et maintenant une maison en ville, une autre près de la plage, un appartement à Paris, un landau, demain une automobile, des communiqués de presse quand par hasard je donne un concert, deux enfants, une femme que tout le monde s'accorde avec raison à trouver admirable, une belle-mère bienveillante, toute une série de cloisons dorées entre moi et ma vie. Ne croyez-vous pas tout cela lourd à porter ? Et même l'amour... Je me raconte à Jeanne avec une sincérité presque complète, c'est à dire presque obscène ; c'est une manière pour moi et pour elle de m'accepter en toute connaissance de cause, mais, de ce fait même, les actes cessent d'être spontanés, deviennent presque une part d'un mythe que nous nous créons l'un pour l'autre. Et, d'autre part, si je me tais, il semble que mes absences deviennent ce qu'elles ne sont pas, un rejet, une part de ma vie cadenassée et cachée. Et l'intimité brusquement diminue, comme si l'atmosphère entre nous devenait insonore, comme si les paroles et même les gestes amoureux ne signifiaient plus... Mais je pense parfois qu'il y a eu un temps où je ne devais la vérité à personne, où ma musique n'importait pas, où si je m'étais noyé dans l'Elbe...

— De sorte que vous faites tout retomber sur elle.

— O Dieu, non. Pas même sur moi.

— Si vous pensez ainsi, je vous conseille de partir.

— J'ai essayé une fois ; je suis revenu trois semaines plus tard. C'était pis.

On atteignait ce moment où plus rien ne reste à dire — bien que rien n'ait été dit —, et où le décor change. Ils se trouvaient maintenant aux trois quarts protégés du vent par les blocs cossus des villas dans leurs pinèdes, sur un trottoir qui semblait celui d'une avenue de banlieue.

— Vous avez raison, admit subitement Egon. Dites à Jeanne que je ne reviendrai pas ce soir. J'ai besoin de calmer cette espèce de tempête que vous m'avez soulevée dans l'esprit. Si ce que vous dites est vrai, vous et moi ne sommes rien.

— Et ce serait tant mieux pour nous tous, pensa Michel qui ne le dit pas, ne voulant pas paraître avoir le dernier mot.

En rentrant, il glissa le message sous la porte de la chambre de Jeanne. Elle descendit à l'heure prévue comme à l'ordinaire. Madame Van T. était allée dîner en ville. Ni Michel ni Jeanne ne parlèrent beaucoup. Il ne lui vint pas à l'esprit de la déranger cette nuit-là.

LA DÉCHIRURE

A la fin de cet automne, Michel décida que la petite fille, naturellement robuste, et à laquelle l'air de la mer avait fait le plus grand bien, était fort capable de supporter le voyage, à l'époque assez long, entre le Mont-Noir et la Côte d'Azur. On se rendit à Lille, où une Noémi plus âcre et plus sarcastique que jamais offrit l'hospitalité pour la nuit, calfeutrée comme elle l'était déjà pour l'hiver dans la belle maison de famille où depuis cinquante ans rien n'avait changé. Le lendemain, on prit le rapide pour Paris, dans un encombrement de malles, de cartons à chapeaux et de paquets dû en partie à la présence des deux bonnes que Monsieur de C. jugeait nécessaires à l'enfant. Pour éviter le danger de vagues maladies contagieuses inséparables des literies d'hôtel, on emportait aussi mon petit lit-cage avec son matelas, ses draps et ses couvertures.

On s'arrête à Paris, où deux ou trois jours suffisent à rétablir entre Michel et Jeanne un peu de la calme chaleur de leur intimité de Scheveningue. Jeanne, elle aussi, s'apprête à partir ; elle accompagne Egon à Saint-Pétersbourg où un ballet du jeune musicien, *Le Cheval blanc au bord du lac*, va être mis en répétition en dépit de sa musique presque scandaleusement nouvelle. Le jeune compositeur ne se rend pas compte de ce qui se trame d'intrigues et s'amorce de conflits dans ce monde de chefs d'orchestre, de chorégraphes et de danseurs pour et contre le nouveau venu qu'il est. Toujours fidèle à la fois à tous ceux qu'elle aime, Jeanne a promis à Michel, une fois de retour de Russie, de venir passer quelques jours dans le Midi pour juger par elle-même de son installation d'homme seul avec les bonnes et l'enfant. Impétueux comme toujours, et sur la seule foi d'une annonce, Monsieur de C. a loué pour cinq hivers cette Villa des Palmes.

Cette pompeuse demeure, un rien délabrée, Michel l'a choisie de préférence à de plus riants logis offerts au Cap-Ferrat ou au Cap-d'Ail ; il a été séduit par sa proximité avec le dangereux Casino, dont le Parc Exotique jette son ombre sur un coin du jardin. Bien des années plus tard, à Cannes, j'ai trouvé le marquis de Cuevas, feu follet charmant, qui s'était engoué de certains de mes livres et en tirait sans ma permission de médiocres ballets, campé avec sa dizaine de pékinois blancs dans une bâtisse du même genre. Le long de la façade, l'inévitable rangée de palmiers s'écartait pour faire place à une route carrossable menant au perron. Du dedans, on la dirait démeublée en dépit d'une salle à manger à table de marbre flanquée d'une douzaine de chaises ripolinées et cannées. Un sofa et quelques fauteuils flottent dans l'immense salon. Deux ou trois chambres à coucher sont riches en lits à deux places, en coiffeuses et en miroirs, avec leur salle de bains munie d'un incertain chauffe-eau et de robinets imitant l'argent. Logis pour banquier prêt à faire faillite ou pour diva sur le retour. Peu importe à Michel. Sauf pour les heures excitantes passées au Casino, il travaille.

Jeanne lui a proposé de traduire en français un vieux livre tchèque qu'ils lisaient tous les deux dans une version anglaise. C'est un voyage allégorique tel qu'en a produit çà et là la littérature piétiste du xviie siècle. L'auteur est un grand écrivain morave, Coménius, ou, si l'on préfère, Komensky, qui, exilé de son pays, installa dans la Hollande de l'âge d'or sa petite communauté de pieux résistants. Est-ce à Amsterdam ou à Prague qu'il a composé cette grinçante satire du monde tel qu'il est ? Un quidam sorti de chez lui pour s'instruire reçoit aussitôt d'un passant cajoleur une paire de lunettes roses qui lui montrent tout en beau et se laisse emplir les oreilles d'une cire qui adoucit tous les bruits. Tout est pour le mieux jusqu'au jour où le voyageur apprend à loucher sous ses besicles, et à retirer un peu de la cire qui lui bouche l'ouïe. Le monde se révèle aussitôt comme une ville ceinte de murailles, belle de loin, inquiétante et labyrinthique de près, pleine de cris et de rires pires que des cris, de refrains idiots d'ivrognes, du boniment des charlatans sur la place publique, et du susurrement des doctes qui insinuent des vérités fausses. Les portes et les fenêtres ouvertes des maisons basses laissent voir des avaricieux assis sur leur tas d'or, des luxurieux sur leurs tas d'ordures, des maris cocus et des femmes trahies, des enfants rebellés contre des parents qui souvent ne méritent pas mieux, des victimes bâillonnées dans des culs-de-basse-fosse et des juges qu'on ferait bien de juger. Tout ce qu'on voit est faux ou truqué. D'horribles mégères, à cause de leurs sacs d'écus, font le poids sur la balance dont l'autre plateau contient de beaux jeunes hommes en quête d'héritières ; des savants recollent subrepticement des étiquettes sur des fioles emplies par d'autres savants, et dont ils adultèrent le contenu. Au loin, la mer sauvage où les barques sombrent ; plus près, l'ennemi battant les bois et s'efforçant d'incendier les remparts. La violence de cette prose et ses contrastes à la Bruegel sont destinés à nous amener à une conclusion dévote, où, sous une lumière un peu fade, les saints et les fidèles d'un conventicule confits, si l'on peut dire, en Dieu, échappent au malheur humain. *Le Paradis du Cœur :* Michel bâcle ce dernier chapitre.

Egon (ils ont tous trois discuté ce livre à Scheveningue) trouve ce mal trop rudimentaire comparé à celui qui se glisse en nous inaperçu, mêlé ici au bien, là à la beauté, et fait de nous tantôt ses complices et tantôt ses victimes. Michel renchérit encore : il lui paraît que tout mal contient en soi son résidu de bien et tout bien sa part de mal. Jeanne, qui toute jeune a lu ce livre avec Fernande, à l'époque où cette ancienne amie de couvent était devenue la compagne d'un été, se souvient qu'il leur semblait traverser, pleines d'une curiosité mêlée de crainte, une ville en kermesse avec ses beuveries et ses rixes, non sans l'impression de relever un peu leurs jupes pour éviter les éclaboussures et le vomi. Le dernier chapitre était une petite chapelle tiède où l'on échappait aux jurons et aux rebuffades des rues. Fernande... Elle n'a pas souvent parlé d'elle, comme elle avait pensé le faire, à Michel, et ni à l'un ni à l'autre des deux hommes elle n'a souvent parlé de Johann-Karl. Chacun a ses souvenirs et ses allégories à l'écart des mots. Egon, qui possède en plus les sept notes de la gamme, songe tout haut que ce livre en partie grotesque pourrait servir de trame à une discordante musique, bête et grossière comme la vie, avec çà et là des bouffées de joie et des rayons de soleil, et s'achever non pas en un chœur exultant ou suppliant, mais en monodie pure. Mais il ne se sent pas prêt pour l'écrire. Peut-être se passera-t-il toute la vie avant qu'il ne soit prêt pour l'écrire.

L'hiver traîne un peu ; Michel tantôt gagne, tantôt perd au baccara ou à la roulette. Il a l'habitude de ces différences.

Il s'acharne sur ce Coménius qu'il trouve parfois excitant et
parfois insipide (inepte, il n'emploie pas le mot dans ses
lettres à Jeanne, comme tous ceux qui croient). Ce Michel
qui a composé quelques poèmes, parfois bons, et, à une
seule exception près, les a mis au panier avant de les finir,
qui a même entrepris, après la mort de Fernande, un roman
sèchement réaliste interrompu à la fin du premier chapitre,
et qu'il me donnera plus tard pour le transformer en
nouvelle, à la condition de le signer de mon nom, s'oblige
enfin à aller jusqu'au bout d'une tâche littéraire. Il se rend
compte pour la première fois que manier les mots, les
soupeser, en explorer le sens, est une manière de faire
l'amour, surtout lorsque ce qu'on écrit est inspiré par
quelqu'un, ou promis à quelqu'un. L'amie en Jeanne lui
manque encore plus que l'amante. Mais ce ne sont jamais
les aventures galantes qui font longtemps défaut à Michel. Il
a rencontré à Lille la femme d'un avocat catholique qui se
distingue chaque année par ses travaux de brancardier à
Lourdes. C'est à la fois, comme ce mari aime à le dire, une
manière d'exercer ses muscles et de s'assurer une place au
ciel. Liane et lui sont en instance de séparation. Michel a
vite persuadé la jeune femme de passer en sa compagnie une
quinzaine dans le Midi, non loin d'une tante qui lui sert de
paravent du côté des siens. Cette Liane de trente ans a un
corps souple et mou qui semble avoir pour forme celle que
lui impose la mode. Ses toilettes paraissent toutes sorties
récemment d'une présentation de haute couture, ou du
moins d'habiles imitateurs de celle-ci. Michel ajoute à cette
collection quelques robes. Par décence, il l'établit dans un
petit hôtel du voisinage, où elle s'ennuie, bien que Michel l'y
soupçonne de discrètes passades, mais il manque à cette
grande bourgeoise sa maison de la rue Nigrier, son « jour »
où s'assemblent des amies avec lesquelles on se gave de

petits fours, échange des adresses de fournisseurs et médit des absentes. Elle s'inonde de parfums, ce que ne peut souffrir cet homme qui n'aime que la peau propre. Ils se séparent satisfaits l'un et l'autre que l'épisode n'ait pas duré plus longtemps. Quant à moi, je laisse sans doute à la visiteuse l'impression d'une enfant un peu farouche, qui n'obéit pas quand on lui dit d'embrasser la jolie dame.

Et, de nouveau, je me retrouve confondue par le problème des dates de l'enfance, seule dans un grand paysage vide où tout semble tantôt très proche et tantôt lointain. Vide, il ne l'est pas, mais les personnages qui le peuplent m'importent presque toujours trop peu pour que je sache s'ils viennent vers moi ou s'ils s'en vont, si je les ai vus ce matin ou il y a un siècle. Dès ma petite enfance, le sentiment du temps m'a toujours fait défaut : aujourd'hui est la même chose que toujours. Je sais qu'il y a eu au moins deux étés passés partiellement à Scheveningue, et que la Villa des Palmes, louée pour cinq hivers, sera occupée au moins deux ou trois ans. Tout cela flotte entre ma troisième et ma sixième année. A quelle date précise placer tel souvenir, sans compter, comme je l'ai dit ailleurs, que les photographies et les récits d'adultes jouent leur rôle d'aide-mémoire ou de fausse mémoire ? Le premier souvenir spécifiquement mien, puisqu'il semble n'avoir été retenu que par moi seule, se situe à l'automne. Je ne pouvais avoir que deux ans et demi, ou trois ans et demi au plus. Dates précoces, mais je ne vois pas où et comment les placer ailleurs dans mon agenda de l'enfance. Je m'amusais sur la terrasse du Mont-Noir à construire une pyramide de marrons d'Inde. On m'emmena souper. Le lendemain, de bonne heure, quand je descendis retrouver mon assemblage de belles billes brillantes et brunes, tout était mystérieusement blanc. Une froide matière pareille à du sucre pilé recouvrait et embellissait mon ouvrage. Les années suivantes, nous nous installâmes dans le Midi de bonne heure. Je ne revis pas la neige. J'ai dû la voir parfois durant les hivers 1910-1914, passés à Paris, puis durant un hiver de guerre et d'Angleterre. Mais je ne me souviens que de la boue des villes. Les images suivantes seront celles de la neige suisse craquelante et immaculée quand je me rendais à travers bois sur la tombe de Jeanne, ou la neige molle, poussée par le vent sous la porte du vestibule d'une pension de famille, où, durant toute une heure de la nuit qui me parut des heures, j'ai attendu pour Michel malade le médecin qui tardait à venir.

Sous son aspect nocturne, la Villa des Palmes était sombre. Mon petit lit occupait le centre d'une grande pièce à peu près sans meubles; les bonnes dormaient dans un coin; les craquements de leur sommier m'effrayaient dans l'obscurité; la lumière de leur lampe de chevet n'arrivait pas jusqu'à moi. On l'éteignait du reste de bonne heure, et plus vite encore l'ampoule électrique suspendue au plafond dans sa soucoupe, dont la clarté trop nue faisait mal aux yeux. Un grand feu de bois brûlait toute la nuit dans la cheminée, projetant ses reflets sur les murs blancs. Il me faisait peur et m'émerveillait tour à tour. Il semble qu'un fait divers de *L'Eclaireur de Nice,* longuement commenté par Barbe et la Grosse Madeleine, ait contenu l'histoire d'une femme dépecée et brûlée par son mari ou son amant. J'imaginais prenant feu les cheveux jaunes d'un buste de salon de coiffure devant lequel je passais chaque matin, et sa chair de cire coulant sur les bûches. D'autres fois, le palais de cendres rougeoyantes était un château pour bonnes fées. A peu près chaque soir, Michel venait s'établir au coin du feu pour me raconter une histoire; presque tout Andersen et tout Grimm y passa; il manquait rarement ce rituel de l'avant-dîner. Je ne sais si j'aimais ou non ce Monsieur de

haute taille, affectueux sans cajoleries, qui ne m'adressait
jamais de remontrances et parfois de bons sourires. Il était
pour moi la grande personne autour de laquelle tournait la
mécanique de ma vie ; mes deux bonnes et les religieuses
qui, au Mont-Noir, commençaient à m'apprendre à lire ne
s'étaient pas privées de m'annoncer qu'à la mort de mon
père je verrais du changement : un pensionnat de bonnes
sœurs avec une robe de laine noire et un tablier ; beaucoup
de prières et peu de friandises ; l'interdiction d'avoir avec
moi Monsieur Trier aux pattes torses, et, quand j'aurai
désobéi, des coups de règle sur les doigts. « Et ce ne sera pas
votre demi-frère qui dépensera des sous pour vous. » La
mort de mon père m'inquiétait peu, ne sachant pas trop ce
que c'était que la mort, et la plupart des petits enfants
croient les grandes personnes immortelles. Ce qui m'effrayait, c'était l'absence. C'est sans doute à partir de cette
époque que je pris l'habitude d'essayer de m'endormir le
plus tard possible, espérant entendre les pas de Michel
crisser sur le gravier du jardin. Bien plus tard, certaines de
mes veillées de femme m'ont rappelé celles-là.

Mais presque tous les jours étaient beaux. Derrière la
maison, quelques orangers et quelques citronniers négligés
croissaient dans les hautes herbes. Ce n'était plus la saison
des oranges, mais mon père en suspendait quelques unes
sous le feuillage avant l'heure de mon tour de jardin. Il
m'amenait discrètement au pied du beau trésor sentant bon,
et dont le jus trop abondant me dégoulinait des lèvres. Je ne
fus pas longtemps dupe du subterfuge, mais par une
politesse enfantine faisais semblant de croire que ces boules
d'or avaient poussé là, comme on fait semblant de croire le
plus longtemps possible, le vingt-cinq décembre, que les
cadeaux devant la cheminée ont été déposés par le Père
Noël. La mer entre les toits était presque toujours merveil-

leusement bleue, mais bien que située seulement à quelques centaines de mètres de distance, elle paraissait faite pour être admirée plutôt qu'être traitée en amie. On n'a pas avec cette grande eau presque toujours immobile, secouée seulement de temps en temps de courtes colères, cette intimité née des marées montantes et descendantes, avec leurs coquillages laissés sur la plage et dans les flaques les crevettes translucides, avec cette vague qui se prosterne, explose et finalement s'aplatit, en festonnant un instant le sable humide d'une dentelle d'écume. Je ne crois pas qu'on m'ait jamais menée, par ces hivers pourtant si doux, marcher pieds nus sur le rebord des rochers. Michel ne m'a pas encore décrit les Tritons et les Sirènes ; il ne m'a pas encore cité les expressions d'Homère, « le vent, bon compagnon », « la mer violette » comme le contenu d'une outre de vin répandu jusqu'à l'horizon, et, la plus émouvante de toutes, « la mer solitaire », à laquelle j'allais repenser tant de fois durant les longues traversées, en présence de cette immensité presque toujours vide. Cette mer à la fois humaine et divine, par laquelle les corps à demi nus, à peine moins sinueux eux-mêmes que des vagues, se laissent à la fois caresser et porter, je n'allais l'apprécier que plus tard, aux abords de l'adolescence, à l'époque où pour moi la sensualité s'éveillait. N'importe ; une première couche bleue avait été déposée en moi ; enrichie du souvenir d'autres côtes méditerranéennes, elle allait un jour m'aider à retrouver la mer d'Hadrien, la mer de l'Ulysse de Cavafy.

Pour l'instant, tout mon amour va aux lézards verts et minces, à la langue dardée, qui sortent des trous de la muraille et viennent se réchauffer au soleil. D'autres objets aimés sont les pigeons, dont quelques uns se balancent dans les hautes palmes, mais pour les rencontrer en foule il faut se rendre dans les jardins et le long des trottoirs du Casino, et

les regarder s'affairer, importuns, sûrs de soi, presque
obscènes, picorant parfois le bout de mes bottines blanches
pour ne pas perdre un seul des gros grains d'orge tombés sur
le sol. C'était l'époque où des photographes ambulants se
hâtaient de tirer le portrait de ces chéris et de ces chéries
engoncés dans leurs beaux habits d'enfants de riches, et d'en
mettre une épreuve sous les yeux des parents immédiatement conquis. Me voilà, moi, avec mon bonnet à falbalas,
ma jaquette blanche, ma jupe brodée, puisant dans un
cornet de papier de journal mes grains d'orge. Ce sont bien
mes grains d'orge; j'ai l'impression de les manger avec mes
pigeons. Une de ces photos format carte postale, au verso
divisé entre côté correspondance et côté adresse, a survécu.
Michel avait commencé par remplir le côté adresse :
Baronne de Reval, 14, rue Cernuschi, Paris. Le côté
correspondance est resté blanc. Sans doute avait-il appris
sur le moment que Jeanne arrivait.

La mémoire en dit toujours trop ou trop peu. Excédé par
Liane, Michel pour un temps a pensé à Jeanne comme à une
maîtresse quelconque. La question n'est plus de savoir s'il
l'aime, mais s'il vaut la peine de l'aimer. Dès qu'il la vit
descendre du train et poser sur le quai ses bottines noires, il
comprit que son souvenir n'avait été qu'un pâle décalque de
l'être unique et irremplaçable. Où aurait-il trouvé ailleurs
ces yeux affectueux, cette tranquillité d'où semble émaner la
force ? Comme devant les très grands moments de la
sculpture grecque, on sent, par delà l'équilibre des proportions et la perfection des formes, je ne sais quoi qui est le
divin dans l'être. Cet homme amoureux est de nouveau un
homme agenouillé. Elle accepte sans hésitation de s'installer
à la Villa des Palmes. Tout autre arrangement lui paraîtrait
un indécent subterfuge. Les bonnes d'ailleurs connaissent
bien Madame. Puisqu'elle est venue en partie pour l'enfant,

il vaut mieux de toute façon qu'elle en soit le plus près possible. Michel ne mentionne pas l'insignifiante Liane; Barbe au contraire n'en laisse pas ignorer l'existence à la nouvelle venue, mais pour Jeanne cette diversion compte à peine. Il est entendu que Monsieur de C. arrange sa vie comme il veut.

Ce soir-là, un peu penché vers elle à leur table dans la salle à manger de l'Hôtel de Paris, il se dit que ce doux feu qui semble continuellement couver en elle n'est autre que la perpétuelle présence de l'amour. Amour pour Egon, lui, qui si souvent s'est posé et reposé la question, n'en doute plus. Amour pour ses deux fils, mêlé au sentiment très fort de leur dignité à eux, celle des hommes qu'ils seront un jour. Amour pour Marguerite, sans doute, puisqu'elle s'en voudrait de faire une différence entre les fils de sa chair et la fille d'une amie morte. Amour des pauvres, en particulier des vieillards qu'à Paris, secondée par Egon, elle passe chaque semaine quelques heures à soigner (les vieux à Paris semblent plus déshérités qu'ailleurs), et des quelques garçons d'un orphelinat protestant dépendant de l'Oratoire. Michel se demande malgré lui si les motivations d'Egon sont là aussi désintéressées. Mais cet amour de charité, c'est encore l'amour de Dieu, celui dont les gens qui le pratiquent le moins savent encore le nom. D'autres aspects de l'amour divin, Michel sait qu'il en existe, comme des cercles concentriques sur l'eau calme ou des stratus superposés le soir en plein ciel. Et l'amour pour lui, Michel? Il est maintenant sûr, à ce niveau, d'avoir sa part. Et pour quelque autre (qui sait?) qu'elle aura peut-être rencontré là-bas? Plus proche de Jeanne et d'Egon qu'il ne l'a été jusqu'ici, il se dit que c'est sans importance. Mais les confidences profondes n'ont pas lieu, et les propos plus superficiels risquent de se trouver bientôt sur le même plan que le discret brouhaha mondain de cette salle de restaurant.

— Je suppose que vous reconnaissez, à la seconde table à votre gauche, l'archiduchesse Irène, cette femme rousse qui baisse la tête. Elle m'a emprunté hier cinquante louis pour se mettre en chance, comme elle dit.

— Ni Egon ni moi n'avons beaucoup fréquenté les Altesses.

Ils ont pourtant, lors de la présentation du jeune musicien au couple impérial, échangé quelques phrases de convention avec le Tsar et la Tsarine. Le Tsar, avec son visage ouvert et régulier, un peu quelconque, contrôlé comme un officier se doit de l'être, la Tsarine très digne, mais avec aux lèvres le petit frémissement si fréquent chez les Anglaises nerveuses, obsédée comme elle l'est par l'hémophilie de son fils. L'entourage, les hommes étoilés de crachats, les femmes aux doigts couverts de diamants et d'énormes turquoises, les intéressent moins. Nés luthériens, ni l'un ni l'autre n'étaient d'instinct conquis par les splendeurs orthodoxes ; certaines églises, trop visiblement consacrées aux grandeurs de l'Etat terrestre, scandalisent Jeanne, mais tous deux ont fini par céder à l'envoûtement presque charnel des chœurs, certaines pures voix d'enfants et certaines viriles basses d'hommes. Du peuple, ils n'ont guère connu que des valets obséquieux dans le grand appartement qu'ils occupent avec le jeune frère d'Egon, cadet aux Gardes, et qui sert de résidence à toute la famille durant les rares séjours dans la capitale, ou au contraire, aux abords de la ville, quelques mendiants bien installés à leur poste. Parfois, des noms que l'Europe occidentale connaîtra plus tard passent à peine perçus dans les récits de Jeanne : Félix Youssoupoff, qui n'est encore qu'un très beau jeune homme à la mode ; un moine sordide, maintenant comblé d'or, qui, malgré toutes les grâces dont il se dit le réceptacle, ne parvient pas à guérir le fragile petit prince. Celui-là, habitant non loin d'eux, a un jour (il poursuit toutes les femmes) voulu rencontrer « la jeune baronne ». Les domestiques l'ont chassé avec des jurons obscènes, moins énormes pourtant que ses obscénités d'homme d'Eglise.

Ces quelques anecdotes suffisent à donner à la conversation un tour animé. Comme beaucoup d'hommes cultivés de sa génération, Michel est curieux de tout ce qui touche ce monde encore presque magiquement étranger. Chez lui, s'y ajoute le souvenir inoubliable d'un printemps et d'un hiver d'Ukraine, rendu plus émouvant, comme il arrive presque toujours aux lieux où l'on a vécu, par la mémoire d'un être humain, dans son cas Galay, le baron hongrois joueur et prodigue, cavalier comme les Huns, grand propriétaire en Ukraine, qui est resté pour Michel l'un des personnages les plus romanesques de sa vie. Michel l'imite ou le continue en bien des choses ; même quand, dans un moment découragé, il pense au suicide, son modèle est celui que Galay a magistralement accompli à Abbazia, petite plage rocheuse sur les bords de l'Adriatique ; rien qu'un coup de feu amorti par le bruit des vagues et un corps emporté par le courant et jamais retrouvé. Pas une fois Michel n'a parlé de Galay à Jeanne, mais les corridors du Labyrinthe se recoupent, si bien que cet homme, inconnu d'elle, mais Russe par sa lignée maternelle, a peut-être été pour quelque chose dans l'intérêt porté par Michel à la première lettre de Jeanne, reliée à la Russie par les liens à la fois lâches et forts de son mariage balte.

A Pétersbourg, la vie de Jeanne et d'Egon s'est centrée cet hiver-là sur le théâtre, le ballet plutôt, dont les coulisses leur ont ouvert un monde. Monde dynamique de la danse nouvelle, encore contesté ou quasi ignoré sur place, et que le

grand chorégraphe Petipa dédaigne du haut de son demi-
siècle de dictature artistique, mais qui d'ici deux ou trois ans
conquerra l'Europe. Le style nouveau, auquel, pour l'étrangeté de sa partition, appartient le ballet d'Egon, a emporté
les suffrages passionnés du jeune chorégraphe Fokine, mais
la difficulté de danser cette musique a découragé nombre de
danseurs et de danseuses. Autour du *Cheval blanc au bord du
lac*, des cabales se sont formées ; la fidélité des uns a grandi à
proportion de l'hostilité des autres. Il a fallu renoncer à
prendre pour première danseuse la toute jeune Pavlova, qui
ne se montre que rarement et sur des scènes supposées
secondaires. Le rôle est allé à une fille presque farouchement
belle, Ida Grekoff, dont la fougue a partiellement transformé
l'œuvre. Le choix du principal danseur masculin n'a pas
causé moins de conflits ; le charme inné d'Egon, et, Michel
s'en doute, la bonne grâce de Jeanne ont fait beaucoup pour
les éteindre. L'enthousiasme des danseurs et d'une partie du
public est allé moins à l'œuvre (Egon lui-même en voit
maintenant surtout les défauts) qu'au style entièrement neuf
qu'on ne peut qu'aimer ou haïr. Egon du moins a tenu bon
contre les compromis faciles ; il a insisté, par exemple,
soutenu par les quelques informations qu'il possède sur le
théâtre de l'Extrême-Orient, à faire des vagues du lac le
résultat non de jeux de lumière ou de miroirs, mais de
figurants enroulés dans des mètres de mousseline blanche,
ondes vivantes se jetant sur les flancs du cheval qui les
écarte ou les foule aux pieds. On a critiqué la lourde et
discordante *Polonaise* exécutée par les dévotes au bord du
lac, au sortir de l'église, et le grotesque grinçant du Pasteur
menaçant de perdition ses ouailles qui s'aventurent sur la
berge. L'entrée sauvage d'Ida, plus qu'à demi nue, fit
scandale. Le trop beau cheval blanc, caractérisé seulement
par sa longue crinière blanche, ses sabots blancs, et sa

longue queue balayant la rive, répond par des bonds et des virevoltes aux agaceries de l'amoureuse vite entraînée au ras des eaux. Elle grimpe à ses flancs, s'allonge sur sa croupe comme une Europe enlevée par le Taureau dans les anciennes peintures, se suspend à son cou, emportée par lui comme une gerbe d'herbes aquatiques, tombe enfin foulée aux pieds, tour à tour exposée à la vue ou recouverte par les grandes vagues de mousseline blanche. L'élan des deux danseurs a changé une élégie presque mystique en la pariade mortelle d'une femme et d'un étalon-dieu.

Les quelques représentations prévues se succédèrent sans autre incident que la sortie d'amateurs du vieux style avant le baisser de rideau. Egon et Jeanne se lassent d'entendre dans le monde les mêmes compliments et les mêmes objections, presque toujours aussi superficiels les uns que les autres. Mais l'ardeur et la spontanéité russes ont gagné la partie. L'auteur, ses interprètes, et les quelques amis qu'ils possèdent dans la foule des amateurs de danse semblent avoir du mal à se déprendre les uns des autres. De petites soirées s'improvisent. La flamme érotique et dionysiaque passe de la scène à la vie. Dans une mimique plus osée encore qu'au théâtre, moins vêtue que jamais, Ida renouvelle à son amant équin ses incitations sensuelles ; Anton Garsaian, l'étalon-dieu, a renoncé à son collant en faveur d'un plâtrage de céruse et de craie. Quelques unes des rigides paroissiennes deviennent après un peu de vodka d'excitantes bacchantes. La musique insistante, le battement sourd des pieds sur les tapis grisent Jeanne plus sûrement encore que quelques coupes de champagne ; elle ne s'oppose pas à ce que quelqu'un — Egon peut-être — l'entraîne vers une alcôve et dégrafe son ample robe noire. Un peu plus tard, elle laissera Anton (est-ce bien Anton ?) promener sur elle ses lèvres avec une avidité où subsiste pourtant du respect. Elle sent s'appuyer à sa poitrine deux orbes d'or, qui sont les seins tressautants d'Ida; elle ne s'arrache pas à cette sorte de fête androgyne. Le temps cesse; ces brefs moments qui occuperont dans son expérience une place ineffaçable sont peut-être un songe. Elle ne souhaite pas qu'il se reproduise; elle ne cherche pas non plus à y échapper. Quelqu'un a éteint une partie des lampes, mettant au moins de l'ombre sur les visages : elle a toujours vu dans l'amour un rite, cette espèce de fraternisation des corps lui semble surtout charnellement la rapprocher d'Egon, que cette forme de promiscuité, elle le sait, a toujours séduit. La présence d'Egon tout contre elle la déprend des autres fantômes; pour l'embrasser, il repousse doucement Ida d'une caresse qui dessine la double courbure de cette gorge de déesse hindoue; Jeanne y sent moins un manque envers elle qu'un émouvant hommage du jeune homme à toutes les femmes. Maintenant que tous deux sont seuls, il ramasse machinalement sur le sol une coupe de verre qui s'est fêlée mais non brisée. Tous deux ont sommeil; elle s'endort tranquillement dans le lit voisin du sien.

Cette scène d'un soir n'a pas été racontée à Michel. Il s'agit de faits difficiles à dire (difficiles aussi à écrire sans les fausser). Michel ne saura jamais rien de cette nuit pour elle différente de toutes les autres nuits. Elle pense amèrement qu'il ne comprendrait pas. Elle se trompe peut-être. A la faveur d'un court silence (car pendant que cette espèce de film se redéroule en elle — d'autres et quelconques paroles étaient sur leurs lèvres), il s'est senti tout à coup reporté en pensée — qui sait pourquoi? — dans ce village d'Ukraine dont il vient de se ressouvenir, et où il a passé quelques mois il y a plus de douze ans. Une scène du genre de celle que Jeanne n'a pas su ou pas osé évoquer pour lui, mais se déroulant dans un décor plus sombre et plus grossier, la cabane de bois mal équarri qui sert de bains publics au village. C'était en janvier, ou en février peut-être, la veille d'une fête de l'Eglise. Tout le monde s'y était rendu, y compris les trois personnes venues de France ; l'air semblait bouillir. Il fallut du temps pour distinguer à travers la vapeur les rudes formes nues. Le long d'un banc, des figures presque frénétiques s'agitent : quelques hommes et quelques femmes se fouettent de verges de bouleau pour se réchauffer le sang. Ceux-là sont plus rouges et plus suants encore que les autres. Des barbes et des chevelures hirsutes ressemblent à des paquets de poils embroussaillés sur ce fond de nuit. Le Français et les deux Françaises sont regardés d'abord avec méfiance, avec hostilité peut-être, mais l'obscurité, l'étouffante chaleur et le nu créent l'égalité. Quelqu'un passe à Michel un baquet d'eau froide. Une bouteille circule, bientôt vidée et remplacée. De temps en temps, des hommes sortent, histoire de se rafraîchir au contact de la neige et de se soulager. Un peu d'air froid rentre avec eux. La presse humaine a séparé les trois étrangers. Michel a cru entendre à plusieurs reprises le rire aigu et court de Gabrielle ; rentrée au château, elle prétendra avoir été passée de main en main ; elle ment peut-être. Berthe en sortant a craché les dernières gorgées d'eau-de-vie qu'on lui a fait boire. Quant à lui, il cherche à se rappeler la belle fille facile aux cheveux blonds, ou roux peut-être, qu'un père ou un mari barbu a entraînée en grommelant. Mais les confidences sexuelles, toujours malaisées, ne le sont jamais plus qu'entre un homme et une femme ayant établi par ailleurs des relations amoureuses. Au début, parfois, on va très loin, comme incertains encore des deux parts de la profondeur du gouffre devant lequel on se trouve, et qu'on est curieux de sonder. Puis, très vite, une routine s'établit dans les aveux comme dans les caresses, empêchant qu'on se livre jamais tout entier. Le café se refroidit dans les tasses. Le repas est fini.

La saison aussi finissait. Michel avait initié Jeanne au tapis vert. Elle avait refusé de confier au hasard ne fût-ce qu'un simple louis. Elle prend en dégoût ces visages crispés ou veules, ces habitués, apparemment au delà de l'espérance et de la crainte, plaçant et replaçant mécaniquement leur mise, et ceux, plus nombreux, dont la physionomie insignifiante n'exprime rien, visiteurs à court terme, qui ont prévu dans leur budget de voyage une certaine somme à perdre ou à faire fructifier, et pour qui le jeu n'est qu'un petit passe-temps comme les autres. Michel ramassant l'or qu'a poussé vers lui le râteau lui paraît, même physiquement, perdre un peu de sa stature. Il s'en aperçoit vite, et propose des excursions sur la côte ou dans l'arrière-pays, où l'on va au pas lent des chevaux dans des paysages provençaux encore purs ou à peine défigurés. L'enfant de temps en temps les accompagne. Cette calme cadence, ces beaux lieux qui défilent sans hâte à gauche et à droite, resteront longtemps une de mes nostalgies. Jeanne, qui n'a jamais rien reproché à Egon, se risque à critiquer à mots couverts les dépenses désordonnées de Michel, cette villa incommode et pompeuse où il vit comme un étranger dans une tente, ce train de maison auquel manque souvent l'essentiel. Elle lui rappelle affectueusement que, du temps de Fernande, il a passé trois ans sans baccara et sans roulette :

— N'en pouvez-vous faire autant pour moi ?

— C'est que vous n'êtes que rarement là, mon amie.

L'arrêt à Paris fut cette fois plus long que d'habitude. Jeanne avait conseillé à Michel de présenter sa traduction achevée à un des grands éditeurs parisiens. La NRF n'est pas encore au monde, mais Jeanne prête l'unique copie du manuscrit à Jean Schlumberger, ce jeune protestant que Michel a déjà rencontré chez elle. La jeune Madame Schlumberger est très liée avec une amie et cousine de Jeanne, Linda de Bylandt, qui suit avec elle un cours de peinture. Jean lui-même écrit des poèmes et de timides romans rarement lus, mais tout ce petit monde bouillonne de projets. Jean surtout rêve de grouper toutes les bonnes volontés littéraires en une revue que contrôlera plus ou moins son ami un peu plus âgé, André Gide, lui-même encore peu connu. Le ton âpre et moralisant de Coménius leur plaît, mais il n'est pas encore question de publier des livres. Pour Michel, les grands éditeurs les mieux établis sont des marchands de papier. Il les aborde par ordre alphabétique sans même se demander si leurs collections ont ou non une place à offrir à son mystique Bohémien du xviie siècle. Comme il n'écrit pas pour demander un rendez-vous, il est presque partout éconduit sans être reçu. Si par hasard on lui accorde un moment, ce mondain inconnu (c'est ce qu'il est pour eux) n'inspire aucun intérêt particulier aux responsables de Calmann-Lévy, de Fasquelle, de Perrin et de Plon.

Michel enfin se fait recevoir aux bureaux du *Mercure de France*, sa revue et sa maison d'édition préférées ; il place sur la table de travail de Vallette l'épais manuscrit, en lit fort bien quelques pages, résume brillamment le reste, et s'attend à une immédiate opinion. C'est à peine s'il consent à passer à son interlocuteur la liasse de feuillets pour en juger par lui-même. Il est pressé ; il quitte Paris après-demain. Vallette argue que rien ne se fait sans l'avis du comité de lecture. D'ailleurs, ce Coménius, que personne ne connaît en France, sauf peut-être un ou deux spécialistes, serait à coup sûr une perte sèche. Qu'à cela ne tienne : Michel propose de se charger des frais d'impression. Je ne

sais si *Le Mercure* de l'époque acceptait ce genre d'arrangement ; Vallette en tout cas secoue la tête. Michel rentré à
Lille porte l'ouvrage à un imprimeur et le fait tirer à
500 exemplaires dont il envoie la moitié à Jeanne. De même
que la jeune femme s'est écartée, un peu écœurée, du tapis
vert, de même Michel, pour ces quelques visites avortées, a
l'impression de s'être sali les mains à la cuisine littéraire
parisienne. Quelques années plus tard, *Le Paradis du Cœur*
servit de trame à une œuvre musicale d'Egon, laquelle
tomba d'ailleurs à plat, l'heure de la musique atonale
n'ayant pas encore sonné. Michel, brouillé avec le couple,
ne l'apprit pas tout de suite ; d'ailleurs, peu importait.
Beaucoup plus tard encore, septuagénaire, il reçut du
ministère de la Culture de la Tchécoslovaquie, devenue une
nation, une fort belle lettre le remerciant d'avoir traduit en
français ce chef-d'œuvre d'un patriote tchèque. Il en fut ravi
comme il l'eût été de voir un arbrisseau cru mort reverdir.
Jeanne de toute façon, sans qu'il le sût, était morte.

Cet été-là, les quelques semaines à Scheveningue furent
particulièrement douces. Egon était absent. Il voyageait
dans les régions les moins fréquentées de l'Espagne, à la
recherche d'anciennes musiques ibériques, mélopées de
faucheurs, de *guardianes* ou de promeneurs solitaires, plus
vieilles même que la conquête par Rome et les chants
d'église, bouts de complaintes tziganes venues d'Asie centrale avec la tribu, bien avant le *flamenco* de la Renaissance
ou même le *Canto jondo* si rarement entendu pur. Mais même
dans les coins les plus cachés de ce pays sauvagement
autochtone, les rythmes ne remontent plus guère du gosier
des âges, le passant comme partout, dès ces années d'avant
1910, commence à désapprendre à chanter. Çà et là, en

temps de procession, une *saeta* jaillit d'une gorge, aiguë comme la flèche dont elle porte le nom, mais ces éjaculations supposées spontanées sortent souvent de la foule aux abords d'hôtels pour étrangers. Parfois, seulement, une mélopée rauque, cassée au point d'être, semble-t-il, hors d'usage, sur les lèvres des deux vieilles coupant des broussailles pour un feu de camp dans la Sierra de Gabor ; dans un piteux café de Grenade, hors de la bouche trop rouge d'une chanteuse pas même jeune, une plainte si poignante qu'elle échappe à tous les rythmes, à tous les modes, pour finir en hurlement de bête blessée. Un certain folkloriste parisien, Delécluze, qui sait la langue, suit Egon dans ces pèlerinages. Michel s'aperçoit bientôt que l'heure la plus émouvante pour Jeanne est celle du courrier. A la façon un peu fébrile dont elle rompt le cachet et déchire l'enveloppe, à son visage qui s'éclaire à mesure qu'elle lit hâtivement, pour reprendre ensuite la lettre ligne par ligne, et parfois, pour le bénéfice de son compagnon, à voix haute, il semble à Michel qu'une sorte d'angoisse se soit glissée dans ses rapports avec Egon, un nuage dans ce qui était entre eux un ciel bleu. Mais ce qu'elle lui en dit est toujours dans une lumière sans ombre.

Villa des Palmes, il avait remarqué un peu d'enflure à la cheville droite de Jeanne. Ici encore, durant ces mois d'été, il s'aperçoit qu'il lui arrive de poser le pied avec hésitation sur la marche inégale qui va du jardin à la plage, d'éviter un trou creusé dans le sable ou un bout de bois rejeté par la mer. Elle explique avoir eu un léger accident qui a retardé de quelques semaines leur retour en France, ce délai que Michel croyait dû aux seuls succès d'Egon. En fait, ils s'étaient rendus en Estonie chez les parents du musicien, que Jeanne et Egon n'avaient plus revus depuis la visite qui avait suivi le mariage à Dresde.

Dans un petit bourg voisin du domaine, bousculée par la foule un jour de marché, elle a glissé sur le sol gelé ; la roue d'une télègue heureusement peu chargée a passé sur le bas d'une jambe, brisant la cheville et laissant au jarret une longue plaie vite infectée. Pour lui épargner le plus possible les cahots d'une voiture, Egon décide de l'installer momentanément dans l'ancienne maison de l'intendant, plus proche du village que le château. Il sait d'ailleurs que Jeanne est restée « l'étrangère » pour les siens, et qu'il est devenu lui aussi pour eux une sorte d'étranger. La présence de la blessée apporterait là-bas plus de confusion qu'elle ne lui procurerait de soins et de sollicitude.

L'habitation un peu rustique où il l'a fait transporter leur plaît mieux à tous deux que le luxe lourd de la grande demeure. Les deux servantes qu'on leur a prêtées sont pleines d'une ignorante bonne volonté. Un médecin de Tallinn, qui vient quand il peut, est bientôt un familier et un ami. Egon fait descendre le grand lit d'en haut dans la pièce principale d'en bas, la seule à posséder un bon poêle de fonte. Il emprunte un lit de camp pour passer les nuits auprès de Jeanne, occupé surtout à composer et à lire, dérangé dans ses brefs sommeils (mais elle ne le saura que plus tard) par les gémissements que lui arrache, malgré elle, sa jambe malade. Pour lui éviter de poser le pied à terre ou de sautiller à l'aide d'une béquille, il la porte chaque jour à l'étuve qui possède son baquet de bois lisse pour le bain et son seau de toilette que vident les servantes. Sachant tout le prix d'un peu de chaleur humaine, il se glisse chaque soir un moment du côté gauche du lit en se gardant d'effleurer le membre malade. Il a pris soin d'enlever le petit miroir accroché au mur, pour lui épargner la vue de son visage

contusionné par la chute. Quand elle demande à se voir
dans cette petite glace, elle s'aperçoit avec une gratitude
mêlée d'une sorte de honte qu'il a baisé chaque jour ses
traits bouffis et décolorés par les meurtrissures. La plaie du
jarret fut lente à guérir. Chaque jour, il en nettoie les sanies,
la lave, la sèche, la bande après l'avoir enduite du médica-
ment laissé par le médecin. Elle songe à la phrase qu'il lui a
dite à Dresde. « Rien de ce qui est du corps ne me
répugne. » Il ne le lui a jamais mieux prouvé.

Mais beaucoup de ces détails sont passés sous silence
quand elle parle à Michel. Ils lui semblent parfois plus
intimes que ceux de la volupté. « Il m'a merveilleusement
soignée. » Elle se contente d'ajouter qu'aux trois quarts
remise, quand elle a pu poser son pied bandé sur le sol,
chaque pas qu'elle a fait ce fut appuyée à son épaule, ou
tenue par son bras. Ses souvenirs de cette difficile fin d'hiver
se raccordent à ceux d'un printemps d'Allemagne, éden
jamais perdu et maintenant tout à fait retrouvé. Dans ce
paysage encore enneigé, il découvre pour elle, jeté à terre
par le vent, un beau fragment d'écorce de bouleau sur le
revers duquel il trace quelques notes; un cercle de mousse
que la chaleur de l'arbre sous lequel il croît a précocement
mis à jour; non loin de la maison, un ruisselet qui a échappé
à son enveloppe de glace, et vers lequel il la conduit pas à
pas; une marmotte sortie de son trou et qui se chauffe au
soleil. En même temps, elle prend contact avec des sites et
des personnages, jusqu'ici pour elle presque mythiques,
d'Egon; les garçons qui ont jadis partagé ses jeux et qui
maintenant ont comme lui entre trente et trente-cinq ans;
les vieilles femmes, désormais pareilles à de vieilles racines,
qui les invitaient naguère à manger. Elle croise, au cours
d'une promenade en calèche, Karin, la quasi-fiancée d'autrefois, en calèche aussi, et entourée de ses jeunes enfants, et

cette rencontre crée en elle, un moment, l'amer regret d'être si souvent séparée des siens. Mais Egon est à la fois pour elle un amant, un fils, en dépit de l'égalité des âges, un frère, et un dieu. Elle accepte même qu'il soit parfois un dieu tombé.

Par loyauté, elle n'a pas non plus confié à Michel le souvenir de quelques scènes pénibles qui l'ont secrètement bouleversée. Peut-être a-t-elle tort de l'être : combien de femmes, que scandaliseraient les libertés sensuelles qu'elle accorde à Egon, acceptent sans broncher le retour d'un homme ivre ? Mais les préférences charnelles lui ont toujours semblé un mélange de destin et de choix, où l'esprit est intéressé comme le corps. L'ivresse au contraire obnubile l'un et l'autre. Cet Egon ramené ivre-mort au petit matin dans leur appartement de Pétersbourg, par son jeune frère qui l'aide à gravir l'escalier, à se débarrasser de ses vêtements, à s'étendre sur un lit, n'était plus qu'une loque où rien d'humain ne subsistait. Une saoulerie à un souper de cadets n'a rien d'extraordinaire ; le lendemain, il l'a oubliée. Mais ici, depuis qu'elle va assez bien pour qu'il puisse, le soir, la laisser parfois une heure ou deux avec les servantes, il en profite pour aller voir les siens au château, ce qui est après tout le but de ce voyage. A plusieurs reprises il lui revient, non ivre-mort cette fois, mais excité, les yeux anormalement brillants, la bouche pleine de propos dépourvus de sens qu'il ne tient jamais qu'à ces moments-là, vaines remarques concernant les éloges qu'il a reçus de critiques ou d'amateurs, plaintes acerbes contre ceux qui, dit-il, tentent de dénigrer ses ouvrages, projets ambitieux d'œuvres pas encore élaborées et auxquelles il pense déjà comme faites ; ce bavardage inepte durant lequel il lui arrive de trébucher sur les mots comme il trébuche sur les marches continue jusqu'à

ce que le sommeil le guérisse de cette espèce d'imbécillité. Il
a aussi parfois de vagues gestes et des baisers maladroits qui
ne sont qu'une caricature de l'amour. « Tous les hommes de
ma famille boivent; avec eux, je ne peux pas faire autrement », dit-il au matin quand il lui voit les yeux rouges.
Mais ce qui meurtrit Jeanne est précisément cette désinvolture. « Je ne vous savais pas si puritaine. Mais pour vous
plaire, je m'abstiendrai. »

Il s'abstient en effet la plupart du temps. Mais il y a eu
des rechutes, même depuis leur retour en France. A un dîner
donné à Versailles par des amis, il s'assombrit sans qu'on
sache pourquoi au moment de passer à table, prétendant
que Jeanne ne se sent pas bien, et qu'il faut rentrer. Ses
hôtes, et Michel qui est présent à ce repas, les voient partir
avec inquiétude dans la décapotable qu'Egon vient de
s'acheter. Jeanne aussi redoute le trajet, bien qu'elle
constate que ses mains, qui tremblaient tout à l'heure, ont
subitement repris leur fermeté au volant comme elles le font
sur le clavier. Le soir venu, il avoue avoir appris au dernier
moment que Garsaian, son danseur de Saint-Pétersbourg,
serait là. « Pourquoi ne l'ont-ils pas annoncé plus tôt? Sa
présence m'aurait rendu fou. » « Est-ce à cause de moi? »
dit-elle, songeant aux libertés prises un certain soir par le
petit groupe. « Non. Une brouille qui ne vous concerne en
rien. » Mais, rentrés chez eux, sa première réaction est de
briser un vase d'argile auquel il tient, puis après une lampée
de vodka, de s'affaler pour pleurer. Jeanne ne saura jamais
rien de plus de l'incident. Mais à partir de cette fin de
matinée à Versailles, il devient impossible de cacher toute la
vérité à Michel.

A cette potion amère, s'ajoute peu à peu un arrière-goût
insidieux de mensonge. Durant les semaines en Estonie,
Egon lui avait parfois demandé le soir de laisser la porte

sans le loquet, sans mettre le crochet ou la barre, pour n'avoir pas à la déranger dans son sommeil quand il rentrerait. Une seule fois, prise de frayeur passé minuit, elle abaisse la barre, trouvant que le jeu d'échecs avec le père ou le jeu de cartes avec la mère ont duré bien longtemps. Vers deux heures du matin, Egon rentre, allumé plutôt qu'ivre, rafraîchi d'ailleurs par la marche à travers la forêt encore blanche de givre, mais irrité de trouver Jeanne debout de l'autre côté du seuil. Elle croit entendre des voix et des rires jeunes qui s'éloignent, et parmi eux ceux d'un ancien camarade devenu forestier.

— Vous avez passé la nuit avec Jonas ?

— Cela ne vous regarde pas

Rien de plus ne fut dit à ce moment. Mais, le lendemain :

— J'ai passé la nuit d'hier chez Jonas et non pas avec lui au sens où vous paraissiez l'entendre. Il avait des amis. Nous avons joué à verser du sirop chaud sur la glace et à nous jeter sur le dos les bras ouverts dans les monceaux de neige. Le jeu de l'Ange... Dans l'obscurité, j'ai même laissé mes bottes engluées quelque part au fond d'un creux. Vous n'avez pas vu que j'étais rentré pieds nus. Mettons que les engelures soient une punition.

— Une punition imposée par qui ? N'employez pas ce mot-là, dont je ne me sers même pas pour gronder Clément. Je vous ai vu enfiler tout de suite vos savates de peau de renne. J'ai cru les bottes laissées sur le seuil.

— Vous aviez tort, hier soir. Mais si vous aviez dit cela il y a deux nuits, vous auriez eu raison.

Elle ne lui garde pas rancune de ce mensonge si vite et presque humblement démenti. Mais le mythe des parties d'échecs et de cartes dans le grand salon Louis XV se délite. A Scheveningue, quelques mots polis et banals du professeur Delécluze lui apprirent qu'aux deux amateurs de musique populaire s'était ajouté depuis le passage à Barcelone un troisième voyageur dont Egon n'avait jamais parlé dans ses lettres, un certain Franz von Stolberg, jeune Bavarois qui depuis quelques années court l'Europe. Madame de Reval comprend alors certaines demandes de subsides qui l'avaient étonnée venues d'Egon, toujours frugal.

Quand le bien-aimé lui revient hâlé et riche en projets, elle lui montre sans paraître y attacher d'importance la lettre du maladroit Delécluze, évitant de s'étonner qu'Egon ne lui ait jamais rien dit de ce nouveau compagnon.

— Est-il lui aussi musicien ?

— Non. Mais il est agréable, sportif et bon cavalier. Nous avons fait beaucoup de cheval ensemble. Vous le verrez cet hiver à Paris où il reprendra ses études à la Sorbonne.

Elle se tait. Il n'est pas obligé, après tout, de lui parler inlassablement, comme il le faisait autrefois, de ses moindres compagnons. Mais la parfaite confiance qui existait entre eux s'est brisée. Un soir d'automne, dans la pinède où ils sont seuls depuis que Michel est rentré au Mont-Noir (où il n'invite jamais ses amis, ni d'ailleurs personne, Noémi étant ce qu'elle est), et depuis que Madame Van T., trop frileuse, a cessé de s'exposer à l'air trop vif de ces après-midi d'octobre, Egon, rêveusement, allongé dans le hamac qu'il affectionne, se laisse aller à dire :

— Je suis content que nous rentrions rue Cernuschi. J'ai tout de même laissé à Paris un coin de mon cœur.

— Parce que Franz s'y trouve ?

— Non. Je veux dire simplement que j'aime Paris.

Tout sonne faux. Pas plus qu'elle n'a pu pénétrer l'univers fermé et verrouillé de Johann-Karl, elle ne parvient à aller et à venir dans ces sentiers qui semblaient d'abord si lumineux et si ouverts. On dirait qu'il en est d'Egon comme de certains arbustes qui ne peuvent croître et se couvrir de fleurs qu'en plein soleil. N'est-elle pour lui qu'une douce pénombre ? Il se tait et s'éteint dès que les possibilités de joie, ou tout au moins de légère allégresse, se raréfient autour de lui. Et pourtant, c'est à de tels moments qu'il compose ses meilleures œuvres : ces *Hymnes à la Nuit*, par exemple, d'après Novalis, si appréciés qu'on peut parler autour d'eux d'une espèce de gloire. Mais il n'y parvient qu'en se grisant d'abord et ensuite de moments de liberté sauvage, qu'il s'agisse de chevaux ou de randonnées dans les bois, de rencontres fortuites, de contacts anonymes et nocturnes, le tout assaisonné, elle le comprend aujourd'hui, d'une pointe de danger. Le danger est pour lui le sel d'une partie de l'existence inavouable à l'époque, et honnie quand elle n'est pas cachée ; il en constitue, sinon tout le prix, du moins la beauté. Que de fois il lui a parlé d'un immeuble en construction, abandonné on ne sait pourquoi, sur les bords de la Seine, avec ses escaliers sans rampes, ses planchers déjà branlants ou remplacés par des passerelles, et où se rencontrent cet hiver-là des hommes obsédés par la même hantise. « C'est un Piranèse », assure-t-il. Bien souvent, l'entendant rentrer le plus discrètement possible, elle a attendu un moment avant d'entrer dans la chambre contiguë à la sienne, qu'il occupe quand il préfère être seul. Une marche, caprice de l'architecte parisien, sépare les deux pièces ; elle s'efforce de ne pas la faire crier. Elle sait qu'il dort déjà, assommé de sommeil après les longues courses parfois vaines, nu comme il l'est chaque nuit, les bras en croix laissant pendre de chaque côté du lit les longues mains. L'embrasser ou même l'effleurer en ces instants-là serait un manquement à leur pacte. Elle se retire sans

approcher. « L'homme des douleurs », pense-t-elle, gênée
pourtant par ce terme qui paraîtrait sacrilège à ses amis
catholiques. L'homme qui a assumé sa chair, a consciemment tenté d'en satisfaire les désirs et les fantasmes, lui a fait
courir dans cette ville nocturne tous les dangers que court la
chair.

L'alcool paraît depuis quelque temps ne jouer aucun rôle
déterminant dans sa vie, encore qu'elle n'ignore plus que le
petit alcoolisme mondain de leur milieu puisse servir de
point de départ, et que surtout les quêtes solitaires s'accompagnent presque automatiquement du « verre » rituel des
rencontres ou des attentes. Parfois, dans ces derniers temps,
prise au dépourvu par une ignorance qui est aussi de
l'innocence, elle s'est sentie physiquement alarmée par une
odeur insidieuse, si volatile que les fenêtres ouvertes de la
chambre d'à côté la font vite disparaître. Mais ces stimu-
lants ou ces calmants ne sont eux-mêmes que des camou-
flages ou des effets secondaires. Qu'elle le veuille ou non, ses
craintes tournoient autour d'une personne, sans qu'elle ose
encore assurer de bonne foi si cette personne est néfaste ou
non.

Franz, qu'Egon a retrouvé à Paris, y vit d'une existence
bizarre où le dénuement et une soudaine opulence alternent.
Il a vécu deux années durant, dit-il, dans un appartement
du XVIe arrondissement, chez un ami rentré depuis en
Allemagne. La vente d'une collection de tableaux héritée de
ses parents lui a permis ces loisirs. Mais dans cette ville où
tout finit par se savoir, surtout dans ces petits milieux
d'étrangers, il s'avère que les parents de Franz (son père est
un modeste fonctionnaire de l'Etat bavarois) sont encore en
vie, et qu'aucun tableau de maître n'a jamais orné leurs
murs. Dans cette Brocéliande de mensonges, les biens dont
il est censé avoir disposé ont d'ailleurs changé de forme ; il

s'agit maintenant d'une collection de timbres rarissimes, dont la vente lui aurait rapporté une petite fortune. Les inscriptions à l'Université ne sont pas encore prises. Jeanne ne sait ni le nom de la rue ni le numéro de la maison où il loge près du passage d'Enfer, mais Egon qui ne lui a pas encore présenté son récent compagnon de voyage, lui a donné le numéro du téléphone pour le cas où quelqu'un voudrait le voir pour affaires, ou si quelque chose arrivait aux enfants. Elle le suppose passant là des heures. Le jour pourtant où il a complètement oublié un rendez-vous avec un imprésario étranger, il n'y est pas, ou ne répond pas. Elle apprend bientôt que Franz a sa chambre et son couvert mis dans une maison de campagne aux environs de Paris, chez une Anglaise à la mode, protectrice des arts, dont Egon admire depuis longtemps le parc et les serres, mais où Jeanne se rend le moins possible, trouvant ce milieu peu sûr. Egon cet hiver y va souvent et y passe d'ordinaire la nuit. Autour de l'inquiétude grandissante de Jeanne s'organise comme toujours un réseau de petites hypocrisies, d'une part, de petites délations de l'autre, toutes deux également cruelles. Elle est devenue celle à qui l'on ment. La charmante dame de compagnie de l'Anglaise s'invite parfois chez Jeanne ces jours-là, ou l'invite chez Rumpelmayer, « pour qu'en cette fin de semaine, elle ne se sente pas trop seule ». Jeanne croit lire dans les yeux de cette femme un pétillement d'ironie. Un soir, des avances lui sont faites, auxquelles elle ne répond pas. Bien entendu, pas un mot n'est prononcé concernant Franz.

Tout cela change d'ailleurs. Egon a fini par lui présenter son ami, qui devient bientôt un habitué de la rue Cernuschi. Ce fantôme qui obsède Jeanne est un garçon quelconque. Il est beau, d'une beauté à la fois musculaire et molle. Jeanne ne trouve peut-être ses yeux si difficiles à définir que parce qu'il ne la regarde jamais en face. Il arrive presque toujours avec des fleurs, le plus souvent celles de sa protectrice anglaise, dont il tourne en dérision l'arrivisme mondain. Jeanne parle aussitôt d'autre chose. Dans ses bons moments, ce garçon qui se donne tantôt vingt-six, tantôt trente ans, a des grâces presque enfantines. Clément et Axel s'enchantent de le voir faire flotter des roses sur un bassin d'argent, tête en bas, pareilles dans leurs pétales à une ballerine dans ses jupes, piquées chacune d'une autre rose bien droite qui leur sert de buste. Cette compagnie de danseuses avance et recule, avec des frôlements et des heurts imperceptibles, agitées par le moindre mouvement imprimé du dehors au bassin. Parfois, l'une d'elles sombre. Tout en maniant ses corolles l'Allemand se raconte, tantôt sur le ton de l'idylle et tantôt sur celui du roman noir. Il est enfant naturel ; son père, que nul n'a jamais revu, était peut-être un Tzigane, ce que semblent confirmer ses boucles noires et ses yeux bizarrement tigrés. Mais le Tzigane est vite oublié, et le lendemain il est né de l'inceste d'une fille de quatorze ans, sa propre sœur, morte à l'âge de vingt ans. Il a quitté l'école à treize ans (il dit parfois en avoir été renvoyé) ; il a été quelque temps chasseur dans un grand hôtel, qualifié à d'autres moments d'élégant bordel. Il a épousé à dix-neuf ans, en Rhénanie, une tendre fille de ferme qui attend son retour comme la Solveig d'Ibsen. Ou bien, presque sauvagement, il se tait. Quand Egon est là, il tombe dans un babil à mi-voix, entrecoupé de rires, qui cesse dès que Jeanne s'approche. Il ne se lève même plus pour elle. Si la jeune femme leur reproche doucement de s'interrompre en sa présence, Egon répond, avec un peu de ce dédain arrogant qu'il avait naguère pour Hugues :

— Je ne vois pas pourquoi il vous ferait part de ces

insanités. Vous n'avez que faire de l'entendre parler de ses chemises et de ses cravates.

Mais il semble à Jeanne que quelque chose du plus jeune commence à déteindre sur l'aîné. Au théâtre, Franz, assis à côté d'une grosse dame qui renifle dans son mouchoir à la fin du spectacle, la montre du doigt en s'esclaffant. Egon rit très haut, ce qu'il n'aurait pas fait autrefois. Certaines violences la bouleversent. Un soir où elle prend un taxi avec Franz pour aller rejoindre Egon au restaurant, l'Allemand a jeté bas de son siège le chauffeur qui se refusait à les conduire, ou peut-être n'avait pas compris l'adresse, et s'apprête à le rouer de coups. Des passants les séparent, et un louis sorti du petit sac de Jeanne apaise l'incident. Elle se souvient que le jour de sa chute, Egon avait failli étrangler le voiturier qui l'avait blessée : l'occasion en tout cas était moins futile. Franz maintenant en prend à son aise. Un jour qu'au retour d'une promenade à cheval il sort de la douche, nu jusqu'à la ceinture, pour aller chercher le reste de ses effets dans la pièce voisine, elle voit, suspendues à son torse, encadrant les mamelons des seins, des pendeloques de strass accrochées à même la chair. Elle a l'impression d'avoir surpris sans le vouloir les signes d'on ne sait quelle initiation barbare. Lorsqu'elle en parle à Egon, ne cachant pas tout à fait un sursaut de nausée :

— Ce n'est rien, dit-il. Un peu de masochisme adolescent.

Pour la première fois, Egon aime. Elle se souvient du temps où il se flattait de n'éprouver pour ses partenaires d'une heure qu'une vague bienveillance ; parfois une vague pitié, ou encore un fond d'antipathie neutralisé pour le moment par les jeux du plaisir. Aimer lui semblait un don de soi où la volupté n'entre pas, ou plutôt ne joue qu'un moindre rôle, pour satisfaire ce qu'on aime, ou pour se donner à tous deux la preuve d'être complètement unis. Il aimait Jeanne, disait-il.

Il eût trouvé vain d'essayer d'aimer n'importe quel passant d'un soir. Elle l'en blâmait parfois, à l'époque où ils parlaient librement de toutes ces choses, d'établir ainsi une ligne de démarcation entre l'autre et soi; ce refus lui paraît répondre à une forme de puritanisme, à un besoin d'isoler de sa vie tel être ou tel geste auquel pourtant il n'eût pas volontiers renoncé. Maintenant, il est comme un autre la proie du dur amour, et cette passion va à un être qu'elle ne comprend ni n'aime. « Il m'étonne parfois. Je l'approuve d'expérimenter avec ses sens. J'ai cherché toute ma vie ce bel objet entièrement fait de chair. » Franz est-il vraiment cela? Elle se demande comment des préférences en elles-mêmes banales, presque indifférentes, souvent dissipées après les premiers désirs de l'adolescence, deviennent pour certains êtres un mode de vivre et de penser plus important que l'existence elle-même, une forme de libération, ou au contraire d'esclavage, ou les deux tour à tour. Y a-t-il là ce besoin de l'abus, cette fièvre d'aller jusqu'au bout de soi qui est aussi celle de l'homme riche qui s'épuise à vouloir l'être davantage, de l'artiste qui se tue pour son œuvre, du mystique qui se détruit pour mieux posséder Dieu? Et elle? N'est-elle pas aussi la proie d'une sorte de délire lucide? Egon l'a à la fois libérée et enchaînée.

FIDELITÉ

— Consentiriez-vous, chère, à ce que Franz nous accompagne à Rome ?

Ils vont en effet y passer quinze jours en mai, l'Académie Sainte-Cécile ayant mis par deux fois au programme de ses concerts les *Hymnes à la Nuit*. Elle remarque sur la lèvre d'Egon ce tremblement nerveux qu'il a eu à Dresde, avant leur mariage, quand il lui a demandé s'il pouvait la voir le plus souvent possible. Que la roue tourne vite ! Mais elle sait trop bien que la timidité se changerait en exaspération ou en froide colère si elle disait non. Ce n'est pas seulement l'homme qu'il s'agit en ce moment de ne pas troubler, c'est le musicien.

— Vous ferez comme il vous plaira, mon ami.

— Je sais que Franz est parfois étrange. Mais je vous promets que rien d'inquiétant n'aura lieu. Il se tiendra bien.

Il se tient si bien en effet qu'il ne s'offusque pas de n'être que rarement, ou pour mieux dire, pas du tout, avec les deux autres étrangers, Egon n'ayant rien fait pour l'y introduire. Les musées et les églises n'intéressent pas Franz ; son temps se passe à flâner dans les rues ou à faire du cheval dans les jardins Borghese. Jeanne, qui n'a jamais vu Rome, est quelque peu déçue par les splendeurs de Saint-Pierre,

qui lui rappellent le style pompeux de telle cathédrale
orthodoxe du XIXe siècle, elle aussi bâtie à la gloire de l'Etat
plutôt qu'à la gloire de Dieu. Mais elle va longuement rêver
— peut-être même, à sa manière, prier — dans les anciennes
petites églises, Saint-Alexis, Sainte-Sabine, *Les Quatre Cou-
ronnés*. Egon l'accompagne souvent ; ils retrouvent ainsi
l'atmosphère de leurs premiers voyages. Un après-midi, ils
décident de se rendre à la Villa Adriana dans une automobile de louage. La Villa, moins retouchée et moins érodée
par la cohue touristique qu'elle ne l'est aujourd'hui, les
séduit par son silence, par la longue et solennelle avenue de
cyprès plantés par le comte Fede, propriétaire du domaine
au XVIIIe siècle, espèce d'allée triomphale qui mène chez les
Ombres. Ils sont conquis par ces grands murs à peine
ébréchés, dédoublés en noir sur les sentiers des jardins, ces
mosaïques recouvertes d'une légère couche de terre que les
gardiens balaient pour les montrer dans toute leur fraîcheur,
par cet îlot de marbre naguère entouré d'eau, retraite pour
le sommeil, l'étude, ou l'amour peut-être, que joignait à la
rive un pont tournant dont on voit encore les glissières, par
ces perspectives ouvertes partout sur la tranquille campagne. Ils ne savent à peu près rien de l'homme qui jadis a
aménagé tout cela, sinon qu'il fut grand voyageur, grand
amateur d'art, qu'il préférait la paix à la guerre, et qu'il
aima et vit mourir quelqu'un. Ce peu d'information est
assez pour les faire rêver.

Au retour, déjà engagés dans l'allée des cyprès pour
regagner la sortie où les attend leur voiture, une étrange
hallucination s'empare de Jeanne. Parmi les visiteurs qui
arrivent en sens inverse, dernière fournée avant la tombée
du soir, elle a cru voir Michel. C'est bien lui. Ce ne peut être
que lui. Cet homme en panama et en légers lainages — il fait
chaud aujourd'hui — aux bons vêtements toujours long-

temps portés, presque volontairement décatis comme l'étaient, dit-on, ceux des anciens dandies anglais avant d'être portés ; ce solide visage aux yeux bienveillants, un rien rieurs, aux coins plissés de petites rides. Il tient en main cette canne qu'elle connaît bien, cette mince tige d'acier terminée par un pommeau poli, dont il dit par plaisanterie qu'elle pourrait être une arme défensive, ou au besoin offensive ; elle se souvient qu'il aime parfois s'y appuyer lorsqu'il contemple longuement un beau site, ou suit des yeux une barque sur la mer. Tandis qu'elle le regarde, il l'a dépassée ; elle se retourne et refait à la hâte, presque en courant, la partie de l'allée déjà parcourue, le voit, dépassant de la tête la plupart des visiteurs, marchant d'un bon pas. Elle se rengage dans le chemin des ruines, repasse devant le haut mur du Pœcile, contourne les Bains, va jusqu'aux abords de l'étrange chapelle à demi écroulée de Canope, alors privée du grand bassin rectangulaire qu'on a re-creusé et ré-empli depuis, mais qu'on ne reconnaissait alors qu'à un léger affaissement du sol sous l'herbe courte, semée encore çà et là, à l'époque, de fragments d'un pavement de porphyre brisé. Elle se retrouve enfin devant l'îlot où elle croit un instant voir Michel flâner au pied des bases des colonnes, s'imagine même l'apercevoir au haut d'un de ces escaliers interrompus qui ne mènent plus nulle part. Mais ce n'est pas lui. Ce n'est pas non plus quelqu'un d'autre. A-t-elle créé de rien un fantôme ? Jeanne sent que quelque chose en elle a besoin d'être secouru, consolé, sauvé. Mais ce fantôme ne peut rien pour elle, et que demanderait-elle à Michel, si même il était là ? Madame de Reval refait pas à pas, un peu honteuse, un peu lasse, l'allée de cyprès dorés par le soleil couchant. Elle retrouve à la sortie Egon qui l'attendait dans la voiture.

— J'avais cru reconnaître quelqu'un.

Elle n'en dit pas davantage. Il n'en demande pas plus.

Cette histoire que Michel, à ce qu'il semble, ne sut jamais, me fut racontée par une ancienne amie de Jeanne, à l'époque où mes projets « d'écrire un jour quelque chose sur Hadrien », conçus en visitant la Villa vers ma vingtième année, n'étaient encore connus que de moi seule, et peut-être de Michel à qui d'emblée je les avais confiés. Non seulement, en ce mois de mai 1909, Jeanne s'était trompée en croyant y reconnaître Monsieur de C., mais encore il ne vit la Villa que quinze années plus tard, lorsque je lui eus demandé de la visiter avec moi. Tout ce qui est jeux de miroir entre les personnes et les moments du temps, angles de réflexion et angles d'incidence entre l'imagination et le fait accompli, est si obscur, si fluide, si impossible à cerner et à définir par des mots, que leur mention même risque de sembler grotesque. Parlons de coïncidence, ce mot qui suffit à défaut d'explication. Mais je m'émerveille encore que l'hallucination de Jeanne ait eu lieu là.

Le malheur se déclencha quelques jours plus tard. Le concert à l'Académie Sainte-Cécile fut un succès plus complet même que les organisateurs ne l'escomptaient. On aimait cette musique étrangement dure et pure. Le lendemain, le couple dîna à l'Ambassade des Pays-Bas, dont les présents résidents étaient de vieux amis. En rentrant, tard dans la soirée, Egon décida de ressortir, accompagné de Franz, pour jouir le plus longtemps possible de la belle nuit romaine. Ils se rendirent dans ce que le langage du temps eût sobrement décrit comme un mauvais lieu particulièrement décrié, mais d'ailleurs bien connu, et à sa manière à la

mode. Une descente de police se produisit cette nuit-là.
Egon et Franz se retrouvèrent à la Questure, avec nombre
d'individus anonymes, et quelques hommes qu'Egon
connaissait de vue ou de nom dans la société romaine. La
police italienne à cette époque — et peut-être à d'autres —
était brutale quand elle n'était pas soudoyée, et parfois
même quand elle l'était. Après quelques heures harassantes,
Egon fut remis en liberté, mais Franz, inculpé de possession
et de trafic de stupéfiants, resta prisonnier. Egon revint aux
petites heures du matin à l'hôtel, où Jeanne avait vécu l'une
de ses fréquentes attentes. Il lui fit part en quelques mots de
ce qu'elle devinait déjà, et lui demanda sans plus de l'aider à
faire disparaître de la chambre de Franz, et de la sienne, qui
communiquaient entre elles, toute trace de substances
interdites ou suspectes. La blanche poudre, avec ses
ampoules et ses seringues, le chanvre pareil à du tabac
haché disparurent dans des bruits de chasse d'eau ; on jeta
aussi quelques dragées aphrodisiaques dont Jeanne n'avait
jamais accepté qu'il se servît pour elle. Aucun blâme ne
sortit de sa bouche ; elle savait seulement qu'une de ses
craintes s'était réalisée, et aurait aussi bien pu l'être à Paris
qu'à Rome. Mais l'angoisse d'Egon la torturait.

On perquisitionna le matin même dans la chambre de
l'absent ; le Signor et la Signora furent traités avec une
extrême politesse. Le soir, un avocat qu'Egon avait fait
désigner d'office pour défendre Franz vint conférer avec
Monsieur et Madame de Reval au sujet de leur secrétaire
inculpé. Il revint plus d'une fois. Le plus grave était qu'un
certain comte Spada, collectionneur célèbre, et qu'Egon
avait rencontré dans le monde, arrêté au cours de cette
même rafle, avait immédiatement reconnu Franz et aussitôt
renouvelé contre lui une plainte pour vol déposée deux ans
plus tôt. Après avoir vécu près d'un an dans l'intimité de cet

homme de goût, Franz avait disparu en subtilisant hors
d'un portefeuille trois dessins italiens du XVIIIe siècle, en
fait, une petite sanguine de Tiepolo, et deux esquisses de ces
virtuoses de théâtre, les Bibbiena. Franz avait sur le champ
avoué, sans qu'on sût pourquoi, avec cette espèce d'inerte
indifférence qui était souvent dans son style. (Mais les coups
reçus avaient peut-être précipité l'aveu.) De toute façon, la
vente de stupéfiants était patente ; plusieurs clients l'attes-
taient. En ce qui concernait les dessins prétendus volés,
Franz donna le nom d'un antiquaire qui put fournir une
décharge signée du comte Spada. Ce reçu était évidemment
un faux. Restait à savoir par qui la signature avait été
imitée. Franz ne se connaissait pas en œuvres d'art ; il était
assez probable que l'astucieux antiquaire avait empoché la
meilleure part.

— Jeanne, dit Egon avec la même timidité tremblante,
dès qu'ils furent seuls, je sais bien que Franz s'est conduit en
enfant...

— A cette époque, il avait déjà vingt-sept ans, répondit
doucement Jeanne.

— ... Comme un enfant. Mais si le comte Spada retirait
sa plainte, une partie des accusations s'évanouirait... Son
terme serait beaucoup moins long. Trois dessins vénitiens,
même si l'un d'eux est de Tiepolo, ne représentent peut-être
pas une somme si considérable. Si vous pouviez...

— Le Comte tenait à ces dessins, et il a sans doute aussi
d'autres raisons pour en vouloir à Franz. Je ne crois pas
qu'il se désiste.

— C'est une expérience à tenter.

— Non, dit-elle avec fatigue. J'ai souvent avancé
(comment dire ?) quelques petites sommes à Franz quand il
n'osait pour une raison ou pour une autre s'adresser à vous.

Mais une somme aussi importante... Je ne veux pas mêler ma mère à tout cela. Et il y a aussi nos enfants.

— Je pourrais vous étrangler, fit-il.

La violence même de la menace lui enlevait de sa force. Ce n'était pas lui qui parlait, c'était son démon.

Elle ne dit pas que d'autres sommes, assez peu conséquentes, avaient souvent disparu de son sac de dame. Egon n'aurait pas cru à ces petits larcins.

Le scandale retentissant qu'elle avait craint fit en partie long feu. Les journaux à grand tirage se contentaient de discrètes initiales, reconnaissables surtout pour ceux qui savaient. La présence de quelques hommes bien connus appréhendés ce soir-là dans ce milieu « spécial » comme on disait alors fit désirer dans les hautes sphères qu'on n'ébruitât pas l'incident. L'affaire d'Oscar Wilde, vieille seulement de dix ans, avait mis les accusateurs sur leurs gardes ; inutile de remuer sous les yeux du public une boue noire dont il semblait presque indécent d'approcher, et où auraient pu s'enliser pas mal de gens. Parmi tant de faux-semblants et d'hypocrisies, Franz, désigné par la presse comme l'assistant d'un musicien célèbre, faisait presque figure de bouc émissaire.

Certaines des réceptions prévues n'eurent pas lieu, les hôtes se trouvant subitement en deuil d'un parent éloigné, ou obligés de s'absenter de Rome. Quelques personnes s'empressèrent de rendre visite au couple étranger ; Jeanne et Egon purent observer toutes les formes de la courtoisie sincère, de la curiosité ironique ou malsaine. Jeanne s'obligea à se rendre à une soirée où Egon, se disant souffrant, préféra ne pas paraître. Tout se passa convenablement, mais sur un mode un peu contraint. Quand elle rentra, il remarqua avec une grimace de dégoût :

— Vous avez mis du fard.

C'était vrai qu'elle portait, par exception, un peu de rouge aux lèvres. Il la regarda plus attentivement :

— Vous êtes heureuse, n'est-ce pas ? Vous vous êtes débarrassée de ce pauvre garçon. Quand je pense que j'ai supporté pendant près de huit ans vos mensonges... Vivre avec une femme... Et je vous ai dit, et j'ai peut-être essayé de croire, que je me plaisais avec ce corps lisse, insipide, cette peau dont je vous disais qu'elle était douce, ces caresses si tendres... L'amour tel que vous l'éprouvez n'est que tendresse. Vous n'imaginez même pas qu'il puisse être violence, une fureur, une espèce de haine passionnée... Et cette douceur tyrannique, cette sensualité qui dissimule, cette avidité...

— Egon, je n'ai jamais rien exigé, rien demandé...

— Et vous croyez que vos yeux ne sollicitaient pas, que le moindre contact de vos mains n'était pas une prise de possession de ma vie ? Il n'y a pas eu un jour, pas un instant de ces années où vous ne m'ayez fait horreur...

Elle lissait, pour se donner une contenance, les plis de son manteau de soir. La colère d'Egon s'était changée en dureté.

— Cette conversation m'ennuie. Bonsoir. J'aime autant dormir.

Il se retourna du côté du mur. Elle rentra dans sa chambre et s'assit devant la fenêtre ouverte qui donnait sur de hauts murs blancs. Quelque chose en elle s'était brisé net, non pas son amour, mais l'idée qu'elle se faisait de sa vie. Elle a essayé de faire de son mieux. A-t-elle été vraiment cette femme avide que dépeint Egon, cachant son égoïsme sous la compréhension et sous la douceur ? Elle sent seulement, avec le peu de facultés qui lui restent en ce moment pour juger, que cet homme éperdu pulvérise leur passé, l'écrase sous ses pas comme du verre. Le bonheur, c'est à dire la confiance réciproque, les délices de la nuit, la

fraîcheur des matins, les jeux avec les enfants, l'émerveillement des paysages vus ensemble ont quand même été. Mais
il a jeté sur tout cela des poignées de haine et de dégoût dont
la salissure demeure. Elle se rend compte qu'elle ne pourra
plus jamais lui parler simplement de ce passé, et quoi du
présent, et quoi de l'avenir? Le présent, c'est cette fureur et
cette humiliation qui le font délirer, à moins qu'au contraire
il dise vrai pour la première fois. L'avenir, c'est d'aller
demain au Corso acheter des jouets pour que Clément et
Axel ne se sentent pas oubliés, et peut-être aussi une poupée
italienne pour Marguerite, qu'il ne faut pas avoir l'air
d'oublier non plus. Et veiller sans en avoir l'air sur le
sommeil et la nourriture d'Egon, pour que le concert
d'après-demain ne soit pas un désastre.

Il avait interdit toute visite. Elle crut cependant nécessaire de lui faire passer la carte du comte Spada. Egon fit
monter le visiteur dans sa chambre. Jeanne, qui avait craint
une querelle, n'entendit à travers la porte de communica-
tion que des voix mesurées, calmes, finalement presque
amicales. Quand Egon eut raccompagné le Comte jusqu'au
seuil de l'hôtel, il remonta et dit :

— Vous aviez raison. Il ne se désistera pas. Mais c'est un
homme courtois qui connaît le monde. J'ai été content de
causer avec lui.

Il était, néanmoins, fort pâle. Elle ne sut jamais ce qui
s'était passé entre les deux hommes. Mais il semblait que
pour Egon aussi une partie du passé se fût irrémédiablement
brisée. Il ne reparlait plus de Franz. Quand, avant leur
départ, elle lui demanda s'il ne désirait pas faire signe au
prisonnier, ne fût-ce que son nom sur un paquet ou sur une
carte, il fit non d'un signe.

Le succès du second concert fut éclatant. Un certain
nombre des places de la noblesse noire, la plus haute et la
plus arrogante de la ville, étaient vides. Des personnalités de
la politique et des ambassades s'étaient, elles aussi, abste-
nues. Mais le grand public mélomane était venu en foule.
Certains auditeurs étaient peut-être venus eux aussi, à n'en
pas douter, poussés par une curiosité assez basse. Mais la
musique emporta tout. Le jeu du pianiste n'avait jamais
été plus retenu et plus intense. Il fit acclamer ces formes
musicales déconcertantes, qui paraissaient encore insolites à
la plupart des gens. On sentait avoir atteint un lieu abstrait
froid et brûlant comme la glace, où s'élaborait un chant aux
flexions impossibles à prévoir, aux intervalles à la fois
inévitables et incalculables, et presque mortellement pur.
Une fois de plus, Egon explique en vain à la presse qu'il ne
s'agissait pas de chercher des nouveautés déroutantes, mais
de rejoindre ce qu'il y a de plus ancien et de plus essentiel
dans certains modes musicaux, par exemple, certaine musique rituelle chinoise. On préférait comme toujours admirer
— et dans quelques cas ironiser sans comprendre. Le
musicien accepta ce soir-là une réception impromptue que
lui offrit un riche dilettante romain, passionné pour toutes
les manifestations d'avant-garde. Il n'y avait là que des
admirateurs ou des amis déjà acquis, presque des partisans
du musicien et peut-être de l'homme. Dans le décor
sévèrement somptueux d'un palais du XVIIᵉ siècle, cette
soirée improvisée rappela à Jeanne la folle soirée de Saint-
Pétersbourg, si différente ; aucune sensualité ne s'y débri-
dait, au moins en apparence, mais quelque chose de la
même unité d'émotion régnait. La crainte d'une avanie
soigneusement préparée sous main, d'un mot malsonnant
glissé entre deux éloges les habitera jusqu'au bout, mais ni
elle ni lui ne l'avoueront l'un à l'autre. Sous les feux

dédoublés à l'infini des lustres, elle retrouve la bonne grâce et la simplicité habituelles d'Egon, et ce sourire presque lumineux qui est son passeport dans la vie.

Avant de se coucher, Jeanne fit encore quelques rangements et quelques préparatifs de départ. Il ne dormait pas ; elle l'entendait aller et venir dans l'autre chambre. En pleine nuit, il frappa doucement. Elle lui dit d'entrer. Il était nu, comme il avait souvent l'habitude de l'être avec elle. Le visage avait retrouvé cette expression de jeunesse innocente qu'elle lui connaissait depuis toujours, mais il ne s'excusa pas de ses propos outrageants de l'avant-veille. Il ne reprenait jamais ses paroles. Tout au fond de soi-même, il lui parut dévasté.

— Je ne parviens pas à dormir. Jeanne, me permettriez-vous de passer le reste de la nuit auprès de vous ?

Elle lui fit place. Elle le sentait pleurant silencieusement sur son épaule, détendu par les larmes. Leurs pieds se touchant leur apportaient quelque douceur. En lui passant les bras autour du cou, elle sentit plus bas, sous la peau, à la hauteur des omoplates, la trace d'ecchymoses déjà anciennes, mais seulement en partie guéries. Sachant qu'il préférait laisser toute la nuit, près d'eux, un peu de lumière, elle n'avait éteint qu'une des lampes. Le haut des bras aussi était couvert de meurtrissures dont la couleur tournait du violacé au jaunâtre avant de s'effacer tout à fait.

— Je me suis parfois laissé battre, dit-il faiblement.

Pour ne pas faire mal, elle dénoue ses bras. Quoi qu'il advînt, ce corps et cet esprit resteraient longtemps marqués par les suites de cette aventure comme par une maladie ou un accident grave, et peut-être par le manque du compagnon perdu et soudainement rejeté. Elle songea aux jours où il avait respiré sans dégoût l'odeur de sa jambe infectée et du seau que ne vidaient pas toujours assez vite les servantes ; le jour où, prise de court, il l'avait lavée lui-même dans le bac de l'étuve, et était allé lui chercher du linge frais. Il avait baisé son visage défiguré par sa chute comme ses épaules à lui l'étaient aujourd'hui. Il l'avait acceptée, chose plus difficile à faire qu'on ne croit pour tout être humain. Elle ne savait même pas si les quelques licences sensuelles qu'elle avait prises l'avaient excité, laissé indifférent, ou fait souffrir. En tout cas, fidèle à leur pacte, il s'était tu. Les notes qu'il avait tracées pour elle sur le revers d'une écorce de bouleau flottaient dans sa mémoire. Ils étaient à égalité.

En rentrant à Paris, Jeanne trouva sur sa table tout un paquet de lettres de Michel. Il n'avait pas osé s'informer de son adresse à Rome. Il avait aussi laissé un tas de journaux, pour la plupart de petits hebdomadaires à grands tirages, qui se voulaient sémillants et qu'elle jugeait ineptes. Le scandale, étouffé en partie sur place, avait au contraire retenti à distance ; certains articles étaient gouailleurs ; d'autres traitaient de haut ces métèques interlopes auxquels appartenait, sans nul doute, ce musicien étranger. Elle brûla tout cela sans rien en montrer à Egon. C'était d'autant plus facile que, même les lendemains de première, ni l'un ni l'autre n'avaient l'habitude de feuilleter beaucoup les échos qui les concernaient.

Michel lui téléphona dès qu'il la sut rentrée. Il n'était pas question qu'il vînt rue Cernuschi. Elle ne voulait pas se rendre à son hôtel. Ils tombèrent d'accord pour se rencontrer à dix heures du matin au Louvre, dans la salle de la Vénus. Cette pièce placée en contrebas était fraîche, presque froide, par ce chaud début de juin, et un banc de marbre le long du mur conviendrait. A cette heure-là, quelques

Anglais et quelques étudiants allemands visitaient seuls le Département des Antiques.

Il l'attendait, allant et venant devant la grande femme au torse nu. Soulagé, il constata du premier coup d'œil qu'elle était restée la même, bien que ses yeux fussent davantage cernés. Elle lui parut toujours aussi belle, et il s'en étonna comme s'il ne l'avait pas revue depuis dix ans. Il était vêtu à peu de chose près comme elle avait cru le voir à la Villa. Elle perçut sur son visage la trace des anxiétés qu'il avait éprouvées pour elle, et en fut touchée.

— Vous voilà enfin, lui dit-il. Tout est bien depuis que vous êtes là.

Elle ne répondit pas, mais il n'attendait pas de réponse. Il s'était lancé dans une plaidoirie qu'il avait dû apprendre par cœur, mais à ce moment-là, il improvisait. Qu'elle ne rentre pas rue Cernuschi; qu'elle se laisse en tout guider par lui; qu'elle ne le quitte plus. Le divorce serait facile. Elle serait libre; elle l'était déjà. Son départ n'étonnerait personne, au contraire. Ne se souvenait-elle pas, quand ils parlaient ensemble de Fernande, d'avoir dit quelquefois envier leurs faciles randonnées à travers l'Europe? Ils les referaient ensemble. Sinon l'Italie (oui, il comprenait cela), sinon la Russie, d'autres pays qu'elle ne connaissait pas encore. Fernande, qui était craintive, n'avait jamais voulu s'aventurer trop loin. Mais il y avait Madère, il y avait Malte et la Terre Sainte, et l'Egypte, où il avait souvent rêvé d'accomplir l'indolente remontée du Nil, mais ce rêve était resté à l'état de rêve. Il la ferait avec elle. Plus loin encore, si elle le voulait, il y avait l'Inde, qu'on disait inépuisable, et les îles du Pacifique où les mois passaient comme des jours.

— Vous oubliez que j'ai deux enfants.

— Vous en auriez trois. Il ne pourra pas s'opposer à ce que vous lui repreniez ses deux fils. Et s'il essayait de les reprendre (mais il n'oserait ; c'est impensable), il ne saurait même pas où nous retrouver. Vous serez dans des pays où cette répugnante aventure ne sera jamais connue, où rien n'endommagera votre nom. Vous aurez d'ailleurs mon nom. J'achèterai un yacht.

— Vous vous ruineriez...

— Peu importe, chère. C'est déjà fait.

Elle écoutait avec gratitude, avec sympathie, avec une incrédulité tendre. Cet homme de cinquante-six ans lui semble un enfant. Etait-ce bien celui qu'elle s'était imaginé un moment, à Tibur, capable de lui venir en aide, de la protéger contre elle ne savait quoi ? Elle se souvenait des salles de jeu de Monte-Carlo, de Michel, les mains un peu tremblantes, regardant la boule tourner, de l'or que ratissaient ou au contraire poussaient vers lui les croupiers. Cet abandon au hasard lui semble plus fatal encore que les obsessions charnelles d'Egon, plus décriées certes, mais expliquées au moins par un instinct au fond du corps. Ni le fils de Michel, qu'elle ne connaissait pas, ni Marguerite n'hériteraient sans doute rien des biens paternels. En ce moment, il les oubliait. Et cette perpétuelle hantise de la Femme, qui depuis deux années se concentrait sur elle, mais sans pourtant qu'il parût connaître bien cette Jeanne dont il avait été l'amant et l'ami. Elle se sent idolâtrée plutôt qu'aimée.

Il cite l'exemple d'une Lady anglaise qui avait récemment soustrait ses deux enfants à son mari, et les avait pendant plusieurs mois gardés avec succès dans son yacht, sur lequel elle parcourait le monde.

— Ne voyez-vous pas que si je le quitte et lui reprends ses enfants j'aurais l'air de m'associer à la meute qui ne demande pas mieux que d'aboyer, ou de baver sur lui ? Vous ne voudriez pas que je fasse rien de tel.

— Ce serait bien sa faute.

Elle pose la main sur la manche de Michel.

— Mon ami, y a-t-il un homme ou une femme au monde dont on ne peut pas dire : « C'est bien sa faute » ?

— Ce qui signifie que vous préférez rester dans l'Ile des Lépreux ?

Elle avait retiré sa main.

— Je puis me tromper, dit-elle, se souvenant des furieuses accusations d'Egon hors de lui, mais il me semble que je lui sers à quelque chose. Il n'y a pas d'île où même dans le malheur on ne puisse pas vivre en paix.

— Dites plutôt que vous y avez pris goût. Ce milieu vous plaît, vous excite, vous y trouvez sans doute des compensations. Qui me prouve que Franz n'ait pas été aussi votre amant ?

— Monsieur...

Elle se lève. Ainsi, il suffit qu'elle n'accède pas à une demande d'argent d'Egon pour Franz, à une demande d'abandon total de Michel, pour devenir immédiatement, pour eux, une femme qu'ils renient ou qui leur fait horreur. Et elle sait bien que Michel croit tout sacrifier, tout donner. Mais ce qu'il veut d'elle est la suppression de la personne elle-même, des innombrables riens qui la font ce qu'elle est. Egon désemparé a au moins sa musique pour étoile polaire ; il y a aussi, quelle qu'ait été la crise de fureur qui pour elle s'estompe déjà, les mille pensées en commun, les mille petits liens journaliers qui, quoi qu'ils fassent, les uniront toute la vie comme un réseau de fils de soie. Mais Michel ne vit que dans l'instant. L'avenir même n'est pour lui qu'un présent imaginaire ; son yacht chimérique est sans boussole et sans journal de bord.

— Vous êtes encore plus dépravée que lui.

Chose incroyable, il ne s'est pas levé, automatiquement,

sur le champ, bien qu'elle soit debout devant lui. A mi-voix,
elle l'entend crier, ou plutôt vomir (quelques touristes
allemands se retournent), des insultes grossières à l'égard
d'Egon et d'elle-même, propos populaciers qui au fond ne
collent pas plus aux faits que les euphémismes hypocrites.
Ce qui aliène Jeanne n'est pas qu'il croit, ou veut croire à
une connivence sensuelle entre elle et ce Franz qu'elle a eu
tant de peine à ne pas haïr ou mépriser, et que maintenant
elle plaint à distance, c'est le ton péremptoire de l'homme
pour lequel tout élan des sens dégrade une femme, à moins,
bien entendu, qu'il n'en soit le bénéficiaire, et pour qui toute
singularité sexuelle déshonore un homme. En moins d'un
instant, les préjugés dont Michel se croyait indemne lui
remontent à la bouche comme une bile amère, tout comme,
quelques années plus tard, rencontrant par hasard la veuve
assez louche d'un médecin israélite qu'il soupçonnait non
sans cause de manœuvres abortives, cet homme que révolte
l'antisémitisme s'écriera : « Sales juifs ! »

Elle ne lui tend pas la main, ni pour qu'il la serre ni pour
qu'il la baise. Ces deux personnes qui se croyaient intimes
n'ont plus rien à se dire. Il la suit des yeux, puis en pensée, à
travers les salles peuplées de statues plus ou moins anonymes. Elle va vite, de son pas vif et léger, sans trace
maintenant de l'accident de l'an dernier. Elle est vêtue de
blanc par ce beau matin de juin. Sa voilette flotte sur sa
nuque, sa longue jaquette et sa longue jupe rappellent à
Michel le libre drapé des marbres autour d'elle. Elles lui
rappellent aussi ce corps qu'elles recouvrent et qu'il ne
reverra plus. Sœur de Vénus, sœur de la Victoire. Il se lève
comme guéri d'une attaque de paralysie. Il implorera son
pardon ; il fréquentera de nouveau Egon, dont après tout,
naguère, il s'était presque fait un ami. Elle traverse en ce
moment le vestibule des Prisonniers Barbares ; elle s'engage

dans la grande Galerie bordée de sarcophages vides; il a encore, en se hâtant, le temps de la rejoindre. Il y parvient presque au moment où elle pose la main sur la porte qui, du Pavillon Daru, mène à un escalier de quelques marches et à la place ombragée où attendent les fiacres. Il la voit monter dans une voiture découverte, donner une adresse au cocher qui démarre. Il prend la voiture suivante et donne au conducteur l'ordre de la suivre. Elle a pris le temps d'aller au vestiaire chercher son ombrelle, qu'elle ouvre, et ce léger dôme blanc cache à Michel sa tête et ses épaules. Le cocher de Jeanne s'est engagé dans la rue de Rivoli; les deux voitures défilent le long de cette espèce de grande Galerie en plein air, avec à droite des arcades et à gauche des grilles. L'attelage tourne enfin par la rue Royale. Elle rentre sûrement rue Cernuschi. Michel revenant à lui se demande ce qu'il va faire là. Il crie au cocher l'adresse de son propre hôtel.

LES MIETTES DE L'ENFANCE

J'ai cru longtemps avoir peu de souvenirs d'enfance ; j'entends par là ceux d'avant la septième année. Mais je me trompais : j'imagine plutôt ne leur avoir guère jusqu'ici laissé l'occasion de remonter jusqu'à moi. En réexaminant mes dernières années au Mont-Noir, certains au moins redeviennent peu à peu visibles, comme le font les objets d'une chambre aux volets clos dans laquelle on ne s'est pas aventuré depuis longtemps.

Je revois surtout des plantes et des bêtes, plus secondairement des jouets, des jeux et des rites ayant cours autour de moi, plus vaguement et comme à l'arrière-plan des personnes. Je grimpe à travers les hautes herbes la pente abrupte qui mène à la terrasse du Mont-Noir. On n'a pas encore fauché. Des bluets, des coquelicots, des marguerites y foisonnent, rappelant à mes bonnes le drapeau tricolore, ce qui me déplaît, car je voudrais que mes fleurs soient seulement des fleurs. Nous ignorions, bien entendu, que cinq ou six ans plus tard, ces « pavots des Monts-de-Flandre » allaient se parer d'une gloire funèbre, pavots en vérité, sacrés au sommeil de quelques milliers de jeunes Anglais tués sur cette terre, et dont des reproductions en papier de soie écarlate sont encore vendues de notre temps pour certaines œuvres de charité anglo-saxonnes. La pente de la prairie était si roide que la petite charrette que je traînais derrière moi, pleine de prunes ou de groseilles à maquereau cueillies dans le verger, répandait toujours son contenu qui dégringolait dans l'herbe. Au temps des tilleuls en fleur, la cueillette durait plusieurs jours. On l'étendait ensuite sur le plancher du grenier qui sentait bon tout l'été.

J'eus une chèvre blanche dont Michel dora lui-même les cornes, bête mythologique avant que je sache ce qu'était la mythologie. J'eus un gros mouton tout blanc qu'on savonnait chaque samedi dans la cuve de la buanderie; il en sortait pour se rouler sur l'herbe humide, poursuivi, lors de la grande lessive de printemps où l'on étendait sur la prairie les draps, les taies, les nappes et les serviettes empilés au grenier depuis le dernier automne, par la bande des lavandières essoufflées et hurlantes. (L'hiver, le grenier encombré de linge défraîchi devait sentir moins bon qu'en été sous les fleurs de tilleul mais peut-être l'air glacial empêchait les odeurs, et l'on fourrait partout des brins de lavande.) Par les beaux crépuscules, Michel allumait dans les bois d'innombrables veilleuses verdâtres semblables à des lucioles; l'enfant tenue par cette forte main aurait pu croire entrer au pays des fées. Elle s'inquiétait un peu qu'on dérangeât le sommeil des lapins, mais on l'assurait que les lapins dormaient déjà dans leurs terriers.

Levés dès l'aube, ils cabriolaient tout le jour sous les grands sapins. Les voir me consolait de l'heure passée chaque jour devant la fenêtre à laisser peigner et brosser mes cheveux qui tombaient jusqu'aux reins. Barbe séparait sur le devant deux longues torsades qu'elle nouait de ruban bleu. En moins d'un moment, les nœuds de satin glissaient et tombaient, me délivrant bientôt de leur insupportable tiraillement. Comme les cerfs, autres dieux menacés, les

lapins dansants arboraient au derrière leur touchante petite
queue blanche, mais je n'essayais pas, comme on me le
conseillait chaque matin, d'y verser du sel pour m'emparer
d'eux et serrer contre moi leurs flancs chauds et mous. Je
savais déjà que les dieux nous savent gré de ne pas déranger
leurs jeux.

Animal encore, et en même temps récipient sacré, usten-
sile magique, le premier jouet dont je me souviens : une
vache en fer-blanc ou en tôle, entièrement tendue d'une
vraie peau de vache, et dont la tête tournait de droite à
gauche en faisant *meuh*. On dévissait cette tête pour verser
dans le ventre de métal un peu de lait qui gouttait par les
trous imperceptibles des pis couverts de peau rose. J'avais
repoussé dès l'époque du sevrage tout élément carné; mon
père respecta ce refus. On me nourrit bien, mais autrement.
Vers l'âge de dix ans, j'appris à manger de la viande « pour
faire comme tout le monde », continuant seulement à rejeter
le cadavre de toute bête sauvage ou de toute créature ailée.
Puis, de guerre lasse, j'acceptai la volaille ou le poisson.
Quarante ans plus tard, révoltée par les carnages de bêtes,
je repris le chemin suivi dans l'enfance.

J'eus une ânesse qui s'appelait Martine, comme tant
d'ânesses, et son ânon prénommé Printemps qui trottait à
son côté. Je me souviens moins de les avoir montés que
d'avoir embrassé chaque jour la mère et le petit. Mais, en
fait d'âne, j'avais déjà eu, plus petite encore, un amour à la
Titania pour un grison qui promenait les enfants dans une
île du bois de la Cambre à Bruxelles, où l'on m'avait
emmenée pour quelques jours chez ma tante infirme.
J'aimais tant cet âne que j'éclatai en sanglots quand, après
trois tours d'île, il fallut le quitter. Michel proposa au
propriétaire de l'acheter, mais l'ânier tenait à son gagne-
pain qui avait, paraît-il, le don merveilleux de plaire aux

enfants. Je rentrai au Mont-Noir assombrie par ce premier chagrin d'amour. Quant aux bœufs et aux chevaux qui paissaient dans les prairies, je pouvais tout au plus passer le bras à travers les barbelés pour leur offrir une poignée d'herbes ou une pomme. « Tu vois, petite, me disait Michel, tout est affaire de patience et de savoir-faire. On croit les vaches moins intelligentes que les chevaux. Il se peut. Mais, quand une vache par hasard se prend la tête dans les barbelés, elle la retire doucement, tournant le cou d'un côté, puis de l'autre. Un cheval de ferme s'en tire parfois aussi. Mais un pur-sang se met en pièces. » Michel lui-même était de la race des pur-sang.

Les « belles poupées » qui roulaient les yeux, fermaient les paupières, faisaient quelques pas à l'aide d'une clef tournée à même leurs côtes, et disaient « Papa, Maman », me paraissaient bêtes. C'étaient le plus souvent des cadeaux de gens de passage. Heureusement, elles couchaient dans leurs cartons au haut des armoires, d'où les bonnes ne les descendaient pas souvent. Tout un hiver, une poupée de dix sous, un bébé articulé en celluloïd m'apprit la maternité. Hasard ou présage, je l'appelai André, nom qu'allaient porter deux hommes qui me furent chers, sans que mes émotions à leur égard eussent rien de maternel. Une photographie me montre, riant aux éclats, traînant le long d'un escalier une poupée du XVIIIᵉ siècle, relique d'une grand-mère, un peu troublante parce que son visage, ses bras, son buste au corselet lacé de pâte tendre se trouvaient dédoublés, quand on lui rejetait sur la tête sa grande jupe mordorée, par un autre visage, d'autres bras, un autre buste au corselet tout pareils. Poupée Janus. Mais l'absence de jambes me laissait perplexe. Enfin, un camarade de mon frère me rapporta d'un voyage au Japon, presque plus idole que poupée, une dame de l'époque Meiji, aux vrais cils et aux cheveux véritables, lisses et brillants comme de la laque, chignonnés et piqués de longues épingles qu'on enleva de peur que je me fisse mal. Elle était trop grande pour qu'on pût faire autre chose qu'embrasser délicatement ses joues couleur d'abricot, et s'agenouiller pour la contempler, placée toute droite contre le dossier d'un fauteuil. Elle m'ouvrit un monde.

Une photographie prise vers la même époque et souvent reproduite offre une petite fille typique de ces années-là, troublante à force d'être bien sage, les cheveux répandus sur la chemise qui découvre très bas la poitrine potelée et les jeunes flancs lisses. Ce Moi disparu joignait ses petites mains pour prier devant un coin d'autel, mais montrait de face son visage rond aux immenses yeux clairs dont on ne saurait dire s'ils pensaient profondément ou ne pensaient pas. Ce simple appareil et cette touchante attitude étaient, je crois, du choix du photographe, un parent un peu bohème qui aimait les petites filles. Le Mont-Noir ne possédait pas de chapelle ; une sorte d'alcôve sur le grand palier du premier étage en tenait vaguement lieu, avec son guéridon revêtu d'une nappe de dentelle et sa Notre-Dame en cœur de chêne, ceinte d'un diadème étoilé, l'enfant dans les plis de son manteau. Moins mère et vierge que reine, c'était un bel objet devant lequel je crois n'avoir jamais prié, mais que les jours de fête on fleurissait de bouquets. Le seul *Ave* que je me souvienne d'avoir récité le soir pendant quelques années le fut sur ma descente de lit, ou, les soirs froids, sous l'édredon. C'est peut-être à ce voisinage du sommeil et du songe que je dois de me rappeler mot pour mot cette prière, dont je me sers encore parfois mécaniquement pour mesurer le temps, comme le faisaient alors les vieilles gens de chez nous, pour jauger le nombre de minutes à laisser passer avant de frapper pour la seconde fois à une porte ; parfois, comme de beaux vers de poèmes appris eux aussi par cœur, pour se mettre mentalement en état de paix et presque en état de grâce. Cette prière qui est un poème, je l'ai récitée depuis en plusieurs langues, et en changeant souvent le nom de l'entité symbolique à laquelle elle est adressée. « Je vous salue, Kwannon pleine de grâces, qui écoutez couler les larmes des êtres. » « Je vous salue, Shechinah, bienveillance divine. » « Je vous salue, Aphrodite, délices des dieux et des hommes... » Il est beau d'espérer que sous une forme ou sous une autre, que la plupart des religions ont choisie féminine, comme Marie, ou androgyne comme Kwannon, la douceur et la compassion nous accompagneront, peut-être invisiblement à l'heure de notre mort.

Ma grand-mère faisait atteler pour la grand-messe du dimanche. J'étais seule à l'accompagner. Pendant la messe, toujours longue, la paire de beaux petits chevaux noirs était dételée et placée dans l'écurie de l'auberge voisine de l'église. Seules de nouveau, Noémi et moi occupions « le banc du Seigneur » (par lequel on n'entendait jamais le Seigneur Dieu). De là, je voyais un peu obliquement l'autel. Ignorant à peu près tout du sacrifice de la messe, ni plus ni moins du reste que les quatre cinquièmes des paroissiens, je remarquais surtout, à chaque agenouillement du curé, ses grosses semelles cloutées dépassant son surplis de dentelle. J'aimais les bouffées d'encens, mais non le geste sec du curé faisant tourner le calice pour s'assurer que tout avait été bien bu et bien rincé : il me rappelait celui des buveurs à la porte de l'estaminet. A l'Elévation, je ne manquais pas, comme tout le monde, de baisser la tête, pour ne pas m'exposer au risque de mort subite en apercevant l'hostie.

J'examinais, un peu de côté, au premier rang des chaises, les dames du village qui me semblaient toutes pareilles, avec leurs joues rouges, bien récurées pour l'occasion, sous leurs chapeaux à coques de ruban. Le curé prêchait en français ; une partie de ses ouailles le comprenait mal, et les vieilles gens fidèles au flamand pas du tout. Noémi était « la châtelaine » (le mot était rarement dit avec aménité) ; j'étais la petite fille à cheveux noirs, à robe blanche et à ceinture bleue (ma mère m'avait pour sept ans vouée à la Sainte Vierge). Environ soixante-cinq ans plus tard, lors de mon premier retour au village de mon enfance, on trouva pour me faire honneur une petite fille de cinq ans aux cheveux noirs et aux yeux bleus, qu'on enrubanna de bleu et vêtit de blanc. Elle avait la gentillesse de l'enfance, mais avoir à offrir des fleurs l'intimidait, tout comme j'en aurais été intimidée autrefois.

J'avais sept ans moins quelques semaines. C'était l'époque des premières communions précoces. J'eus des bonnes sœurs de l'Ecole Libre de Saint-Jans-Cappel quelques instructions auxquelles le bref catéchisme du curé n'ajouta pas grand-chose. On me recommanda surtout de ne pas me laver les dents le matin du grand jour ; il n'était pas question, bien entendu, de n'être pas à jeun. Mais je trouvai sur la table de chevet un quartier de pomme et le grignotai sans penser. J'eus le tort de le dire un jour au curé, qui faillit en faire une maladie. J'étais seule à communier ce matin-là. Un pâle cliché me montre une robe blanche et un voile blanc dont Barbe aimait dire que c'était un voile de mariée, ce qui me fit rire d'abord, puis pleurer, parce que je croyais qu'on se moquait de moi. Ce souvenir un peu flou rejoint celui d'un déjeuner auquel on invita quelques voisins des châteaux, et où je reçus pour la première fois, espèce de rite mondain, un demi-biscuit à la cuiller trempé de champagne.

L'année suivante (ou était-ce la même?), je garde au
contraire la cuisante mémoire d'avoir reçu du maître
d'école, sur la plate-forme de la salle des fêtes où se faisait la
distribution des prix, une couronne de lauriers en papier
doré et un gros volume cartonné rouge et or qui contenait la
vie des savants illustres. J'étais bien sûre de n'avoir jamais
mis les pieds dans aucune école, et ne souhaitais nullement
le faire, mais une vague horreur de l'imposture et de
l'injustice commençait à poindre en moi. Un enfant de six à
sept ans n'a heureusement pas de vocabulaire pour arguer
sur ces sujets, mais il arrive qu'il s'en émeuve, et peut-être
plus spontanément qu'un homme ou qu'une femme de
soixante ans.

Cette indifférence totale à certains faits, cette ardeur
passionnée dans d'autres occurrences seraient plus banales
qu'on n'imagine si l'on acceptait davantage chez l'enfant la
présence obscure d'une personnalité adulte, et d'une
conscience déjà individualisée, avant la mise au pas due aux
consignes et à l'abêtissement dû aux modes. Je lutte ici,
presque désespérément, non seulement pour n'évoquer que
des souvenirs sortis tout entiers de moi, mais encore pour
éviter toute image douceâtre de l'enfance, tantôt faussement
attendrie, agaçante comme un mal de dents, tantôt gentiment condescendante. L'enfant, d'instinct, ne communique
pas avec l'adulte ; très vite, ce que lui disent les grandes
personnes lui semble faux, ou du moins sans importance. De
très bonne heure, le Bon Dieu dont on me parlait tant ne
me semblait rien moins qu'un bon Dieu. Grâce à Barbe, qui
ne manquait pas un incident excitant de la vie du village,
j'avais entendu des vieilles femmes tousser sous leur couverture, et vu une fois, dans une boîte, un enfant tout blanc
qu'on clouait pour le cimetière. J'avais vu sur la route des
bêtes écrasées par les premières automobiles : Dieu n'avait

pas été bon pour elles; il n'était pas toujours non plus bon pour les gens, ou seulement quand il lui plaisait de l'être; je ne croyais pas non plus en ce vieil homme méfiant et barbu qui épie les enfants, les punit, ou les récompense quand ils sont sages, ou plutôt je n'y croyais un peu que comme on croit au Père Noël, parce qu'il faut faire semblant. L'énorme différence entre ceux qui prêtent foi à un créateur qui protège et châtie et ceux qui reconnaissent quelque chose qu'on peut aussi bien nommer divin en tout et en eux-mêmes se marque de bonne heure. Ce n'est sûrement pas à trente ans, mais dès sa petite enfance que le prince Siddharta vit un malade, un infirme et un cadavre, tout au plus s'en est-il peut-être tu jusqu'à trente ans. De même s'établit vite la distinction entre ceux pour qui Dieu est l'Un tout court, et ceux pour lesquels l'Un n'est qu'une manifestation comme une autre entre le Rien et le Tout. L'enfant du Mont-Noir ne différait pas tant d'une jeune Japonaise entourée de huit millions de *Kami* dont on n'a même pas à connaître les noms, ou des enfants gallo-romains sur les mêmes lieux, sensibles à la puissance anonyme des bois et des sources.

En dépit des dogmatismes secs et des inévitables œillères, il y a pourtant avantage, au moins pour l'imagination enfantine, à s'être développée au sein d'une mythologie encore vivante. Le Mont-des-Cats peuplé de trappistes était un haut lieu dont Barbe, la Grosse Madeleine et la Petite Madeleine ne faisaient l'ascension qu'avec révérence. Il y avait au bord d'une route un puits de sainte Apolline, dont l'eau guérissait les maux de dents. Je me souviens des gouttes bues dans le creux de la main, et de l'image pieuse de la martyre édentée par un bourreau romain, collée sur la joue, accompagnée d'un clou de girofle contre la gencive. Ce lieu miraculeux était en territoire belge. Le charme de l'expédition se doublait pour mes bonnes d'un peu de contrebande, et pour moi de l'aubaine de chocolats à un sou dans une épicerie située sur la route en face du puits sacré, et célèbre pour ses friandises bon marché. La procession s'égaillait le long des allées du Mont-Noir le jour de la Saint-Jean. Des anges porteurs de paniers jonchaient le sol de pétales de fleurs. J'aimais les anges et j'y croyais, ayant toujours aimé les oiseaux. J'étais, je ne sais pourquoi, déguisée en sainte Elisabeth de Hongrie, peut-être parce qu'un plâtre de cette sainte décorait l'église. Je revois le diadème de verroterie, le manteau de velours rose doublé de soie rose, sur laquelle une touffe de vraies roses était cousue, parce qu'on me croyait incapable de les tenir sans les laisser tomber. Un petit saint Jean à poitrine nue couvert d'une peau de mouton me semblait très beau ; c'est lui, je suppose, ce Monsieur Croquette, ou quelque autre des vieux du village, que je retrouve à chacune de mes rares visites à Saint-Jans-Cappel. La Noël se passant pour moi dans le Midi, la crèche toute voisine de la Villa des Palmes s'ornait de plats creux pleins de graines trempées qui devenaient bientôt des champs d'herbes folles ; j'y ai repensé depuis en lisant la description des antiques « jardins d'Adonis » qu'on faisait pieusement germer de la même manière en l'honneur du jeune amant de Vénus. Le petit Jésus de cire me semblait moins réel que mon André de celluloïd, mais le bœuf et l'âne placés à l'arrière-plan, les agneaux introduits dès la nuit de Noël avec leurs bergers, mettaient dans cette grotte fabriquée chaque hiver de papier d'emballage la bonne présence des créatures. Le spectacle s'enrichissait chaque 6 janvier par l'arrivée longuement attendue des trois chameaux caparaçonnés, plus beaux encore que leurs Rois Mages.

La Semaine Sainte était autre chose. Elle avait lieu tantôt dans le Midi, tantôt à Paris, une fois au Mont-Noir d'où mon père m'emmena à Bruges, tout proche, voir les statues et les tableaux d'église, une fois à Bruxelles durant ce qui fut, je crois, mon ultime visite à ma tante infirme, inoubliable pour moi parce que j'y vis Jeanne pour l'avant-dernière fois. Partout, mes bonnes faisaient rituellement le tour de sept églises, ou, lorsqu'il n'y en avait qu'une, comme à Saint-Jans-Cappel, rentraient et ressortaient sept fois par la même porte. Les palmes tressées du Midi, les buis du Nord, les suaires violets des statues, qui toutes, drapées, semblaient belles, l'obscurité qui se fait dans l'église le Jeudi Saint, accompagnée d'un fracas dont j'avais peine à croire qu'il provenait de chaises remuées, le silence des cloches parties pour Rome dont on fêtait le bruyant retour en plongeant la figure dans l'eau pour être beau toute l'année, étaient autant de relais sur la route de Pâques. Mais tout s'effaçait devant l'effigie, aperçue çà et là dans des églises de Flandre, du Jésus couché, raidi, tout blanc, quasi nu, tragiquement mort et seul. Qu'il s'agît d'une œuvre inégalée d'un sculpteur du Moyen Age, ou d'une bondieuserie coloriée de la place Saint-Sulpice, m'importait peu. Je crois bien que c'est devant l'une de ces images que j'ai ressenti pour la première fois le curieux mélange de la sensualité qui s'ignore, de la pitié, du sens du sacré. Quinze ans plus tard, durant une Semaine Sainte napolitaine, les baisers et les larmes d'Anna sur le Christ mort de l'église de Sainte-Anne-des-Lombards, la chaude nuit d'amour du Jeudi au Vendredi Saint allaient germer des émotions de cette enfant qui ne savait pas ce qu'était la mort, ni ce qu'était l'amour.

Le parc du Mont-Noir contenait une de ces grottes que les propriétaires de la fin du XIXe siècle se faisaient volontiers creuser, influencés par Lourdes, un peu comme leurs ancêtres s'étaient fait construire des ruines d'après Piranèse. Notre grotte, close d'une grille qu'on laissait toujours grande ouverte, était faite de cailloux cimentés et égalisés à la truelle, galets de l'antique fond marin des Monts-de-Flandre. Le sol, les murs, la voûte étaient formés de ce même cailloutis d'où suintait, par temps humide, un peu d'eau rougeâtre, ferrugineuse sans doute, comme j'en ai vu suinter sur les parois de petits mithraeums creusés par les soldats romains au nord de l'Angleterre, et souvent remblayés aussitôt que découverts par un archéologue local, si rien de précieux n'y avait été trouvé. Les troupiers de la Légion y venaient prier le dieu né du rocher. Notre grotte ne contenait qu'un autel du même matériau, et qu'ornaient tout au plus (sauf lors d'une messe annuelle) deux petits vases achetés à la foire et remplis de fleurs séchées. Un creux oblong et vide s'ouvrait en dessous pour y déposer un Jésus descendu de sa croix, mais que personne jusqu'ici ne s'était soucié d'y placer. J'annonçai gravement que j'allais quêter à l'église chaque dimanche pour y faire mettre un Christ. On me rit au nez, en me conseillant d'entreprendre plutôt une quête pour les missions en Chine. Mais les missions de Chine ne m'intéressaient pas.

Des résidus magiques se mêlaient encore çà et là à l'anticléricalisme de la Troisième République. On ne détestait pas le curé ; on lui accordait à peu près autant de considération et de confiance qu'au facteur rural. Quand les villageoises l'apercevaient sur la route, elles levaient le pied sous leurs jupes et crachaient discrètement pour se garder d'on ne sait quelle influence néfaste émanant de ce « donneur de Bon Dieu », un peu eunuque « puisqu'il se passait de femmes », un peu hermaphrodite, « puisqu'il s'habillait en femme ». La betterave en forme de tête de mort clouée à un arbre, une chandelle allumée luisant à travers ses orbites évidées, m'effrayait par les nuits d'automne, mais pour Barbe la chandelle qui s'y éteignait subitement présageait

un deuil. On parlait beaucoup de l'Antéchrist ; on en a sans
doute parlé de tout temps dans les communautés chrétiennes, mais cette obsession de la Fin semble avoir été plus
forte dans ce petit milieu qu'à d'autres époques, comme la
nôtre, où tant de raisons incitent à y songer. Quatre anges, à
en croire Barbe, annonceraient le lever du dernier matin en
sonnant de la trompette aux quatre coins de la Terre.
Comme je croyais savoir que la Terre était ronde, ces quatre
coins m'étonnaient un peu. Pour me convaincre, on me
montra une bille de bois fichée de quatre échardes en guise
d'anges. Quant à la date de cette fin du monde, on la
savait : c'était celle où tous les Juifs seraient de retour en
Palestine. Bien avant le sionisme, la Déclaration Balfour,
l'exode des rescapés des pogroms et des crématoires, ces
notions flottaient chez des villageois où l'on avait dû tout au
plus entendre raconter, en s'esclaffant, une « histoire
juive », ou répéter, en termes plus grossiers encore, une
invective de Drumont. Et en fait, même aujourd'hui, tant
s'en faut, tous les Juifs ne sont pas rentrés en Palestine, mais
l'Etat d'Israël, avec tout ce que le mot Etat contient
d'officiel et d'inflexible, existe désormais. Pour moi, bien
entendu, les Juifs étaient des gens de l'Ancien Testament, et
je n'aurais trop su où situer Jérusalem.

En ces jours d'avant la flambée de 1914, le patriotisme au
village semblait symbolisé par les lampions du 14 Juillet.
Michel appréciait la fête populaire, il aurait préféré, comme
fête nationale, autre chose que l'anniversaire d'une parade
de têtes coupées avec du foin dans les mâchoires. 1870 était
loin. Ce canton du Nord n'avait jamais connu l'équivalent
du « dormeur du val » étendu sanglant sur l'herbe dans un
sonnet de Rimbaud. L'Alsace-Lorraine aussi était loin. Les
Boches n'existant pas encore, le groupe ridiculisé, sinon
détesté, dont a besoin tout chauvinisme, était les Belches

(appelés ainsi à cause de leur accent). Les petits Belches (dont la plupart étaient de haute taille) se moquaient en retour des Fransquillons. J'étais d'adhérence française, peu m'importait que ma mère, fort rarement mentionnée, eût été Belge, puisqu'elle ignorait le flamand, et que son bon français, loué par Michel, et sa préférence pour la langue allemande la mettaient de toute façon hors de cause. Les jours de tirage au sort en Belgique, les Français passaient la frontière, laquelle par endroits côtoyait le Mont-Noir, et se régalaient du spectacle des villages belges égayés par les vivats des gaillards ayant tiré un bon numéro, marchant bras dessus bras dessous et balayant les rues de leurs zigzags, suivis des malchanceux, qui, eux, buvaient pour se consoler. Les gars favorisés du sort braillaient leur refrain rituel, dont le premier vers ne manquait pas d'un certain archaïsme, que ne reconnaissait personne, et dont le second s'embellissait d'une tournure flamande :

Soudâs ! Soudâs ! Soudâs ! (*soudards*)
Ça n'est pas Popol qui nous aura soldats !

Ce n'était pas en effet Léopold II, roi fort respecté de la banque internationale pour ses entreprises congolaises, que ces garçons allaient servir, mais combien pourriraient d'ici deux ou trois ans dans les boues de l'Yser, pions d'un roi résigné qui souhaitait la paix, que les autres hauts commandements ne souhaitaient pas. L'été dont je parle, nos voisins n'étaient pas encore « nos héroïques alliés belges ».

On commence à voir que « la petite fille riche », « la petite fille du château », selon des clichés qui courent encore, était moins isolée « du peuple », ce beau mot qui, comme tant de mots de la langue française, s'est dégradé, que ne l'était ou ne l'est de nos jours une fillette dans un appartement dit bourgeois du XVIe arrondissement. Le centre du Mont-Noir, ce médiocre bâtiment disparu dont je

retrouve en pensée chaque chambre, n'était ni le salon orné
d'une peinture du *Vice et de la Vertu,* d'après Luini, rapportée
d'Italie par mon grand-père, mais que je n'entrevoyais que
les jours où Noémi invitait, c'est à dire guère, ni le petit
salon ovale qui avait jadis servi de théâtre d'amateurs, ni le
billard, qui était laid, ni les deux pièces encombrées de
crucifix et de pendules où ma grand-mère vérifiait ses
comptes (que n'ai-je hérité de cette faculté !), ni la chambre
à six fenêtres de ma tourelle, avec son poêle d'émail
illustrant les *Fables* de La Fontaine, et que je n'aimais pas,
non plus que ces *Fables,* parce que les animaux me
semblaient trop pareils à des hommes, ni l'eau-forte post-
romantique, placée dans un corridor accédant à ma chambre, où l'on voyait des gens songeurs ou bouleversés
écoutant un musicien, et devant laquelle j'ai fait rêver plus
tard Alexis. Ce centre situé plus bas, entre la glaciale laiterie
et la cuisine aux casseroles et aux bassinoires de cuivre,
c'était la Salle des Gens, autre beau mot que nous avons
galvaudé comme celui de domestiques. Et pourtant, tous
deux évoquent la *Gens,* le groupe solide de la famille
romaine, et les habitants de la *Domus* que presque chacun de
nous ne possède plus. Chaque habitué de cette Salle des
Gens était un individu dont deux ou trois volumes n'épuise-
raient pas l'histoire, une ossature, une musculature, un sexe,
un cerveau qui fonctionnait plus ou moins bien, mais qui
était. Vers midi, on me lavait solennellement les mains. La
douairière descendait de son pas mou, mais toujours rapide,
et s'installait dans la salle à manger à la grande table ronde.
Je me plaçais en face d'elle, séparée de la sarcastique vieille
dame par la circonférence de la nappe damassée, et par un
espace de plus de soixante-dix ans dont ni elle ni moi
n'avions conscience. Sur les murs, des tableaux placés cadre
à cadre, comme dans les intérieurs des amateurs d'art

d'autrefois, représentaient tous à peu près la même chose, un homme ou une femme en costume ancien, jeune ou vieux, laid ou beau. Plusieurs de ces hommes avaient une main, parfois les deux, dans la poche, parce qu'il paraît que le peintre ainsi demandait moins d'argent. La plupart étaient l'œuvre de bons artistes locaux, sans gloire (les quelques peintures célèbres avaient de longue date émigré dans des musées) ; d'autres n'étaient guère que des croûtes, en particulier ceux de mes deux grands-pères paternels, que je ne pouvais imaginer raides et pompeux à ce point-là. J'étais d'une maladresse indescriptible ; les haricots verts piqués sur ma fourchette formaient autour de mon assiette de petits bocages ; la crème au chocolat coulait sur ma robe blanche. Cette crème, si nous étions sans drame arrivées jusqu'au dessert, produisait l'effet voulu : « Emmenez cette enfant ! » Avec un contentement discret, Joseph au gilet rayé s'engageait avec moi dans l'escalier en colimaçon qui menait à la Salle des Gens.

Tout y était spontané comme la vie elle-même. On se gorgeait des plats d'en haut à peu près intacts. La facture du boucher aurait couvert les achats d'un grand restaurant : les bas morceaux allaient aux chiens. On m'asseyait triomphalement sur une pile de vieux dictionnaires. Les grosses assiettes de porcelaine bleue et blanche et les bols assortis, pleins de soupe ou de café au lait, tenaient en équilibre sur un côté d'énormes tartines beurrées, avec le rond des dents parfois marqué dans la mie, et qui peu à peu et horriblement s'imprégnaient des breuvages et des sauces. Le coude sur la partie déblayée de la toile cirée, la Grosse Madeleine copiait au crayon des bouts de chansons nouvellement apprises, qui étaient sans doute de vieilles rengaines partout ailleurs. Le cocher Alcide, qui était vieux mais passait encore pour plaire aux femmes, tentait sa chance auprès de la sclérotique

Petite Madeleine; César, le jeune et beau chauffeur, ne cachait pas le goût qu'il avait pour Barbe. Joseph fumait les cigarettes russes du patron en parcourant ses vieux journaux. Hortense la cuisinière, une face blonde, passant la tête par la porte entrebâillée, renforçait d'un ton criard et faux les refrains égrillards ou scatologiques des autres femmes, les bribes de vers patriotiques ou de cantiques pieux. C'était tout un pour moi : il me semblait seulement que ces personnes ne savaient pas chanter.

> *... Je l'ai jetée sur un lit qui balance...*
> *... J' lui ai donné deux ou trois coups de lance...*
> *... J' suis la fille du caca, j' suis la fille du pipi,*
> *J' suis la fille du capitaine...*
> *... Sadi Carnot, le Président de France...*
> *... Nous voulons Dieu dans nos familles...*

Tous disaient très haut du mal de Noémi, sachant qu'assise comme toujours après les repas au dessus d'une bouche de chaleur, près du buffet, elle ne perdrait rien de ces moqueries, non plus que des injures décochées contre Mélanie, son espionne. Mais un bruit flasque, mou, et pourtant nettement perceptible, continuait à travers tout cela. C'était, dans la laiterie, le chuintement du gros bâton de bois enfoncé dans le trou d'une barrique, où peu à peu le gras liquide se transformait en beurre, que la petite Marie, qui toussait un peu, plongeant de temps à autre dans la baratte ses mains toujours tièdes, allait prendre pour en exprimer jusqu'à la dernière goutte le petit lait aigre et bleuâtre, et en faire un beau pain jaune qu'on envelopperait de feuilles. Le surplus, gorgé de sel, irait remplir de grands pots de grès pour les cuissons futures. Le bruit de succion et de décollement continuait jusqu'à la nuit tombée, quand la petite Marie, emmitouflée dans son châle noir, reprenait la route du village. Je me demande si Michel, plongé là-haut dans un livre, l'entendait aussi. Un peu répugnant, un peu rassurant, c'était — mais je n'aurais pu alors l'exprimer ainsi — le bruit même du brassage des choses.

Il y avait longtemps que Barbe avait enlevé, pour ne plus le remettre, son uniforme bleu marine de nurse anglaise, que Michel lui avait fait prendre un peu par amour de l'Angleterre. Elle s'habillait bien, à mi-chemin entre la femme de chambre de bonne maison un jour de congé et la femme du monde désireuse de passer inaperçue. Je l'aimais beaucoup. Elle m'avait, disait-on, donné mon premier bain ; en tout cas, elle continuait chaque jour à me laver, à m'essuyer, à me poudrer de talc, à me passer mes robes, à m'emmener à la promenade, quand nous étions en ville, dans mes très jeunes années, en me tenant à la laisse comme un petit chien, grâce à une courroie passée à mon bras. Ces promenades au bon air se changeaient d'ailleurs souvent en visites aux grands magasins, aux portes desquels Barbe rencontrait toujours comme par hasard des messieurs de sa connaissance, la matinée s'achevait dans une pâtisserie. Durant ma toute petite enfance, elle avait eu pour moi cette passion inconsciemment sensuelle que tant de femmes éprouvent pour de très jeunes enfants. Vers deux ou trois ans, je me souviens d'avoir été soulevée de mon petit lit-cage, et mon corps tout entier couvert de chauds baisers qui en dessinaient les contours à moi-même inconnus, me donnant pour ainsi dire une forme. Je crois en la sexualité innée de l'enfance, mais ces sensations toutes tactiles étaient encore dépourvues d'érotisme : mes sens n'avaient poussé ni bourgeons ni feuilles. Plus tard, ces élans cessèrent, mais les

baisers affectueux n'étaient pas rares; c'était à peu près les
seuls que je reçusse, sauf de Jeanne, qui n'était pas souvent
là, et sauf le baiser très aimant, mais aussi assez routinier du
père français qu'était Michel, se penchant sur la petite fille
pour l'embrassade du soir. Barbe n'étant pas sans charme, il
se peut qu'il y ait eu entre elle et Michel quelques contacts
charnels durant les premiers temps de solitude qui suivirent
le veuvage, malgré le dédain de celui-ci pour les amours
subalternes. En tout cas, elle était trop sensée pour rêver au
rôle de maîtresse. Mais son goût des hommes et le désir
d'ajouter quelque peu à son salaire pourtant abondant lui
inspirèrent de fréquenter les maisons de passe dans la
Principauté, l'hiver, lors du passage saisonnier à Paris,
parfois à Bruxelles. C'était l'époque où les salles de cinéma
se multipliaient. Tandis qu'on nous suppose en promenade
par un bel après-midi, Barbe s'installe à mon côté sur l'un
des sièges du parterre, mais me quitte dès que l'obscurité se
fait en me recommandant de me tenir bien tranquille : elle
viendra me rechercher avant la sortie. L'enfant est sans
crainte. Un piano un peu éraillé déverse sur elle des notes
qui semblent toujours les mêmes; on distingue seulement
celles qui vont très vite, parce qu'un cheval galope; les
accords solennels, qui annoncent que quelque chose de
triste va se passer, et les notes très douces, parce qu'elles
accompagnent sur l'écran un effet de clair de lune. Je
somnolais, distinguant seulement de temps à autre le visage
tout blanc de Mademoiselle Robine, l'actrice à la mode,
s'asphyxiant avec des bouquets de fleurs empilés sur son lit,
ou celui de Madame Sarah Bernhardt en costume élisa-
béthain, et qui m'effraie si fort qu'il faut laisser la veilleuse
allumée dans ma chambre pendant toute la nuit. Mais
Barbe revenait toujours à l'heure dite. Au retour, elle me
détaillait ce qu'il faudrait faire pour expliquer l'emploi de

mon temps à mon père, s'il s'avisait de le demander. Parfois,
me sentant m'embrouiller, je levais les yeux sur Barbe pour
être sûre que je ne la contredisais pas. Ces regards
interrogateurs et timides firent soupçonner à Michel un
quelconque mensonge. Il supposa, ce qui était faux, que
Barbe me maltraitait, me menaçait tout au moins, pour
m'obliger à lui cacher la vérité. En fait, j'ai gardé plus ou
moins toute ma vie l'habitude, en des moments d'hésitation,
d'interroger du regard mes compagnons pour être sûre de
leur accord. Ce coup d'œil de confiance un peu apeuré
n'allait pas plus loin.

Mais l'astuce du cinéma n'était pas sûre. L'ouvreuse
(mais sans doute Barbe était-elle de mèche avec elle), ou
plutôt quelque compatissante spectatrice aurait pu s'atten-
drir sur cette petite laissée seule, sans même faire intervenir
ce personnage moderne de roman noir, le pervers séducteur
d'enfants. Elle prit le moyen plus simple de m'emmener
avec elle dans la maison de femmes. On m'installait au
salon. J'y étais fort bien. Ces gros messieurs avec des
chaînes de montre garnies de breloques, ces dames au
peignoir souvent entrouvert ne me semblaient pas très
différents (en dépit des costumes féminins plus légers) des
grandes personnes de la Salle des Gens. On eût dit que ces
Messieurs Dames s'attendrissaient à retrouver en moi un
symbole de l'innocence enfantine. Un jour, même, on me
mit sur la table en me demandant de chanter ou de réciter
quelque chose. Je ne savais pas chanter, mais je savais par
cœur des bouts de poèmes que Michel avait commencé à
copier pour moi dans un gros cahier. *Comme quelqu'un qui
marche en tenant une lampe... Lorsque le pélican lassé d'un long
voyage... Si pur qu'un soupir monte à Dieu plus librement qu'en aucun
lieu...* Mes auditeurs n'avaient sans doute jamais rien
entendu de pareil, mais il est probable qu'ils ne compre-

naient pas mes marmonnements. Barbe reparaissait, cha-
peautée et gantée, et m'emmenait avec un salut à la
compagnie. Ces visites ne se reproduisirent, je crois, que
deux ou trois fois, mais les délateurs ne manquent jamais, ni
surtout les délatrices.

Michel reçut la lettre anonyme au Mont-Noir. L'endroit
avait changé depuis le décès de Noémi. Michel y recevait
cette semaine-là sa maîtresse du moment, cette Liane que
nous avons déjà vue jouer le rôle d'intérim, mon demi-frère
qui se proposait de se marier, union que Michel ne
désapprouvait pas, parce qu'il pensait être ainsi débarrassé
définitivement de cet importun, la fiancée un peu lourde
accompagnée de sa mère un peu folâtre, et quelques autres
personnes dont je ne savais rien. Tout ce monde opina qu'il
fallait se défaire de Barbe. Michel n'avait pas pris au
tragique la visite au bordel : ce n'étaient pourtant pas des
habitudes qu'on pût encourager chez une bonne d'enfants.
Il laissa ses invités monter leur petit complot, peut-être par
une lâcheté qui n'était pas incompatible chez cet homme de
cœur avec le courage, peut-être par ce curieux fond
d'indifférence que j'ai discuté ailleurs. On m'annonça que
nous partions le lendemain de bonne heure pour une grande
excursion. On s'empila dans deux voitures. Je m'étonnais
un peu que Barbe ne fût pas avec nous, mais on me répondit
qu'elle nous rejoindrait bientôt.

Je ne me souviens pas comment se passa cette journée.
On rentra vers le soir. Dès la porte d'entrée, j'appelai Barbe,
je m'élançai dans l'escalier de la tourelle ; son lit, près du
mien, était fait ; je ne voyais nulle part ses affaires. Je
courus, retraçant mes pas, me cognant la tête dans le couloir
coudé orné de sa sombre eau-forte ; je finis par entrer dans
l'appartement de Noémi où Michel venait de s'établir. Il me
prit la main et m'expliqua que Barbe avait été rappelée dans

sa famille, entre Hasselt et Maestricht, peut-être pour des mois. Il me dit aussi de ne pas pleurer si haut. Les jours qui suivirent, j'envoyai à Barbe des cartes postales sans orthographe lui demandant de revenir. Elle répondit au bout d'un long intervalle par une petite lettre affectueuse m'annonçant son mariage avec un fermier d'Hasselt.

J'avais pris l'habitude de son absence, mais un poids énorme pesait sur moi : on m'avait menti. Je ne fis désormais plus entièrement confiance à personne, pas même à Michel. Celui-ci m'apprit beaucoup plus tard qu'il avait craint, grande comme je l'étais devenue, que je ne prisse le style prétentieusement sans façon que Barbe avait peu à peu adopté, et imitasse son timbre de voix, qui parfois s'encanaillait. Plus tard encore, il m'avoua que Barbe et César étant devenus amants, il avait craint que des scènes érotiques se passassent sous mes yeux dans la tourelle. Un peu de jalousie à l'égard de ce beau garçon avantageux perçait peut-être dans ces préoccupations-là. En fait, les soirs dans la tourelle avec Barbe m'ont laissé une impression de solennité sans rapport avec son comportement ou sa physionomie dans le reste de la vie. Elle sortait nue du cabinet de toilette où elle avait pris son tub, traversait la grande chambre un bougeoir à la main, accompagnée par son ombre, géante sur le mur blanc, et allait s'asseoir devant le poêle. Elle s'asseyait pour essuyer et poncer ses pieds. Les pieds aux ongles se chevauchant, un durillon ici, un cor par là, n'étaient pas beaux. Mais l'ombre nette et noire, aux grands seins, au ventre un peu tombant, était majestueusement belle.

Le vieux Trier mourut peu avant le départ de Barbe. Il avait une douzaine d'années, âge honorable, mais non nécessairement final pour un chien bien traité. Mais avait-il été bien traité ? Après les trois années de gloire passées à

errer avec Fernande et Michel à travers l'Europe, il était
devenu mon chien; c'est à dire qu'il gardait jalousement
mon berceau d'enfant, trottinait derrière moi dans les allées
du Mont-Noir, désapprouvait bruyamment à Monte-Carlo
les trop abondantes volées de pigeons, et à Paris les canards
du Bois de Boulogne, se risquait avec moi dans les flaques
d'eau de mer. Je ne parviens pas à me souvenir s'il m'avait
accompagnée à Scheveningue; était-il mal reçu par les
chiens de Clément et d'Axel, ou au contraire fraternisaient-
ils? Mais, au Mont-Noir, Noémi lui avait interdit la maison,
de peur que ses pieds tors salissent le parquet; il se faisait
vieux; au bout de quelques années, on se contenta de
m'amener chaque matin à l'écurie, où il couchait avec
Alcide; je lui apportais des friandises; je passais avec lui
quelque temps qui semblait toujours trop long aux bonnes;
après quelques caresses, on m'emmenait : on a déjà vu que
j'étais docile. Les derniers temps furent particulièrement
pénibles : comme tant de bassets allemands sélectionnés par
les éleveurs pour la ligne presque grotesquement étirée,
Trier souffrait de douleurs dorsales. Il dut renoncer à gravir
des marches; peu importait puisqu'il dormait en bas dans la
paille. C'est à peine s'il pouvait se traîner vers moi hors de
l'écurie, geignant et jappant de joie tour à tour; son arrière-
train paralysé s'écorchait sur les pavés de la cour, laissant
derrière lui des traces de sang. Sa joie de me voir était
bouleversante : l'amour de l'animal pour l'être qui souvent
lui donne si peu et qui est son soleil humain. Plus âgée,
j'aurais supplié qu'on le laissât près de moi jour et nuit;
j'aurais tâché de lui dispenser un peu de cette douceur que
procurent aux hommes et aux chiens mourants la présence
de ce qu'ils aiment. Mais l'enfance est lâche. Je ne fus même
pas réveillée, un matin, par le coup de fusil dans l'oreille tiré
par Alcide : ce moyen d'en finir avec la trop longue agonie

d'un animal familier était le plus courant avant nos piqûres d'aujourd'hui : « *Ma chère Tante, j'écris pour dire que je suis bien triste, parce que mon pauvre Trier est mort.* » Ainsi commence le seul message à ma tante infirme que le hasard m'ait rendu. C'est en somme ma première composition littéraire ; j'aurais pu aussi bien m'en tenir là.

Ayant ainsi déversé des souvenirs plus ou moins disparates, je voudrais consigner ici celui d'un miracle banal, progressif, dont on ne se rend compte qu'après qu'il a eu lieu : la découverte de la lecture. Le jour où les quelque vingt-six signes de l'alphabet ont cessé d'être des traits incompréhensibles, pas même beaux, alignés sur fond blanc, arbitrairement groupés, et dont chacun désormais constitue une porte d'entrée, donne sur d'autres siècles, d'autres pays, des multitudes d'êtres plus nombreux que nous n'en rencontrerons jamais dans la vie, parfois une idée qui changera les nôtres, une notion qui nous rendra un peu meilleurs, ou du moins un peu moins ignorants qu'hier. Je n'eus jamais de livres d'enfants. Les tomes roses et dorés de Madame de Ségur me semblaient pleins de sottise et même de bassesse : des histoires racontées par un adulte qui calomniait et abêtissait les enfants. Jules Verne m'ennuyait ; il ne plaisait peut-être qu'aux petits garçons. *Blanche-Neige, La Belle au Bois Dormant, La Petite Marchande d'allumettes* m'enchantaient, mais je les savais par cœur avant d'avoir appris à lire. Je ne les séparais pas d'une ferme voix d'homme, ou d'une voix grave et douce de jeune femme. Je connus bientôt grâce à mon père de nombreux « classiques » ; j'allais effleurer toute la littérature française et une partie au moins de la littérature anglaise entre sept et dix-huit ans. J'allais apprendre aussi assez de latin et de grec pour remonter plus haut. Les sceptiques diront que les lectures précoces sont

inutiles, puisque l'enfant lit sans comprendre, au moins
durant ses premières années ; j'atteste au contraire qu'il
comprend certaines choses, sait vaguement qu'il en
comprendra d'autres plus tard, et que les instructions reçues
de la sorte sont indélébiles.

Mais, par une chance obscure, le premier volume pour
grandes personnes, récemment acheté chez un libraire par
Michel, que toutes les nouveautés tentaient, se trouvait être
un roman idéaliste et chrétien d'une Madame Reynes-
Montlaur (si j'ai bien retenu ce nom) et dont j'ignore si elle
était catholique ou protestante. Cette romancière racontait
l'histoire de disciples de Jésus réfugiés en Egypte vers le
milieu du 1er siècle. L'ouvrage, à ce qu'il me semble (il
s'appelait *Après la neuvième heure*), est aujourd'hui oublié. Je
le trouvai sur la table de chevet de Michel au Mont-Noir, le
matin d'un départ d'automne. Les bonnes qui emballaient
leurs effets et les miens ne supportant pas ma présence trop
remuante m'avaient envoyée chez mon père. Michel faisait
ses valises. Le temps d'octobre étant froid, il me conseilla de
me glisser dans son lit à courtines, sous l'édredon vert. Je
pris le volume et l'ouvris au hasard : la plupart des propos
et des descriptions étaient trop difficiles pour moi, mais je
tombai sur quelques lignes où des personnages, assis au
bord du Nil (savais-je où situer le Nil sur la carte ?),
regardaient une barque à voile pourpre (savais-je ce qu'était
la couleur pourpre ?) avancer, poussée par le vent, vue au
coucher du soleil sur le fond vert des palmeraies et le fond
roux du désert. Je sentais que le soleil couchant avivait ce
paysage ; les personnages, dont peu m'importe le nom,
regardaient « la barque passer ». Un sentiment d'émerveillement m'envahit, si fort que je refermai le livre. La barque
a continué à remonter le fleuve, consciemment ou incons-

ciemment, dans ma mémoire pendant quarante ans ; le soleil rouge à descendre à travers la palmeraie ou sur la falaise, le Nil à couler vers le nord. J'allais un jour voir sur ce pont pleurer un homme à cheveux gris.

LES MIETTES DE L'AMOUR

La rupture avec Jeanne n'avait pas dégoûté Michel de Paris. Il faisait encore de temps à autre de courts séjours d'hiver dans le Midi, durant lesquels je ne l'accompagnais pas ; juste ce qu'il fallait pour essayer d'un nouveau « système » qui cassait sous lui. Mais le virus du jeu n'habite pas que Monte-Carlo. Les agents de change, les cours de la Bourse, le mystère des comptes à découvert et des taux d'escompte sont pour lui parmi les attraits d'un Paris où, rêvant de réparer les brèches de sa fortune, plus visibles depuis la mort de Noémi, il s'imagine « s'occuper d'affaires ». Il se peut aussi, mais c'est une de ces suppositions en profondeur que l'intéressé lui-même n'a jamais faites, qu'aimant toujours Jeanne, comme d'autres indices le prouveront, il trouve doux de n'être pas trop loin d'elle, et de pouvoir, s'il le veut, pousser la grille dorée qui sépare du boulevard Malesherbes quelques maisons de la rue Cernuschi. Mais c'est un geste qu'il ne fera pas.

Il avait loué avenue d'Antin, dont les caprices de l'histoire ont fait ensuite l'avenue Emmanuel-III, puis l'avenue Franklin-Roosevelt, un spacieux appartement au premier étage d'une demeure aujourd'hui détruite. Notre corps de logis, auquel on accédait par un passage voûté,

donnait sur une première cour au parterre de buis taillé très
ras en forme de fleurs de lys, ce qui peut-être exprimait les
opinions politiques du propriétaire. Quatre chambres en
enfilade prenaient vue sur ce tapis végétal insensible aux
variations des saisons; cinq autres moins soigneusement
lambrissées donnaient sur une seconde cour bordée de
remises qui peu à peu se changeaient en garages. Par mépris
des aménités habituelles, Michel avait choisi la pièce
principale, évidemment destinée au rôle de salon, pour y
installer son grand lit à baldaquin, son bureau, deux
fauteuils de cuir devant la cheminée, et quelques centaines
de livres.

Ma chambre, trois fenêtres plus loin, donnait sur la même
cour. Au bel étage qui faisait face au nôtre, un deuil s'était
produit l'avant-veille de notre arrivée. Debout dans l'em-
brasure avec les deux bonnes, j'avais écouté, apeurée, le
bruit du marteau enfonçant des clous dans le cercueil du
père de famille. « Il paraît que c'était un gros et bel
homme », dit la cuisinière. Qu'il fût un gros et bel homme
rendait les circonstances plus affreuses : il était horrible
d'imaginer ce monsieur tassé dans une boîte. Tenue éveillée
tard dans la nuit par les sanglots, ou plutôt les hurlements
d'un jeune garçon de treize ans, le fils, que je n'eus jamais
l'occasion d'apercevoir, la famille ayant déménagé peu
après. D'abord, seule dans le noir, je sanglotai moi aussi.
Puis, brusquement, un fou rire me prit auquel la honte mit
fin. Etais-je sans cœur? La réaction me surprend encore
aujourd'hui.

C'en était fait pour moi du Paris un peu provincial de
l'Hôtel des Palais, des promenades au Cours la Reine et à
l'avenue Gabriel, des quelques goûters chez Jeanne avec
Clément et Axel, suivis d'un jeu de jonchets où nous
retenions notre souffle pour ne pas faire bouger les fragiles

tiges d'ivoire, ou de l'innocent Jeu de l'Oie. (Et, durant la
dernière visite, nous avions, en retenant également notre
souffle, vu des corolles danser sur l'eau d'un bassin d'argent.) J'avais maintenant ma gouvernante, roide et sèche
Bretonne, qui tirait gloire d'avoir commencé sa carrière en
apprenant à lire aux enfants du maréchal Mac Mahon, tout
en souffrant d'avoir ainsi à s'avouer septuagénaire. Ensuite,
vingt ans durant, elle avait été demoiselle de compagnie
d'une jeune vicomtesse, également bretonne, atteinte d'une
maladie de la moelle épinière, et conçu pour le frère de sa
maîtresse une passion silencieuse et chaste, qui lui avait été
rendue exactement dans les mêmes termes. Il lui arrivait
parfois, dans les pâtisseries où elle m'emmenait goûter, et où
elle se commandait, pour se réconforter, une coupe de
champagne, de faire à la petite fille qu'elle avait en face
d'elle de discrètes allusions à ses amours passées, en
chiffonnant le mouchoir dont elle s'essuyait les yeux. Peines
perdues. Pas plus que je ne comprenais que ce vieux corps
roidi par l'arthrite souffrît de se mettre au pas de ma
vivacité enfantine, je n'imaginais qu'un cœur de jeune fille
romanesque pût l'avoir habité jadis.

Elle ne m'apprenait rien, sauf le calcul, qu'elle enseignait
mal, et que je dus réapprendre plus tard. Michel s'était
réservé la grammaire, qu'il tenait à ce que je n'apprisse que
par l'usage, l'anglais qui alternait avec le français, et
l'enrichissement sans fin des lectures. Nous lisions chaque
soir, quand il ne sortait pas, Racine, Saint-Simon, Chateau-
briand, Flaubert passaient par sa voix. L'Anatole France de
Les Dieux ont soif et le Loti du *Pèlerin d'Angkhor* entrecou-
paient Shakespeare. Parfois, un passage hardi le faisait
hésiter ; il le sautait plus ou moins, ce qui importait peu,
puisqu'il me donnait ensuite le livre à finir. Il avait ordonné
à l'antique Mademoiselle de me montrer dans Paris les sites

et les monuments célèbres. La Sainte-Chapelle et le Musée
de Cluny, avec ses frigides thermes romains, à l'entrée
desquels ma gouvernante m'attendait emmitouflée dans son
tricot violet, la Fontaine des Innocents et la Chapelle
Expiatoire devinrent des buts de promenade, sans oublier le
tombeau de l'Empereur aux Invalides, sacré pour Mademoiselle dont l'aïeul royaliste avait combattu dans la
Grande Armée. Deux fois par semaine elle était chargée de
me mener au Louvre, dont je ne me lassais pas. De la
neuvième à la onzième année, quelque chose d'à la fois
abstrait et divinement charnel déteignit sur moi : le goût de
la couleur et des formes, la nudité grecque, le plaisir et la
gloire de vivre. Les grands arbres de Poussin et les bocages
de Claude Lorrain prenaient racine en moi ; le doigt levé du
saint Jean et du Bacchus de Vinci au seuil de leurs cavernes
me désignaient je ne sais quelle lueur vers laquelle j'allais
sans le savoir ; j'aimais une petite tête détachée de la frise du
Parthénon à tel point que j'aurais voulu l'embrasser.

Je vis, bien entendu, certains acteurs alors célèbres dans
quelques grandes pièces et dans quelques pièces à la mode.
Je ne me souviens pas de Sarah Bernhardt dans *l'Aiglon*,
mais je revois Réjane. *Chantecler* me parut ridicule. Je
retrouve, intact comme une statue sortie de terre, Mounet-
Sully dans *Polyeucte*, et surtout, véritablement aveugle, guidé
par deux enfants, le même en roi Duncan parlant de l'air
pur où volent les hirondelles et saluant sans les voir ceux qui
seront ses assassins. Paris vu de la sorte met l'enfant de
plain-pied avec des siècles fondus les uns dans les autres : la
place de la Concorde est contemporaine à la fois de
Ramsès II et de la Révolution. Il mène aussi, grâce aux
églises de confessions différentes, à d'autres pays que je
verrai peut-être un jour, où les gens prient et chantent
autrement, Saint-Julien-le-Pauvre et sa liturgie syriaque,

l'église grecque et l'église roumaine orthodoxes, les crécelles de l'église arménienne, ses rangées de cierges reliés par une traînée de poudre qui s'enflamment tous ensemble durant le service de Pâques. (« Si l'on pouvait en faire autant des êtres », murmure pensivement Michel.) L'église russe de la rue Daru, surtout, où Jeanne et Egon, protestants épris du chant en slavon d'église, ont autrefois conduit Michel. Tout comme à Monte-Carlo, mon père m'avait montré, sans trop insister d'ailleurs sur les causes de sa célébrité, la belle Otero, lisse et rose comme un gros gâteau glacé, il m'indiquait ici, sans prendre la peine de trop les expliquer, quelques pantins de l'histoire. L'ambassadeur Iswolski en jaquette, gants jonquille à la main, saluant du haut-de-forme le vieux roi de Monténégro en bonnet de fourrure, assis dans sa nouvelle limousine, les deux princesses monténégrines, qui allaient bientôt s'avérer de redoutables tisseuses d'intrigues, la grande-duchesse de Mecklembourg Schwerin, belle-mère du Kronprinz, devant laquelle fléchissent à demi le genou des dames chargées de diamants et de turquoises, les doigts des gants fendus dans toute leur hauteur, pour laisser place aux énormes pierres de leurs bagues. Au retour d'un long séjour en Angleterre en 1915, je retrouverai, tremblant au vent, quelques uns de ces fantômes.

Un jour, à quelques pas de lui dans la foule mobile, Michel reconnaît Egon. Les deux hommes se saluent d'un signe de tête un peu contraint. Michel, sans l'admettre, chérissait trop Jeanne pour ne pas éprouver pour Egon une sorte d'amère amitié. Atteint ou non par un scandale, il diffère à peine du jeune homme à qui Michel a longuement parlé sur la route de Scheveningue.

— Vous venez ici souvent ?

— Cette musique est le contraire de celle que j'aimerais
écrire, et pourtant me comble. Cette vague de voix...

La puissante basse du chantre en ce moment déferle sur
eux.

— Madame de Reval va bien ?

— Jeanne est comme toujours.

Ils furent séparés par l'une des files de fidèles s'avançant
pour allumer des cierges devant leurs icônes favorites.
Michel descendit les marches de l'église, me tenant par la
main de peur de me perdre dans la foule. Il s'en veut de
cette espèce de reprise de contact. Il se souvient qu'en
Hollande déjà Egon l'a accusé d'hypocrisie pour n'avoir pas
osé nommer devant lui Jeanne par son prénom. Au bas des
marches, nous trouvons le beau-frère de Michel, le comte de
Pas, qui avait accepté de faire en sa compagnie la promenade de la rue Daru à l'avenue d'Antin, où il déjeunerait
chez nous (ces bonnes relations cesseront vite). Mais le
comte se serait plutôt laissé foudroyer que d'entrer dans une
église schismatique.

Michel reconnaît ses torts. Il admet à part soi qu'après le
premier moment de répulsion et d'angoisse, le scandale
romain a suscité en lui un grossier élan d'espérance ; sûr que
Jeanne rejetterait un mari déconsidéré, alors que tout dans
le comportement de la jeune femme jusque là aurait dû lui
prouver le contraire, il s'est forgé d'avance une félicité
égoïste faite de son malheur à elle. Il n'effacera jamais l'effet
des propos ignobles qu'il a tenus ce jour-là. (C'est ce qu'il
appelle s'être conduit en imbécile.) Mais se savoir jugé par
elle produit en retour un nouvel accès de haine contre cette
Jeanne qui a trop vite et trop fermement dit non. Eût-elle
hésité au moins un moment... Peut-être s'il avait su que,
dans l'allée du comte Fede, victime d'une sorte de mirage,
l'avant-veille même du désastre, elle l'a cherché comme si

elle attendait de lui un secours. Mais il mourra sans le
savoir. Quand une poupée venant de Rome arriva par la
poste, il ne s'attendrit pas qu'elle ait consacré un moment de
ses journées romaines à choisir un jouet pour l'enfant de
Fernande. Il m'intime péremptoirement de donner cette
poupée à la fille du portier. Il est désormais trop las pour
l'amour fou, qui est pourtant, il le sent bien, le seul amour
sage. Tant pis : il y a d'autres femmes. Il laisse plus que
jamais le hasard choisir. Tout se passe comme s'il avait
échangé la pièce d'or inaltérable contre une poignée de
brillantes paillettes.

Le tracé d'une vie humaine est aussi complexe que
l'image d'une galaxie. A y regarder de très près, on
s'apercevrait que ces groupes d'événements, ces rencontres,
perçus d'abord sans rapport les uns avec les autres, sont
reliés entre eux par des lignes si ténues que l'œil a du mal à
les suivre, et qui tantôt cessent, semble-t-il, de mener nulle
part, et tantôt se prolongent au delà de la page. Il en est de
même des lieux. Taches noires, points fixes sur lesquels on
retombe sans l'avoir voulu, même si l'endroit n'a rien pour
nous plaire. Ostende est pour Michel un de ces lieux mi-
maudits, mais pourtant prédestinés, qu'on retrouve malgré
soi à chaque tournant de la vie. C'est là que tout enfant il a
été tendrement complice d'une des rares escapades amoureuses de son père ; c'est là qu'à quinze ans il a couché avec
sa première putain. Ses deux désertions et ses années d'exil
en Angleterre en feront le port d'où il pourra sans trop de
risques passer à Lille pour revoir brièvement les siens. C'est
dans telle villa isolée alors dans les dunes qu'il a demandé à
une vieille dame inconnue la permission pour Berthe prise
de vertige de s'asseoir un moment dans un fauteuil de rotin ;
c'est cette même douairière bienveillante qui plus tard a été
témoin du drame sordide qu'il n'a jamais confié à personne,

sauf à Fernande, et que Jeanne elle-même a peut-être
ignoré, mais qui semble souvent tout près de remonter à la
surface, comme l'épave d'une barque submergée. C'est là
que la bienveillante douairière a invité Michel pour une
semaine de Pâques, dans l'espoir de le consoler de son deuil.
Il y a rencontré Fernande, qui à son tour l'a mené vers
Jeanne.

Cette fois, l'aimable vieille dame n'est plus là ; la maison a
été achetée par une famille hollandaise en quête d'une
propriété sur la côte belge, où le fisc est moins exigeant que
chez eux. La baronne Folgers est (nouveau fil à peine moins
ténu que l'autre) une cousine éloignée de Madame Van T.
qui fréquentait peu cette parente de mœurs supposées
faciles. Cornelia Folgers a apporté dans cette villa mise à
neuf sa large carrure, sa gaîté bruyante, son mari taciturne
qui se tient à l'écart de tout, et le charme ou la beauté de ses
trois filles. Odette, qui a une trentaine d'années, a arrangé
sa vie à sa guise. Vite séparée d'un mari belge dont ni
l'extraction ni les moyens financiers ne sont des plus clairs,
elle est légère aux deux sens du mot. Elle est aussi
ravissante. Michel, qui l'a connue à Paris où elle a un pied-
à-terre dans le XVIe, la suit l'été près d'Ostende, quand elle
vient passer quelques semaines chez les siens, ou la per-
suade de s'arrêter à mi-chemin au Mont-Noir, dans un gai
désordre de sacs de nuit et de cartons à chapeaux. Bien que
la médisance lui prête une demi-douzaine d'amants, dont
Michel est du nombre, cette petite femme qui semble
échappée des feuillets de la *Vie parisienne* reste avant tout
femme du monde dans des situations qui déclasseraient
toute autre. Sa longue liaison avec un brillant et astucieux
Français, le marquis de L., qui a rétabli son patrimoine et
acquis une sorte de célébrité grâce à ses entreprises d'outre-
mer, fait d'elle une figure bien parisienne : elle déjeune avec

lui au Jockey et dîne à la Tour d'Argent. Une bonne partie de l'année, souvent vêtue en homme, elle l'accompagne dans des régions où le voyage est encore une aventure. Toujours à l'avant de la mode, elle doit en cachette aux grands couturiers parisiens des sommes qui dépassent les crédits ouverts par le Marquis ; Michel trouve tout simple d'arranger cela. Vive, rieuse de son rire aigu et perlé, elle est sans cesse prête à tout, une sortie en canot à moteur, une soirée dans un café chantant, une de ces nuits blanches au cours desquelles la plupart des femmes finissent par se faner comme les roses que leur ont offertes leurs adorateurs, et dont elle sort plus fraîche que jamais, rehaussée de fards que Michel ne soupçonne même pas. Seule, sa voix qui souvent s'éraille porte témoignage de ses trop fréquentes randonnées nocturnes.

Homme de principes, le Marquis passe l'été dans sa famille, au fond du Berry, avec sa femme et ses quatre enfants. Ni tout à fait maîtresse en titre ni tout à fait femme entretenue, la jeune baronne F. (elle a repris son appellation familiale à elle) tient dans la vie de ce grand homme d'affaires une place considérable, mais il ne lui déplaît pas qu'elle ait ses mois, et même ses saisons libres, escortée par quelques admirateurs, presque tous de longue date, et qui sont aussi du monde. Michel est vite accepté. A la vérité, le peu qu'elle donne de soi, entre le thé de cinq heures et le moment d'aller « s'habiller » pour dîner, ne mérite peut-être pas de la part d'un amant tant de soins et d'assiduité. Elle n'a rien lu, sauf, j'imagine, un ou deux romans de Gyp ; elle n'a guère rapporté du Honduras ou du Soudan que quelques comiques anecdotes de voyage, mais elle s'est « toquée », pour employer son langage, de cet homme lettré, renseigné à peu près sur tout, qu'elle prend pour un génie, ou peut-être un poète qui dédaigne d'écrire, et dont

elle garde avec soin les billets « sublimes ». Mais tout est
sublime ou exquis pour elle, du fait d'une manie d'exagérer
qui n'est qu'une effervescence mondaine. Michel se
demande si elle n'est pas trop frivole même pour la volupté.
Elle est mélomane, mais son génie à elle est la danse.
C'est l'époque où l'exotique tango, « cette nouveauté scandaleuse venue des bas-fonds de Buenos Aires », commence à
s'emparer des scènes de music-hall, et bientôt des salons.
Elle est l'une des premières à l'oser danser. Michel, le soir,
dans une salle de casino à demi déserte, la regarde aux bras
d'un « danseur mondain » qu'on paiera un louis pour sa
peine. Elle glisse, ploie, chaloupe, feint l'abandon ou
l'ardeur avec un tact qui s'arrête court devant l'excès, tout
comme ses lèvres se refusent à prononcer un mot malsonnant même si les chansons graveleuses des chansonniers ne
lui font pas peur. La courbe oblique, imperceptiblement
déhanchée, qui va des reins au talon rappelle à Michel celle
de certaines statuettes de Tanagra, dont, comme toute son
époque, il raffole. Pense-t-il encore quelquefois à Jeanne
valsant à La Haye, les lèvres entrouvertes, si totalement
comblée par la danse que son plaisir lui semble une
élévation vers Dieu ? Ici, il n'est pas question de Dieu. Mais
une soirée avec cette jolie femme est aussi agréable qu'un
bref arrêt au Pré Catelan par un soir d'été.

Une note plus grave résonne. Michel se prend de passion
pour une femme qui n'est plus jeune (elle a une cinquantaine d'années ; il en a cinquante-huit), qui n'est peut-être
pas belle et qu'entoure une longue rumeur de scandale. Elle
est, de plus, visiblement atteinte d'une maladie grave, et
c'est l'acharnement qu'elle met à vouloir vivre qui a dû
bouleverser Michel. Passion des sens, du moins au début,
pour ce corps qui a l'attrait quasi morbide d'un fruit à la fois
acide et gâté, mais le désir, s'il a existé, éveille ou ravive

chez Michel ce qu'il a de mieux en lui, la curiosité des êtres,
l'instinctive bonté. Il a rencontré cette femme, qui a grand
air, dans des milieux interlopes qu'il fréquente de plus en
plus, par dégoût des autres, et où cette fille d'un banquier de
Strasbourg vit presque exclusivement, depuis qu'excédée
par le mariage et la province, elle a quitté en coup de vent
son mari, le commandant de Marcigny, dans sa garnison
des Vosges. Ce mari amoureux s'est incliné sans lutter ; elle
est partie presque sans bagages, laissant sur la table de nuit
sa bague de fiançailles, et aux bonnes ses toilettes jugées
déjà démodées ; tendre jusqu'au bout, le commandant lui a
renvoyé ses deux malles presque vides, remplies seulement
de brassées de fleurs. Malheureusement, un geste romanesque ne produit pas toujours l'effet souhaité : les fleurs sont
arrivées, selon leur genre, desséchées ou pourries, laissant
des taches noirâtres sur les doublures des malles. Le mari ne
répond plus désormais des dettes de sa femme, ni de ses faits
et gestes, mais elle continue à porter son nom et une bague
aux armoiries surmontées d'une couronne comtale authenti-
que. La plupart des gens, bien entendu, croient qu'il s'agit
d'une couronne de toc et d'un nom de guerre. Michel sait
mieux. Le commandant a dans les environs de Charleville
des terres qui jouxtent celles de Fernande. Juliette de
Marcigny nouvellement mariée a connu ma mère enfant.

Je m'interroge sur un portrait commandé par Michel à
une miniaturiste disposée à flatter ses modèles, mais qui
laisse transparaître quelque chose de cette femme étrange.
Les narines longues et fines semblent deux trous noirs qui
font malgré soi penser à une tête de morte, mais les yeux
gris, un peu obliques, brillent intensément sous les paupières légèrement fripées ; les lèvres minces sont closes,
peut-être sur des dents imparfaites ; les joues se creusent
sous la peau tendue des pommettes. Les cheveux abondants,

grisonnants, rehaussés de poudre comme ceux d'une marquise du xviiie siècle, sont relevés en couronne fixée par deux fleurons de diamant. Une étole d'hermine couvre les maigres épaules ; un peu plus bas que les salières qui pointent, un bouquet de violettes de Parme cache la poitrine plate sous son décolletage noyé de dentelles. Michel se dit parfois, presque superstitieusement, qu'il y a en elle du vampire, une avidité désespérée pour ce qu'elle appelle le plaisir : les dîners de gala dans les restaurants de luxe, les premières, les vernissages (bien qu'elle ne s'intéresse pas à la peinture), les concerts cotés (bien que la musique l'irrite à la longue), et, sans doute, dans les moments où elle ne souffre pas trop, le plaisir charnel, la preuve que ce corps qui la trahit peut encore plaire et jouir. Mais elle maigrit chaque jour ; elle s'affaisse sur l'un des fauteuils du salon situé au premier étage, après la montée de ces quelques marches. L'hôtel particulier qu'elle tient de son père et sa nombreuse domesticité dépassent ses moyens, mais elle lutte aussi pied à pied sur ce terrain-là ; elle voit son notaire presque aussi souvent que son médecin. Son valet la vole ; la cuisinière est si mauvaise que Michel a pris l'habitude de se sustenter chez Larue d'un potage ou d'une omelette avant d'aller dîner chez elle. Elle a son jour, d'où les visiteurs douteux chassent les autres, et où des femmes tarées la tutoient en grignotant ses petits fours ; elle répond d'ailleurs par un vouvoiement hautain. Son fils, qui a été élevé chez les Jésuites, et qui, pour avoir l'air de faire quelque chose, s'est inscrit à un programme de licence, loge quelque part dans cette demeure trop spacieuse dont elle change sans cesse le mobilier et les tentures ; le tapissier et l'ébéniste ne sont jamais loin. Un soir où par hasard il dîne avec eux, le jeune Marcigny, qui aime la musique, fait circuler un programme

signé par Egon de Reval, qui, la veille, a joué un morceau à
la Salle Pleyel.

— Vous ne l'avez pourtant pas attendu à la sortie, sous la
pluie?

— Non. Je le connais un peu.

D'un geste qui lui est familier, Juliette hausse ses épaules
pointues. C'est bien dans le style d'un étudiant qui ne suit
pas ses cours que de prétendre fréquenter des gens connus.
Michel ne dit rien. Le jeune Marcigny est beau.

Le professeur X., chirurgien célèbre, s'arrête assez souvent pour boire un porto après une consultation. Il confie à
Michel :

— Pas besoin de vous dire que cela ne peut durer
longtemps ainsi. Une nouvelle métastase est palpable au
haut de l'abdomen. Il se peut qu'une ablation d'une partie
du duodénum... L'opération est dangereuse et la plupart de
mes confrères ne la tenteraient pas. Mais en présence d'une
femme qui veut vivre...

— Elle m'a aussi fait remarquer l'autre jour une nouvelle
grosseur sous l'aisselle.

— A son âge, ces glandes engorgées évoluent lentement.
Mais l'opération dont je parle est indispensable si l'on veut
prolonger sa vie au moins d'une année.

— A quel prix mettez-vous votre intervention?

— Pour une opération aussi hasardeuse, je pense à des
honoraires de vingt-cinq mille francs. Je risque après tout
ma réputation.

Michel pâlit. A cette époque, vingt-cinq mille francs sont
une somme, et pour lui une somme écrasante. Il faudra
hypothéquer une des fermes du Mont-Noir, ce qui compli-
quera la vente du domaine dont il a hâte de se dessaisir.

— Comptez sur moi.

L'opération eut lieu. La veille, Juliette discutait encore

avec ses fournisseurs, voulant profiter de son absence pour renouveler la peinture de la chambre à coucher et du petit salon. Après quelques semaines à la clinique, elle semble se remettre et veut rentrer chez elle. Elle ne quitte plus guère son lit, mais ses déshabillés sont aussi soignés qu'une toilette du soir. Elle craint le relent insidieux que peut dégager une plaie ouverte, et s'inonde d'eaux de toilette. Michel lui achète par litre de l'eau de Guerlain. Des bouquets de violettes traînent sur tous les meubles. Elle s'alimente à peine. Ses repas sont de caviar et d'huîtres arrosés de champagne. La morphine lui fit une agonie presque sans souffrance.

L'épisode de la rue de l'Université prend fin. Le mari refuse sa part d'héritage ; Michel hésite à demander à Lacloche de reprendre le saphir serti de brillants qu'elle aimait. Il le donne au jeune Marcigny, sûr que celui-ci le mettra au Mont-de-Piété. Le jeune homme le porte en effet au prêteur sur gages.

Michel n'est qu'à peine affligé. Il a fait pour cette femme plus qu'on pouvait raisonnablement attendre. Il ne reparlera presque jamais d'elle.

Pendant cette fin de janvier quand même sombre, Odette est en Somalie avec son marquis. Michel trouve quelque consolation auprès de sa sœur Beata, qu'il connaît de longue date, mais à laquelle il avait jusque là prêté peu d'attention. La petite femme rieuse avait rejeté dans l'ombre la jeune femme indolente et douce. Beata est mariée au descendant de l'un de ces Flamands chamarrés de titres qui jadis accompagnèrent en Espagne le jeune Charles de Gand devenu Charles Quint. Albrecht de San Juan Scott van der Berg porte dans son patronyme l'histoire de cette famille espagnolisée qui a voulu comme tant d'autres tâter de l'or du Nouveau Monde et s'y est alliée à celle d'un prospecteur anglais. Albrecht a d'un Espagnol les traits fortement caractérisés, le visage un peu grimacier, le mélange de désinvolture et de verdeur andalouses ; il plaît à tous et amuse tout le monde. Il lui arrive aussi d'éblouir : tel il m'apparut un soir prêt à se rendre à une réception dans son costume héréditaire de chevalier de Jérusalem. Je n'étais pas sûre qu'il ne s'agît pas d'un bal masqué. Second secrétaire de légation d'une république sud-américaine, il se félicite de ce poste qui lui permet d'habiter Paris. Peu après l'époque où la Mrs. Warren de Bernard Shaw venait d'apprendre au public anglais l'existence de luxueuses maisons de plaisir internationales, Albrecht met son point d'honneur à tout savoir de ces institutions : la liste et la cote des débutantes, les entrées et les sorties, et ce qu'ajoute ou enlève à une beauté le transfert de Paris à Vienne.

— Mon cher, dit-il à Michel, je ne te comprends pas. Tu as 19 avenue d'Antin, à deux pas de chez toi, une des meilleures et des plus discrètes maisons de Paris. Il y a là des filles qui méritent mieux qu'un coup d'œil.

— Je n'aime pas ce genre de distractions.

— Tu as tort. Bonita, la Clementina, ajoute-t-il avec ce geste très espagnol qui consiste à avancer les lèvres en se baisant deux doigts.

Un tel mari n'est guère gênant. Après avoir tiré de sa femme quatre enfants, Albrecht s'est quelque peu lassé d'elle, mais ils forment, vus du dehors, un ménage parfait. Beata n'aime rien tant que passer une partie de ses journées dans son salon chaudement capitonné de la rue Eugène-Delacroix dont le décor s'accorde à sa beauté blonde. Elle ne se livre ni aux passions, ni même aux caprices. Ses minces faveurs naissent de l'intimité autant que du désir. Michel a le privilège de venir chaque jour s'installer au coin du divan ou sous la lampe. Il lui apporte des livres dont elle parle fort bien après en avoir lu quelques pages ; il est probable qu'elle n'ira pas plus loin. Elle ne refuse pas les babioles qu'il lui offre : une pierre semi-précieuse ou un porte-aiguilles du xviiie siècle prennent plus de prix d'avoir été tournés et retournés dans ses belles mains. Mais elle aime surtout les fleurs odoriférantes, en particulier ces roses que les hybridations trop savantes des horticulteurs n'ont pas privées de leur parfum. Quand elle plonge le visage pour les respirer, son geste ressemble à ceux de l'amour. Ce que Michel pourtant préfère en elle, c'est son chant. Sa voix un peu voilée, qu'elle accompagne elle-même avec charme, est émouvante surtout dans l'interprétation des *Chansons* de Maeterlinck, alors fort en vogue, et dont la brièveté et le dénoué vont si loin.

— Et s'il revenait un jour,
  Que faut-il lui dire ?
— Dites-lui qu'on l'attendait...

Sans le vouloir, Michel par delà le cercle rose de l'abat-jour, plonge les yeux dans l'obscurité de la chambre. Non, personne ne l'attend, et il n'y aurait rien à dire s'il revenait.

Envers moi, la faible tendresse de ces trois femmes, à supposer qu'elle existe, se délaie de beaucoup d'indifférence. Pour Odette, je n'ai jamais été que « la petite », « la gentille petite gosse », dans son parler qu'elle veut parisien. Madame de Marcigny n'aimait pas les enfants, qui fatiguaient cette grande malade. Je n'ai été qu'une seule fois chez elle. Son grand salon était comme toujours plongé dans le clair-obscur. Elle se leva quand je vins à elle, se dirigea vers un bahut et y chercha vainement quelque chose. Avec impatience, elle sonna sa femme de chambre. Celle-ci trouva l'objet voulu : un grand paquet ovale de papier de soie enrubanné de rose. Je l'ouvris comme on me disait de le faire : c'était un énorme œuf en chocolat que mes mains pouvaient à peine tenir. Le dedans se révélait plein d'œufs plus petits qui contenaient des œufs plus petits encore. J'allai dire merci à la dame. On m'emmena.

Beata était plus affectueuse. Quand j'arrivais avec mon père, elle m'offrait une friandise ou me caressait les cheveux. Mais on m'envoyait aussitôt vers la salle de jeux du deuxième étage, qui formait soupente. Louise, la dernière des trois sœurs, s'occupait des cinq enfants dont l'un était le neveu d'Albrecht, laissé orphelin. Un peu disgraciée, privée au moins de la beauté de ses deux sœurs, elle nous plaisait par sa cordialité joyeuse, son fond d'histoires amusantes, de devinettes, de coq-à-l'âne, et de farces traditionnelles assez rudes qui depuis des siècles ont sans doute habitué les petits Hollandais aux hasards et aux absurdités de la vie. Nous étions promus rois et reines, mais à condition de porter notre couronne à l'envers, et notre trône était fait d'un vieux tapis placé entre deux chaises qui s'effondrait sous nous. On nous envoyait dans un réduit sans lumière chercher à droite un objet qui est à gauche ; Louise rentrait épouvantée d'une chambre voisine où un chat noir caché dans un placard s'était jeté sur elle en montrant les griffes ; il n'y avait dans la chambre voisine ni chat ni placard, mais nous y étions toujours pris. Quand elle nous annonçait : « Il pleut », il fallait comprendre : « Il fait beau » — le jeu des contraires devenait presque un langage secret. Ce Till Eulenspiegel féminin, qui semblait né pour la joie de vivre, nourrissait au fond de son cœur un amour secret et malheureux pour la scène, plus particulièrement celle du mélodrame et du drame classique, où ses parents ne l'auraient jamais laissé monter ; de plus, elle se jugeait sans talent. Elle s'achetait néanmoins des accessoires de théâtre ; nous admirions particulièrement une dague à lame factice qui s'enfonçait dans son manche dès qu'on l'appuyait contre un sein. Nous

la regardions avec émerveillement se poignarder et tomber
sur son oreiller.

Chose étrange, elle eut la mort qu'elle avait si souvent
mimée. Mariée sur le tard à un magistrat très réputé du
Limbourg, elle vécut quelques années heureuse, puis, une
congestion la cloua sur son lit, paralysée, muette, mais
capable seulement de gémir. Au bout de quelques mois,
affolé, son mari qui l'aimait la tua d'un coup de couteau et
s'alla jeter dans la Meuse, qui coulait à Maestricht sous
leurs fenêtres. Ce meurtre et ce suicide commis par cet
homme honoré de tous firent scandale ; on s'indigna comme
s'il avait ébranlé la foi du pays dans la magistrature, sans
songer qu'il n'avait peut-être jamais montré autant de
courage moral que ce jour-là.

Carlos avait dix ans ; il était gros ; je ne l'aimais pas.
Serge, le cousin, en avait treize. Il était mince et blond, et
me troublait un peu quand je le regardais monter et
démonter nos complexes jeux de construction de ses mains
agiles. Mais il me semblait méchant. Je n'aimais pas la
façon dont il barbouillait des sexes tracés au fusain dans
l'entrejambe de nos poupées, et parfois y pratiquait des
fissures. Ce n'était, en fait, qu'un enfant mal à l'aise à
l'extrême bord de la puberté. Yolande, la fille aînée de
Beata, avait quatorze ans ; c'était presque une dame. Mon
amour allait à Fanny, la seconde, âgée de douze ans et donc
de deux années « plus grande » que moi. Je n'aurais jamais
osé lui dire l'admiration que j'avais pour elle. J'ai retrouvé
plus tard chez certaines madones espagnoles ces yeux verts,
ces cheveux ondés et cette fierté des traits. Mais j'étais
inséparable de Beatrix, qui avait mon âge. Nous roulions
ensemble sur l'herbe du jardinet de la rue Eugène-Delacroix ; l'été, aux alentours de la villa dans les dunes, près
d'Ostende, où mon père fit encore cette année-là un bref

séjour, nous nous perdions dans les hautes collines de sable, et arrachions, au risque de nous blesser les mains, les herbes coupantes pour nous chatouiller, ce qui parfois laissait sur notre peau des gouttes de sang. Un jour, inspirées par les farces de Louise, nous nous peignîmes à la peinture rouge de grandes plaies aux genoux et aux bras. Beata faillit s'évanouir, mais le bon rire de Louise la rassura. D'autre part, mon intimité avec Beatrix, toujours serrée contre moi tandis que nous nous racontions des riens à l'oreille, inquiéta. On nous sépara discrètement. C'était mal comprendre le génie ingénu de l'enfance. Pour la première fois, j'avais des camarades de mon âge et de ma taille, au lieu des fades cousines venues pour quelques jours au Mont-Noir, ou, remontant plus haut dans les souvenirs, quelques marmots de Saint-Jans-Cappel, dégringolant en ma compagnie les pentes herbues, et, quand par hasard les grilles entrouvertes leur permettaient d'entrer, croquant avec moi les pommes vertes du verger. Je commençais à savoir ce que c'est qu'une personne à peu près de notre âge, d'un sexe ou d'un autre, qu'on peut aimer, ou détester, avec qui on peut se battre ou s'embrasser. Clément et Axel n'étaient plus pour moi que de très petits enfants (« Voyez comme j'étais déjà courtois de ce temps-là, me dit maintenant Clément en me montrant des photographies d'autrefois, je vous baisais déjà la main ») comme je n'étais moi-même qu'une toute petite fille. Cette fois, j'approchais des régions chaotiques entre l'enfance et l'adolescence, où l'on entre dans le bal pour n'en plus sortir.

J'ai un instantané de mon père qui date de ce temps-là. Il traverse les Champs-Elysées en compagnie d'Odette revenue de son voyage africain. Grand, droit, dans ses vêtements commandés à Londres, Michel est superbe ; l'âge ne lui a donné qu'une désinvolture un peu plus marquée. Son long

pas rapide a sans doute du mal à s'accorder aux pas menus
d'Odette en jupe entravée ; l'immense chapeau de mode ce
printemps-là frôle l'épaule de l'homme. Ils se plaisent
énormément ensemble : Michel est fier de promener cette
jeune femme qui joint aux manières du monde une élégance
de mannequin. Odette est satisfaite d'être accompagnée de
cet ami qui a, comme elle le dirait, « de la branche », et avec
qui le marquis de L., s'il les voyait ensemble, ne pourrait
pas dire qu'elle déroge. Ici, durant cette période relativement brève que va clore dans quelques mois un coup de
tonnerre, se place chez moi à l'égard de Michel un
changement parallèle à celui qui m'a appris à discerner
entre mes camarades de jeux, et même à les juger. Je sais
que j'ai beau embrasser Beatrix à pleine bouche, il m'arrive
de l'oublier durant toute une partie de jeu pour une autre
partenaire plus plaisante encore ; je sais que Yolande, bien
qu'elle m'impressionne par ses airs de dame, est méchante
envers nous et envers les chiens ; je sais que Serge est beau,
mais qu'il me fait un peu peur. Cette perspicacité nouvelle
est peut-être un gain ; comparée aux pensives impressions
de la petite enfance, c'est sûrement une perte. Michel lui
aussi est observé de près, sinon jugé. Je me rends compte
qu'il n'est plus tout à fait le père en vêtements de
propriétaire campagnard qui me faisait faire, tous les
matins, le grand tour du parc, suivie de mon mouton sur la
laisse duquel il fallait tirer, s'il s'arrêtait trop longuement
pour brouter l'herbe. Ce n'est pas non plus le père qui
rentrait une heure plus tôt tous les soirs, avant de ressortir
pour dîner, afin de me faire réciter mon alphabet grec et de
corriger mes exercices de déclinaisons latines. Il n'est pas
davantage (mais ce souvenir-là est unique) l'homme un peu
inquiet qui, un soir d'été (j'avais environ cinq ans), m'éten-
dit sur ses genoux dans le grand salon par hasard ouvert du

Mont-Noir, essayant d'endormir la petite légèrement fiévreuse à l'aide de cette berceuse enfantine que Wagner a prêtée à Wotan lorsque celui-ci livre au sommeil magique Brünhild entourée par les flammes — Do, do, l'enfant do... Mais l'homme qui chantonne tout bas d'une voix un peu rauque n'était pas wagnérien et n'a sûrement pas eu cette réminiscence. Enfin, je m'aperçois peu à peu, et avec une sorte de honte, que les jeunes femmes qui papillonnent autour de Michel non seulement l'adorent, mais l'adulent.

On rit de ses plaisanteries ; on attend en souriant ses bons mots ; il a en effet la repartie très vive. A Paris, on compte sur lui pour se rendre chez Fouquet's, où il n'irait pas tout seul, ou dans les petits théâtres, comme au temps de Berthe et de Gabrielle. Dans la villa des dunes, il accepte d'assister aux charades pour lesquelles la joyeuse baronne Folgers attife ses invités de châles et de portières de velours ; il consent même à y prendre part, ce qui leur donne un brio de plus. Il se laisse entraîner au Casino pour le porto du matin, ou pour l'opérette du soir, suivie d'un léger souper au champagne. Il n'est plus qu'un homme du monde. Il me semble aussi qu'il lit moins, ou seulement les journaux venus de Paris dont il fait hâtivement sauter la bande ; je ne me rends pas compte qu'il lit avec anxiété les cours de la Bourse.

Vers midi, l'essaim des jeunes nymphes et de leurs amis s'allonge sur le sable, dans des costumes de bain aussi audacieux que le permet l'époque, c'est à dire encore discrets sur la quantité de peau à découvert ; un jour, Odette risque un maillot blanc qui fait d'elle une déesse ou une Phryné de Praxitèle. Mais le maillot mouillé colle davantage au corps et sa transparence est révélatrice. Michel est obligé d'aller jusqu'à l'extrême bord de l'eau lui tendre galamment un peignoir de bain, de peur de scandaliser les baigneurs et les passants.

C'est aussi un peu avant ce temps-là que je commis mes deux premiers méfaits. D'abord, un vol. J'avais admiré, moi qui jamais ne m'intéressai aux cartes, un jeu miniature que Carlos avait reçu pour sa fête et m'avait montré. Je le pris à la dérobée. Durant le trajet en taxi de la rue Eugène-Delacroix à l'avenue d'Antin, ces cinquante-deux cartes minuscules me parurent peser dans mon sac de petite fille d'un poids de plus en plus lourd. Je m'affalai secouée de sanglots sur les premières marches de l'escalier de notre immeuble. La femme de chambre effrayée courut se faire ouvrir et me porta presque. Mes sanglots ne cessaient pas. Michel venu, je montrai le corps du délit. « Allons, allons, dit Michel, tu rapporteras cela demain matin. » Ainsi fut fait. Les deux cousins étaient entièrement pris par l'installation d'un chemin de fer électrique avec train pourvu de trois classes, feux verts et rouges, barrière et tunnel en carton-pâte. Carlos à qui je balbutiai je ne sais quoi prit l'objet et le posa sur un coin de table, sans même se demander si je l'avais volé ou pris par mégarde.

Le second méfait fut un mensonge. Je ne crois pas avoir jamais été mythomane, c'est pourtant une fabulation qui sortit de mes lèvres. Je racontai un soir à la bonne et à la cuisinière aux yeux écarquillés que Michel venait d'offrir à Madame de San Juan un grand bouquet de roses tout en or. Il s'agissait bien entendu d'une gerbe de roses soufre. Mes auditrices, un peu scandalisées, ne s'étonnèrent pourtant pas : on savait que Monsieur avait le cadeau facile. L'histoire, comme il fallait s'y attendre, revint à Michel qui me dit de son ton affectueux :

— Voilà un mensonge que Jeanne de Reval n'aurait jamais fait. (Tu te rappelles Jeanne de Reval ?) Tu savais

que c'était un bouquet de fleurs fraîches. Pourquoi avoir
prétendu qu'elles étaient en or ?

— Pour faire plus beau, dis-je en baissant un peu la tête.

— Jeanne savait que la vérité seule est belle, dit-il. Tâche
de t'en souvenir.

J'aurais pu lui répondre que, d'après lui, d'après les
photographies et les vagues mémoires qui me restaient,
Jeanne était belle, et n'avait pas besoin de s'occuper d'un
ruban mal mis. Mais ces exemples, qui auraient pu me faire
haïr cette femme trop parfaite, m'exaltèrent. Michel ne
m'avait jamais fait de la morale. Il croyait qu'un être bien
né ne fait pas le mal, ou, s'il y tombe, s'en dégage vite. A
l'intérieur de certaines limites, il avait raison. Mais il y avait
en moi, venu de je ne sais où, un besoin inné, non seulement
de m'instruire, mais de m'améliorer, un souci passionné
d'être chaque jour un peu meilleure qu'hier. Ces quelques
phrases de Jeanne, transmises comme malgré soi par cette
voix d'homme, me montraient le chemin. D'autres encore,
et d'autres exemples plus émouvants que tous les conseils,
me parvinrent plus tard. Je serais sans doute très différente
de ce que je suis, si Jeanne à distance ne m'avait formée.

On pourrait conclure de ceci que la plaie faite à l'orgueil
de Michel par le refus de la jeune femme, et plus encore à
l'amour qu'il continuait à lui porter, s'était peu à peu
refermée. Il n'en était rien, comme on le verra, mais une
scission semblait s'être faite entre la rancune et l'adoration.
La seconde aggravait peut-être la première. On eût dit que,
d'un fond fuligineux de nuages bas, de colères, de dégoûts
même, l'image de la femme aimée s'élevait plus haute et
plus claire, comme la lune par un soir orageux d'été.

Ce fut alors que je la revis. Nous passions ces deux
semaines dans un hôtel neuf qui obstruait la vue de la villa
des dunes, la solitude de ce qui n'était naguère qu'un vague

prolongement d'Ostende commençant à céder la place à une petite et laide plage de luxe. Michel m'envoya par le train passer une journée à Bruxelles sous la garde d'une femme de chambre, chez ma tante infirme qui fêtait ses quarante-trois ans. Ce fut ma dernière visite, bien qu'elle vécût encore au moins dix ans de plus, mais, de même que la brouille avec Jeanne et son mari nous avait en quelque sorte fermé la Hollande, la vente du Mont-Noir, qui nous éloignait définitivement du Nord, et la guerre qui bientôt suivit, élimina pour nous la Belgique comme si elle n'avait jamais existé. Je ne revis La Haye et Bruxelles que seize ans plus tard. Ma tante donnait un thé à des dames venues célébrer sa fête. La table de la véranda, lieu favori que l'infirme ne quittait presque jamais, offrait au regard sa nappe et ses serviettes brodées, et sa porcelaine des grands jours avec de succulentes pâtisseries. On me fit monter à la hâte pour mettre ma « robe habillée ». La plupart des invitées étaient d'âge mûr. Il y en avait aussi de vieilles, parentes et amies chevronnées de la maîtresse de maison, que son infirmité semblait vieillir elle-même de vingt ans. Toutes me parurent un peu surannées dans leurs strictes toilettes de visite, robes ou tailleurs soutachés et cols de dentelle. Jeanne était là. Elle s'était arrêtée à Bruxelles pour saluer ma tante, après un séjour chez sa mère, à La Haye, où Egon ne l'accompagnait plus. Elle n'avait pas changé. Son visage était resté le même sous son grand chapeau que n'encombraient ni plumes d'autruche ni oiseau mort. Contrairement à ce qui était alors les seules bienséances possibles pour une femme qui sait vivre, c'est à dire les genoux parallèles et presque serrés, et les mains seulement à demi dégantées, elle avait posé ses gants sur la table et croisé un genou, ce qui semblait lui conférer une surprenante et tranquille liberté d'attitude. Sa jupe de soie gris argent, coupée en biais, se tendait de la hanche au jarret, découvrant ainsi quelques centimètres de bas minces et des souliers bas, au lieu des bottines à boutons que portaient encore la plupart des dames. Elle me tendit les bras. Je m'y jetai avec joie. Son baiser, venu à la fois de l'âme, du cœur et du corps, me rendit aussitôt l'intimité facile d'autrefois, bien que ces récentes quatre années d'absence représentassent à mon âge presque la moitié de ma vie. J'eusse par exception souhaité babiller sur ce jeune homme, son mari, qui m'avait souvent aidée à construire des châteaux de sable vite emportés par la mer. Mais il suffisait qu'elle fût là. La sonnette de la rue tintait ; d'autres dames arrivèrent ; on m'éloigna. Je n'étais pas même triste. Il suffisait de savoir qu'elle était belle et toute bonne.

LA TERRE QUI TREMBLE
1914-1915

Ce printemps parisien ne mourut qu'en juillet. Jamais, me semble-t-il, l'atmosphère de la grande ville n'avait été plus riante et plus facile. D'autres écrivains du temps l'ont dit mieux que je ne pourrais le faire. Les matinées au théâtre, les ballets russes se suivaient sans intervalle ; j'étais trop jeune pour l'engouement de la mode, ignorant même le nom des danseurs, mais l'émerveillement n'en était que plus grand. Le musée Guimet, assez pareil alors à un souk d'Orient, sans la beauté presque scolaire que ses salles de sculpture lui confèrent aujourd'hui, comblait par sa surabondance mes appétits d'enfant ; des momies de basse-époque, ramenées par Gayet d'Antinoé, et paraît-il disparues depuis, semblaient émerger d'un sable que je n'allais fouler aux pieds moi-même que des décennies plus tard ; des Bouddhas pointaient vers l'Inde où j'irai un jour. Un paravent japonais, que je n'ai jamais revu, a fleuri sur toute ma vie. Quelques concerts classiques, où Michel, peu mélomane, me mena par devoir, quelques arias de Gluck m'apprirent que la musique pure existait. Michel semblait avoir momentanément renoncé à ses amies pour se faire de sa fille un petit compagnon. Avec des yeux et des narines d'enfant de dix ans un peu précoce, je vis et flairai ainsi « les derniers beaux jours d'avant-guerre ».

Michel continuait à « s'occuper d'affaires ». A plusieurs reprises, deux hommes qui me paraissaient grossiers, aux vêtements agressivement voyants, eurent chez nous de longs conciliabules avec lui. En mi-juillet, de retour de plusieurs visites à des banques, il remarqua à table, incidemment, que les pièces d'or se faisaient rares, comme si leurs possesseurs les thésaurisaient.

La vente du Mont-Noir avait passé presque inaperçue. Bien avant le décès de sa mère, Michel s'était juré de « bazarder » ce domaine dont il n'avait que de mauvais souvenirs. Le notaire du lieu, qui pourtant désapprouvait cette vente, fit diligence ; mais les prêts à des taux souvent usuraires que Michel avait obtenus en donnant pour garanties certaines fermes, bien avant l'ouverture de la succession, compliquèrent les choses. Le prix offert par un industriel à la recherche de biens fonciers était, tous comptes faits, considérable ; Michel signa sans un regard. Pour moi, le Mont-Noir reculait déjà au fond de mon court passé. La chèvre aux cornes d'or, le mouton, l'ânon et sa mère, dont je me souviens si bien aujourd'hui, étaient momentanément oubliés. Mais au village, la vente fit scandale. Les ruraux n'aiment guère le changement. Ils apprécièrent encore moins l'étonnant décrochez-moi-ça étalé sur l'herbe ; les cachemires usés, les lampes à huile désuètes, un corset aux baleines cassées de Noémi, les ustensiles jugés sans valeur et dont quelques uns sont aujourd'hui des pièces de collection, mes jouets parmi lesquels on voyait, heureusement sortie de ma mémoire, une grotte de Lourdes éclairée à l'électricité, cadeau d'une riche et pieuse cousine. Michel n'était pas responsable de cet étalage, s'étant remis de tous ces détails sur son fils.

Les « beaux » meubles au contraire, bergères Louis XV vraies ou fausses, argenterie, tapis d'Orient, lustres de cristal jugés démodés, piles de linge inusable accumulées par cinq générations et portraits d'ancêtres authentifiés ou non furent mis au garde-meuble par ce même fils auquel Michel avait laissé tous pouvoirs. (« Qu'ai-je à faire de ces vieilleries ? ») Il ne les revit jamais. Je les revis plus de quinze ans plus tard, dans une maison que Michel-Joseph venait de se faire construire, et dont il me montra avec satisfaction le bel ameublement. En matière d'héritage, il en était resté à la loi salique et à celle de primogéniture. Peut-être supposait-il aussi que Michel, dont depuis des années il ignorait l'état de fortune, m'avait laissé en francs-or l'équivalent de cette part jamais réclamée.

Sachant combien l'argent filait entre les mains du prodigue, il avait conseillé dès la vente du Mont-Noir qu'une part au moins du capital fût immédiatement investie dans ce qu'il appelait une « occasion », l'achat d'une villa art nouveau tout récemment bâtie dans le voisinage de la villa des dunes où son père l'avait naguère introduit. Ce placement, à l'en croire excellent dans une petite station mondaine où les prix montaient en flèche, lui offrirait de plus, à l'avant et à l'arrière-saison, un lieu de villégiature où séjourner avec sa femme, ses enfants en bas âge, ses beaux-parents et ses divers beaux-frères dont l'un du moins était ambassadeur, acquérant ainsi dans son pays d'adoption un peu de cette surface sociale qu'il n'avait pas obtenue jusque là en vendant des automobiles. Michel signa même un chèque pour l'ajout d'un garage et de quelques chambres de domestiques. C'était en quelque sorte son cadeau d'adieu. La côte belge, contaminée par le snobisme, l'excédait, et la villa des dunes, d'ailleurs fermée cette année-là, ne l'intéressait plus depuis qu'il voyait constamment Odette et Beata à

Paris, et il semblait du reste que son goût pour ces deux jeunes femmes ait quelque peu tiédi.

Entre temps, l'amour des voyages m'était venu. Beata et ses deux fillettes passaient les vacances dans l'île danoise de Møn, qu'elles aimaient, Albrecht ayant été quelque temps secrétaire à la légation de Copenhague. Michel était d'accord pour cette brève visite qui lui rappellerait ses promenades d'autrefois avec Berthe et Gabrielle dans les îles du Nord. Il avait songé d'abord à faire le voyage sur son plus récent yacht, le *Droom* (nom petit-bourgeois qu'il n'avait pas encore pris la peine de changer), acheté au cours de sa dernière saison avec Jeanne à Scheveningue. Ce malencontreux *Droom,* ce qui en néerlandais signifie *Le rêve,* amarré maintenant sur un quai d'Ostende, n'avait encore servi qu'à de brèves randonnées avec Odette, ou à m'enseigner, à peu de distance des côtes, les joies et les nausées de la mer. Il souffrait comme un chien abandonné. Michel avait quelque temps songé à l'échanger contre un bâtiment plus luxueux qui eût répondu à son rêve de dépaysement avec la femme aimée. Ce rêve avait sombré, et le goût de Michel pour le yachting en avait diminué d'autant, comme son intérêt pour l'équitation après la mort de ses deux compagnes. Derrière chacune de nos passions pour un genre de vie, il y a un ou plusieurs êtres. On ne galope pas longtemps seul dans le vide ; on ne tire pas longtemps seul des bordées en mer. Cette fois, nous nous rendrions directement dans l'île de Møn en passant par l'Allemagne. Nous ne nous arrêterions sur la côte belge que le temps nécessaire à Michel pour mettre en vente le malheureux *Droom* et pour jeter un coup d'œil sur le nouveau « placement immobilier » qui ne semblait pas encore absurde en juillet 1914. Mais c'est déjà trop parlé de cette prétentieuse bâtisse ornée de tournesols dorés sur fond vert, et qui, quinze jours plus tard, ne sera plus qu'un tas de ruines.

On nous y ouvrit, pour ces quelques nuits, à Michel la grande chambre occupant tout le premier étage, à moi une sorte d'étroite alcôve prise dans toute la longueur de la pièce, et qui, par un balconnet, donnait aussi sur la mer. Il avait fait toute la journée une chaleur étouffante; le vent nocturne était violent et tiède. La mer, très haute et très proche, au delà d'une mince bande de sable, était une masse noire soulevée de houles qui paraissaient solides, blocs denses dans la nuit. Des nuages bas, échevelés, pareils à ceux que j'avais vus naguère dans *Macbeth* sur la lande des sorcières, mais mille fois plus beaux, inépuisables, venus de nulle part pour aller nulle part, cachaient et révélaient tour à tour la lune. D'un seul coup, la porte-fenêtre s'ouvre : le vent inonde la chambre. Je sortis sur le balcon; je me sentais soulever dans ma chemise bouillonnante comme un fétu sur le sable. A grand effort, je fermai la fenêtre, pour que le vent ne s'engouffre pas dans la chambre voisine. Le tumulte s'atténua jusqu'à n'être plus qu'un hululement dans les cheminées; j'étais de nouveau seule, enfermée comme une poupée dans sa boîte, séparée du monde terrible et accueillant de la nuit. Derrière moi, de l'autre côté du mur neuf, le long des fils télégraphiques, couraient et crépitaient des nouvelles. Le monde humain tremblait sur ses bases; un prince autrichien dont j'ai vu plus tard avec dégoût les trophées de chasse dans son château de Bohême venait d'être à son tour descendu à Sarajevo, comme un de ses gibiers habituels, un élan ou un ours de ses battues. Cette mort dont presque personne en Europe ne comprenait bien les causes allait déclencher quelque neuf millions d'agonies. Mais je ne le savais pas, et la plupart des dormeurs autour de moi ne le percevaient pas non plus. « J'ai vu la lune

courir dans les nuages des cieux barbares. » Où que cette
phrase prêtée à Hadrien ait été plus tard écrite, elle a été
pensée là. Je sentais vaguement que ce désordre des
éléments était part d'un ordre des choses. Je ne parviens pas
encore tout à fait à croire qu'il en allait de même pour les
suites du coup de feu de Sarajevo.

Désormais, tout se mélange : il semble que les minutes et
même les heures soient trop courtes pour contenir tant de
faits.

Est-ce ce matin-là ou le suivant que nous entendîmes, se
répandant des villages de la Flandre française à ceux de la
Flandre belge, le tocsin, comme une sorte d'épidémie
sonore ? Ce qui prime tout est l'immense magma de peur et
de veulerie des veilles de catastrophes. Les gens penchés sur
leur journal du matin, tasse de café en main, buvaient
avidement ces nouvelles, comme ils s'imbibent aujourd'hui
des informations que leur déversent les médias sur la bombe
atomique ou la pollution dont ils mourront un jour. Les plus
observateurs avaient noté dans les grands hôtels et les villas
louées au mois la disparition des Allemands ; le chef de
famille, mari et père aux joues souvent balafrées par les
cicatrices de duels d'étudiants, encore à la mode, partait le
premier, suivi de peu par les femmes, les marmots et les
bagages. On y vit une preuve de plus de la culpabilité de
l'Empire de proie, qui avait le premier rappelé ses gradés
déguisés en baigneurs. Mais, le lendemain, Laure, l'ambassadrice, ou plutôt la femme du ministre de Belgique en
Perse, les petits pays d'avant-guerre n'abusant pas encore
du titre d'ambassadeur, rentrait après cinq jours de voyage
dans des wagons russes bourrés de troupes. Peu importait
d'ailleurs : les jeux étaient faits. Pendant près d'un demi-
siècle, les chancelleries avaient ourdi les mailles d'un filet
recouvrant l'Europe, et, par les colonies, toute la terre : des

Sikhs, des Cinghalais, des Sénégalais, des Annamites allaient périr pour ces rivalités d'hommes à peau blanc-gris ; des banquiers français s'étaient jetés sur l'emprunt russe ; des usines un peu partout avaient travaillé à plein rendement empilant les stocks d'acier qui iraient s'enfoncer dans la chair anonyme ; à chaque incident, les journaux avaient menti. De petits noyaux de cauchemar se formaient déjà : des agités se promenaient le long de la digue, brandissant des carabines, à la recherche d'espions qui n'étaient probablement nulle part. Les bonnes occupaient les petites filles à faire de la charpie comme aux beaux jours de 70. Un fait pourtant réconfortait : d'énormes monstres d'acier se dessinaient dans la brume d'août à quelques brassées du rivage ; on se croyait saufs : l'Angleterre veillait sur nous. Il ne venait à l'esprit de personne qu'à l'arrivée des premières avant-gardes allemandes, la côte tout entière serait prise entre deux feux.

Michel se réveilla le plus vite. Il s'agissait de fuir, mais la route vers Lille et Paris était coupée ; les trains ne fonctionnaient plus. Une automobile peut-être aurait pu passer ; Michel n'en avait pas, et le moindre tacot était introuvable. On imagine d'ailleurs ce qu'eût été, du côté de Dunkerque ou de Béthune, un véhicule de ce genre en panne sur des routes encombrées de fuyards qui se frayaient un chemin à pied entre des talus bordés bientôt de caissons défoncés et de chevaux morts.

Il fut décidé de prendre quelques valises et d'abandonner le reste pour se rendre à pied à Ostende, puisque l'honnête petit tramway ne fonctionnait plus. On partit en pleine nuit, de façon à être au port aux premières lueurs de l'aube. Le ciel noir était pur ; les villas vidées semblaient blanches sous la lune. Le petit groupe hétéroclite comprenait Michel, sa bru, moi-même et deux enfants en bas âge, Yolande qui

achevait son éducation chez les Dames Anglaises de Bruges
et n'avait pas eu le temps de rejoindre les siens ; ses souliers
étroits lui faisaient mal aux pieds. Puis venaient Camille,
bonniche rousse et taquine que ma tante infirme avait
prêtée à mon père pour s'occuper de moi ; une fade Anglaise
chargée de mes deux jeunes neveux, la grosse cuisinière
Dorothée, et le cousin X., ce personnage un peu falot qui
m'avait photographiée enfant et n'avait aucun moyen de
regagner sa région lilloise. Michel-Joseph était parti depuis
quelques jours rejoindre son unité de combat qu'il ne
retrouva pas, ou reperdit presque aussitôt. Il nous rejoignit
en Angleterre.

Je ne sais rien des émotions de toutes ces personnes. Je
confondais, à mon âge, le visage de la guerre et celui de
l'aventure. Cette débandade a gardé pour moi l'aspect
d'une promenade nocturne.

Un coup d'œil confirme l'impossibilité de s'embarquer
sur le *Droom*. Le temps manquait pour assembler un
équipage, qui forcément n'aurait été composé que de vieux.
De plus, le moteur auxiliaire, nécessaire pour les manœuvres d'entrée et de sortie des ports, manquait, la rouille
ayant nécessité un complet nettoyage.

On monta sur le dernier paquebot en partance ; le *Droom*
suivrait à la remorque d'un chaland en route pour Douvres.
C'était ma première traversée véritable ; c'était aussi ma
première rencontre, stupéfiée plutôt qu'horrifiée (l'adjectif
est trop fort pour mes émotions encore superficielles et mal
dégrossies), avec les misérables séquelles de la guerre. Des
gens de Visé, de Liège, du Limbourg belge, coupés des
Pays-Bas tout proches par l'avance allemande, avaient
vaguement marché vers la mer, parfois pris en charge par
des camions qui les abandonnaient au prochain carrefour.
Beaucoup venaient des minuscules agglomérations, mi-

villes, mi-villages, qui donnent si souvent un air bourgeois à certaines parties de la Belgique. D'autres étaient des paysans qui sentaient la terre. La plupart gisaient sur le pont ; en particulier, un nombre étonnant de femmes enceintes. La nature n'est pas flatteuse envers celles qui propagent la vie : les ventres gonflés de malheureuses d'aspect plus grotesque que tragique ballottaient dans de vieilles jupes enfilées au hasard, des visages bouffis et jaunes se protégeaient du soleil sous des fichus ou des tabliers ; des paquets servaient d'oreillers. Les histoires d'anges de Mons et d'enfants au poing coupé fleurissaient déjà. On peut douter des Anges ; la nature humaine étant ce qu'elle est, il y eut sûrement, au contraire, des atrocités banalisées bientôt par la presse en quête d'horreur ou de propagande, ce qui fit, à tort peut-être, qu'on n'y crut plus. Soudain, en pleine mer, à une bonne distance des côtes, une école de dauphins apparut, traversant obliquement la route du navire.

Une douzaine de grandes créatures luisantes et joyeuses, ne sachant rien des fuyards contenus dans cette misérable arche humaine, libres comme en ces jours où le monde, vieux déjà de millions d'années, se sentait encore neuf et regorgeant de dieux. Race sublime, plus douée que les autres créatures limitées à la terre, à l'aise dans la courbe des vagues comme dans les sinuosités de leur corps. Je sais, certes, depuis la brève idylle de la Grèce, où il semble que les dauphins et les fils des hommes se soient secourus et aimés, tous les crimes que nous avons commis et commettons plus que jamais contre ces bondissantes déités marines. Je sais que notre destruction de la nature justifie celle de l'homme. Je le sais maintenant : à cette époque, l'apparition merveilleuse était une épiphanie sans ombre.

On nous débarqua à Douvres. Du bateau, je vis en contrebas les douaniers anglais et les figures apitoyées de la foule, pour qui les « pauvres réfugiés » étaient encore une nouveauté. En ce qui nous concerne l'attendrissement ne fut pas long. Le malchanceux *Droom,* arrivé peu après nous, rompit ses amarres et sombra à l'entrée du port. « Il faut payer, payer, payer », dit quelque part un personnage de Jean Cocteau. Michel dut payer pour le renflouement de l'épave.

Le thé et les biscuits du train de Londres m'enchantèrent. Nous nous engouffrâmes tous dans l'hôtel de Charing Cross, cher depuis des décennies aux Français qui connaissaient peu la capitale anglaise. Je me souviens d'immenses corridors et de poussiéreux rideaux rouges.

Dans un désordre de colis mal ficelés et de valises béantes, on m'introduisit dans une chambrette avec Yolande, dédaigneuse comme toujours des fillettes plus jeunes. Je n'ai aucun désir de mentionner ici un petit fait supposé obscène, mais celui qui va suivre corrobore à l'avance mon opinion d'aujourd'hui sur ce sujet si controversé de l'éveil des sens, nos tyrans futurs. Couchée cette nuit-là dans l'étroit lit de Yolande, le seul dont nous disposions, un instinct, une prémonition de désirs intermittents ressentis et satisfaits plus tard au cours de ma vie, me fit trouver d'emblée l'attitude et les mouvements nécessaires à deux femmes qui s'aiment. Proust a parlé des intermittences du cœur. Qui parlera de celles des sens, et en particulier des désirs supposés par les naïfs tantôt contre-nature au point d'être toujours artificiellement acquis, tantôt au contraire inscrits dans certaines chairs comme une permanente et néfaste fatalité ? Les miens n'allaient véritablement naître que des années plus tard, et alternativement, pendant des années aussi, disparaître au point d'être oubliés. Cette Yolande un peu dure m'admonesta gentiment :

— On m'a dit que c'était mal de faire ces choses-là.

— Vraiment ? dis-je.

Et m'écartant sans protester je m'allongeai et m'endormis sur le rebord du lit.

Un épisode moins facile à raconter va suivre. Michel, avec l'aide d'un agent immobilier, avait découvert dans une rangée de maisons banlieusardes, très proches du *common* de Putney, une assez grande demeure au jardin un peu moins mesquin que les autres. Cette maison avait son histoire : les dernières habitantes avaient été deux sœurs fort attachées l'une à l'autre. La cadette était paralytique. Finalement, l'aînée donna à l'infirme le coup de grâce, comme l'allait faire à Maestricht, quelques années plus tard, le généreux mari de Louise Folgers. L'affectueuse meurtrière finit sa vie dans un discret asile d'aliénées : elle y était peut-être encore. Il se peut que cette histoire qu'on ne mentionnait qu'à mi-voix eût permis à Michel de louer cette maison à des prix avantageux, les seuls qui convinssent à cette année maigre. Michel et moi n'y vivions qu'à peine : du matin au soir, les belles journées de deux successifs étés se passèrent à explorer les grands espaces ouverts du voisinage : le *common*, avec ses centaines d'hectares d'herbe et de fougères ; le parc de Richmond avec ses chênes antiques et ses troupeaux de cerfs et de chevreuils presque familiers ; le soir, Michel préférait le thé plantureux d'une des auberges des banlieues, ou, plus démocratiquement encore, en ville, les deux œufs pochés d'un *Lyon's* quelconque à la table aigrement victorienne de la maison de Putney.

La vie des exilés s'y traînait cahin-caha. Michel-Joseph,

rentré des armées, avait trouvé un poste à Londres dans un bureau de la censure belge, et semblait se plaire à son travail d'épluchage. Dorothée, la cuisinière, souffrant de n'avoir guère les moyens d'exercer son art, se consolait en buvant du *stout* dans une théière, récipient jugé plus décent qu'une bouteille. L'irascible Camille, qui ne se considérait pas au service de Michel-Joseph, jetait par la fenêtre les chaussures qu'il lui ordonnait de cirer. La grise Miss souffrait des rebuffades de Madame et du manque d'amoureux que sa figure maussade n'attirait pas. En ces jours où la guerre sous-marine n'était pas encore un fréquent danger, Yolande était allée rejoindre les siens en Hollande. Le cousin X. cherchait une place dans un atelier de photographie.

Il la trouva à Brighton, chez un spécialiste des groupes de famille rangés sur la digue. Il partait le lendemain. J'habitais non loin des bonnes une petite chambre du deuxième. Mon père, mon frère, et un bureau-bibliothèque où je prenais mes leçons occupaient le premier ; une sorte d'entresol pris entre les deux étages contenait la salle de bains et la chambre du cousin X. Vers dix heures, j'étais encore debout à la fenêtre, regardant la nuit sur le jardin. Le cousin entra sur la pointe des pieds, sanglé dans son épais peignoir-éponge, avec son air bouffon et un peu mystérieux habituel. Il referma sans bruit la porte, s'approcha de moi pour me lisser les cheveux, fit couler sur le sol ma chemise de nuit encore enfantine à manches et à col boutonné. Il m'attira enfin devant le miroir et me caressa de la bouche et des mains en m'assurant que j'étais belle. Discrètement, il fit deviner à mes doigts, à travers l'épais tissu-éponge, la topographie d'un corps d'homme. Un moment passa. Il se leva (il s'était agenouillé) et sortit avec les mêmes précautions grotesques. Je sentais vaguement qu'en lui quelque chose avait eu lieu. Mais je n'avais été ni alarmée, ni froissée, encore moins brutalisée ou blessée. Si je consigne ici cet épisode si facile à taire, c'est pour m'inscrire en faux contre l'hystérie que provoque de nos jours tout contact, si léger qu'il soit, entre un adulte et un enfant pas encore ou à peine pubère. La violence, le sadisme (même sans rapport immédiatement apparent avec la sexualité), la fringale charnelle s'exerçant sur un être désarmé sont atroces, et peuvent souvent fausser ou inhiber une vie, sans même compter la destruction de celle de l'adulte, bien des fois accusé à faux. Il n'est pas sûr au contraire qu'une initiation à certains aspects du jeu sensuel soit toujours néfaste ; c'est parfois du temps de gagné. Je m'endormis contente d'avoir été trouvée belle, émue que ces minces protubérances sur ma poitrine s'appelassent déjà des seins, satisfaite aussi d'en savoir un peu plus sur ce qu'est un homme. Si mes sens engourdis n'avaient pas réagi, ou à peine, c'est peut-être que la volupté, dont je ne me faisais encore qu'une idée très vague, était déjà pour moi indissolublement liée à l'Idée de beauté : elle était inséparable des torses lisses des statues grecques, de la peau dorée du Bacchus de Vinci, du jeune danseur russe étendu sur une écharpe abandonnée. Nous étions loin du compte : le cousin X. n'était pas beau.

Ouvrons maintenant plus grande la fenêtre sur l'Angleterre. J'y suis revenue bien souvent, mais ce séjour involontaire de quatorze mois est le plus long que j'y ai fait. Chaque fois, j'y ai trouvé une patrie, j'entends par là un de ces pays où l'on est instinctivement à l'aise avec soi-même. L'argent manquait, mais cette pauvreté était une nouveauté, un moyen pour moi d'entrer plus avant dans l'intimité de cette immense ville que nous ne quittions guère, ou seulement pour ses environs les plus proches, Greenwich une fois un

matin d'été, Windsor pour contempler des parterres,
Hampton Court plus souvent avec ses beaux jardins et ses
reines décapitées.

Les ressources étaient insuffisantes pour s'enfoncer dans
la campagne anglaise, qu'ensuite j'ai tant aimée. Mais la
queue aux arrêts des autobus était un plaisir ; les musées un
asile contre la pluie et le froid. Les marbres d'Elgin au
British Museum étaient de tranquilles compagnons ; les
Turner de la Tate Gallery transformaient à mon insu mon
idée du monde ; au lieu de forces en équilibre, ces éléments
fondus ou affrontés me préparaient à l'idée bouddhique du
passage que j'allais m'efforcer d'absorber plus tard. West-
minster Abbey semblait une forêt où les siècles s'entremê-
lent comme différentes espèces d'arbres ; les gisants, moins
des morts que les pièces d'un jeu d'échecs qui continuerait
sans eux, mais avec d'autres pions plus ou moins pareils.
L'histoire de France semble morcelée par les conflits qui
l'ont traversée ; Cromwell a détruit autant que nos guerres
de religion ; Marie et Elizabeth Tudor ont peut-être tué
davantage, mais les cicatrices anglaises se sont mieux
recouvertes de mousse. L'époque de Charles X semble sans
rapport avec celle de Thiers ou de Mitterrand ; au contraire,
ce désordre, comme celui des rues de Londres, semblait
témoigner d'un ordre trop vaste et trop complexe pour être
perçu. Acheteur incorrigible, Michel commença pour moi
une collection de monnaies anglaises : lourds George
pesamment engoncés dans le bronze ; argent mince comme
l'ongle sur lequel s'inscrivaient des Plantagenêts fantômes.
Ces espèces n'ayant plus cours aboutissaient aux *sixpence*
tenus dans ma main. Londres autant que Paris ouvrait sur
le monde : une exposition Mestrovic fit naître en moi la
passion des ballades slaves et m'inspira des décennies plus
tard deux des *Nouvelles Orientales*. Marko Kraliévitch,

homme rocher, était l'image virile de la force ; les veuves de Kosovo enlacées et pleurant leurs morts me chuchotaient que le deuil est encore une forme de volupté. Les jours où sortir devenait impossible, la petite, mais riche, bibliothèque du premier offrait ses livres. La guerre et l'exil n'avaient pas accru la patience de Michel : il jeta un jour par la fenêtre un Marc-Aurèle bilingue de la collection Loew, que je ne savais encore ni traduire correctement du grec, ni prononcer convenablement en anglais. Les sœurs infortunées avaient accumulé en désordre des chefs-d'œuvre derrière ces vitres de bibliothèque devenues poussiéreuses : tout Shakespeare, les poètes métaphysiques du XVIIe siècle, les lourds historiens de l'Angleterre victorienne et ses brûlants romantiques, mais aussi Hugo, Balzac, et les comédies de Musset. Ces richesses me comblaient, mais mon demi-frère me regardait sarcastiquement rentrer chez moi, les bras chargés de livres, se plaignant que je n'employasse pas mon temps à la couture, comme il m'avait jadis, toute petite fille, regardée avec colère m'absorber dans la contemplation de la mer au lieu de jouer à la poupée. Chaque repas pris à la table familiale tournait entre le père et le fils en un duel d'injures. Une fois, ils en vinrent aux coups. Les glapissements des femmes mirent fin à cette rixe, mais les hommes agrippés avaient roulé à terre. Michel-Joseph s'excusa, les yeux rouges de larmes, le code moral auquel il souscrivait interdisant de frapper son père. Mais ce n'était pas une réconciliation.

J'ai donné ailleurs les raisons de cette désaffection réciproque. Si j'y reviens, c'est pour ne pas obliger le lecteur à se reporter à un précédent livre, c'est aussi pour tâcher de montrer, en dépit de mes préférences personnelles, que la raison et la justice ne sont jamais que d'un seul côté. Michel-Joseph avait grandi négligé par un père et une mère

également sans frein ; Michel lui en avait amèrement voulu
— ce reproche explosait souvent — d'avoir assisté avec une
brutale indifférence à la mort tragique de sa mère, sans voir
que ce spectacle avait dû être intolérable aussi bien
qu'incompréhensible pour un garçon de quinze ans ; il lui
reprochait avec plus de justesse d'avoir déploré à ma
naissance que son héritage « fût coupé en deux ». Mes
glouglous, les bulles d'air et de salive au coin de mes lèvres,
tout ce négligé de l'enfance qui reparaît parfois dans la
sénilité, avaient sans doute dégoûté l'arrogance de ses dix-
neuf ans. Le fait que son fils, choisissant d'appartenir à un
pays neutre, eût opté pour la Belgique à vingt et un ans
enrageait Michel, qu'on eût désobligé en lui rappelant que
deux désertions successives l'ont forcé à s'établir pour les
couches de Berthe de l'autre côté de la frontière, rendant
ainsi possible cette option pour lui scandaleuse. Le mariage
belge, qui avait assez normalement suivi, était sans doute
moins brillant que l'intéressé ne l'avait cru ; c'était le seul
point sur lequel les deux hommes tombassent d'accord. Ce
que Michel ne sut jamais, c'est que ce mariage avait été
manigancé par un abbé mondain qui fréquentait chez
Madame de Marcigny, laquelle supportait mal de voir ce
garçon de vingt-quatre ans traîner les talons dans son salon
parisien. Michel avait vécu libre sans même se faire une
théorie de la liberté ; son fils avait bruyamment pris parti
pour l'ordre, la famille nombreuse, une surface sociale
apparemment sans fissure, et ce catholicisme qui s'exhibe à
la messe de onze heures. A la table de Putney, il était le seul
qui s'astreignît au jeûne ; sa grimace en présence du plat de
nouilles préparées pour lui faisait pouffer la bonne angli-
cane. Il est âcre là où Michel est violent ; les colères de l'un
tombent vite ; les rancunes de l'autre sont inaltérables. Tous
deux très droits, grands, visiblement père et fils, leurs

physionomies diffèrent. Illettré là où l'autre a lu tous les livres, insolent là où l'autre est tranquillement sûr de soi, ces deux hommes sont faits d'une même matière sculptée autrement.

Michel ronge son frein. Comme tout le monde, il a cru que la guerre durerait quatre mois, ou six tout au pis. La voici maintenant installée dans les tranchées, avec son argot populaire et son imagerie bien à elle, aliment des journaux. Dès février, il entreprit des démarches pour rentrer en France, mais Paris est encore dans la zone des armées, ou du moins tout proche d'elle ; on n'y favorisait pas le retour d'un homme déjà sur l'âge et d'une quelconque fillette, même si un appartement vide les attend. Les transports maritimes se font rares, sauf en ce qui concerne les troupes (des trains bondés de kaki partent à peu près chaque jour pour la côte) et les officiels chargés de mission. Je me demande pourtant si l'ennui d'avoir à se présenter à nouveau à l'ambassade ou au consulat, l'inertie faite d'indifférence qui l'a si souvent mis dans des situations malencontreuses, ou l'y a indûment gardé, n'expliquent pas en partie ce piétinement de treize mois. Michel, si anglophile, n'a pas d'amis en Angleterre : comme tous ceux qui ont passé dans un pays une période d'amour passionné, il y a vécu seul à deux. Rolf et Maud sont d'ailleurs bien loin. Je ne m'illusionne pas assez pour croire que la vie à côté d'une enfant de douze ans suffise à cet homme, si peu père au sens bêtifiant ou tyrannique du mot. Pour la première fois depuis ses deux veuvages, Michel est sans femme, mais le jeu amoureux l'intéresse sans doute moins qu'autrefois. Une dame pourtant émerge à certains jours pour nous rejoindre hors du *tube* londonien. C'est l'ancienne demoiselle de compagnie de Madame de Marcigny. Elle a quarante ans et d'amples formes qui jadis furent sveltes. Elle est en deuil d'un beau-frère tombé en France.

Ses vêtements neufs, achetés à Oxford Street, et qui suivent de près la mode, acquièrent sur elle une dignité un peu raide qui fait penser à la reine Mary, son idéal féminin. Elle est anglaise avec une grand-mère dunkerquoise, mais la « gentilité » de la classe moyenne britannique et son souci d'imiter les raffinements du grand monde ont depuis longtemps effacé Dunkerque. Madame de Marcigny a essayé de déniaiser de son mieux celle qu'elle nomme sa « sotte Anglaise », mais Christina — c'est son prénom — bâille avant les douze coups de minuit, et, dans l'atmosphère chaude d'une loge de théâtre, son fard mal mis se décompose en taches. Après la mort de Juliette, Michel, curieux, ou apitoyé peut-être, l'a invitée pour trois jours à l'hôtel de La Trémoille ; elle lui a dû sans doute les seuls plaisirs charnels de sa vie. Il l'a menée à Longchamp d'où elle est revenue avec une de ses violentes migraines habituelles, qu'il lui a conseillé d'aller soigner en Angleterre. Elle tient à Enfield, dans la grande banlieue de Londres, la maison de sa sœur veuve ; le mari, simple soldat, a été l'un des premiers membres du corps expéditionnaire à mourir « au front » ; c'est la seule distinction qu'a eue ce petit homme industrieux, directeur d'une blanchisserie-nettoyage à sec dénommée « Pureté ». Christina a honte de cette petite fortune qui sent le savon et le dégraissage. Un gracieux talent de miniaturiste lui a valu quelque temps une certaine vogue comme portraitiste de femmes et d'enfants, mais elle avait retrouvé dans les milieux anglais, comme plus tard sur le continent où Monsieur de C. et Madame de Marcigny la firent inviter pour exécuter des commandes, la même position à demi subalterne qu'auprès de sa sœur et naguère chez la Comtesse. Elle a renoncé à ce travail, dont l'application la fatigue ; ses lectures consistent en magazines féminins consacrés à de chastes et brûlantes aventures d'amour ou à de respectueux articles sur la famille royale. Sa conversation ennuie Michel, qui pourtant loyalement l'invite pour le thé, l'hiver à Londres, et l'été à Richmond au bord de la rivière. Pour moi, je reçois d'elle quelques gâteries, des jouets trop enfantins pour mon âge, ou des gâteaux confectionnés par la cuisinière d'Enfield, mais tout cela sur un vague fond d'antipathie ; peut-être sent-elle que je suis toujours là parce que Michel ne veut pas la rencontrer seule. Elle vient moins souvent, donnant pour excuses ses migraines. Nous la reverrons en son temps.

Enfin, le 11 septembre 1915, Michel obtient le bout de papier désiré : un sauf-conduit pour lui-même et pour sa fille, âgée de douze ans, pour Paris, où Michel a son domicile. Deux instantanés à peine jaunis sont attachés à un document : Michel, col haut, cheveux rasés de près, lourde moustache de corsaire que contredisent ses yeux bienveillants. Quant à moi, je suis fagotée dans une robe de l'été dernier, devenue trop petite. Mes cheveux, qui semblent négligés, sont toujours retenus à la tempe par un nœud flasque ; dans ce visage brouillé par l'âge ingrat, les yeux sont résolus et braves. Je venais d'atteindre, sans même m'en apercevoir, la puberté. Les bonnes me donnèrent une provision d'épaisses bandes de linge soigneusement cousues, en me disant qu'il en allait de même, chaque mois, de toutes les femmes. Je n'allais pas plus loin que cette explication. Les bagages furent vite faits ; les adieux courts. Michel ne reverra jamais son fils ni la famille de celui-ci, et sans doute ne tient pas à le faire. On emmena Camille. Le premier bateau ayant des places disponibles partait le 13 septembre, le surlendemain ; nous arrivâmes sans encombre à Dieppe. J'étais à l'arrière avec Camille et les bagages ; Michel à l'avant respirait l'air libre.

Il ne reverra non plus jamais l'Angleterre. Il n'y laisse,

sans probablement y donner une pensée, que le vieux souvenir d'un long amour. L'avenir n'a pas d'ombres portées, sans quoi je saurais que je reviendrai vivre dans ce pays quelques moments inoubliables : je revois une jeune femme aux traits de jeune sibylle assise sur une de ces barrières qui là-bas séparent les champs des pâtures ; nous sommes au bas du Mur d'Hadrien ; ses cheveux flottent au vent des cimes ; elle semble l'incarnation de cette étendue d'air et de ciel. Je revois la même dans le lit à baldaquin d'une vieille maison délabrée, à Ludlow, parlant de Shakespeare qu'elle imagine répétant avec ses acteurs, ou plutôt lui parlant comme si elle était là. Un jeune homme vêtu d'un chandail blanc à capuchon blanc descend d'un pied ferme un *Tor,* une de ces pyramides de rochers pointus dans la forêt de Dartmoor, plus vieilles que l'histoire. Son vêtement n'est d'aucun âge. C'est un jour froid d'automne ; le corps recroquevillé d'une brebis morte, tombée de la même hauteur quelques jours plus tôt, gît sur le sol. Le même encore, vêtu de même, visitant avec moi une réserve de cygnes. Le même, sur l'étroit palier d'une auberge de campagne d'Angleterre, pieds nus dans son kimono de coton gris, unissant nos bras en une étroite étreinte que rien ne semble pouvoir dénouer ; elle s'est dénouée pourtant.

Mais tout cela pouvait ne pas être. Ces mois avaient vu une recrudescence de la guerre sous-marine ; peu de jours avant, ou après, notre tranquille passage, un paquebot fut, paraît-il, torpillé sur la même route. J'ai cru longtemps que c'était celui où périrent Enrique Granados et sa femme, qui venaient de traverser paisiblement l'immense Atlantique. Je me trompais ; les dictionnaires biographiques placent en 1916 la fin de Granados. Ce décalage si marqué prouve à quel point notre mémoire éloigne ou rapproche les faits, en d'autres cas les enrichit ou les appauvrit, et les transforme pour les faire vivre. La mémoire n'est pas une collection de documents déposés en bon ordre au fond d'on ne sait quel nous-même ; elle vit et change ; elle rapproche les bouts de bois mort pour en faire de nouveau de la flamme. Dans un livre fait de souvenirs, il fallait que ce truisme fût énoncé quelque part. Il l'est ici.

En fait, je ne retrouve rien du débarquement à Dieppe, mais seulement la longue attente d'une « correspondance », à Rouen, je crois. A Paris, le concierge Jean et sa femme nous reçurent avec des larmes de joie. Des cinq autres locataires de l'immeuble, quatre dès 1914 avaient préféré la paix et la tiédeur de la Riviera au froid et incertain Paris de guerre. De fait, il semble que le froid commença de bonne heure l'année de notre retour. Le souvenir d'engelures est en tout cas un de ceux qui me restent le plus de tout cet hiver. Jean avait ordre de n'allumer le calorifère que le moins et le plus tard possible.

LA TERRE QUI TREMBLE
1916-1918

Et la guerre ? J'en ai peu parlé jusqu'ici, et seulement pour en montrer les contrecoups assez négligeables sur un petit groupe. C'est, je crois, dans le plus grand nombre des cas, la juste perspective. Certes, nous n'avions ni proches parents ni amis chers aux armées. Mon père avait un neveu, le fils de Marie, point revu depuis son adolescence ; c'était un garçon lourd, courtois, circonspect. Il était lieutenant dans je ne sais quel régiment combattant sur la Somme ; mon père l'invita à dîner lors de l'une de ses permissions ; il avala d'un seul coup son café brûlant pour prendre plus vite congé et se rendre au Moulin Rouge. « Vous savez, mon oncle, je suis jeune ; les permissions sont courtes. » Il finit la guerre indemne et couvert de décorations sûrement méritées. Nous vîmes davantage Fernand, beau-frère de Michel de par le premier mariage avec Berthe, et que son échec au Borda avait fait repousser dans la marine marchande. La guerre le rendait à la guerre. Son paquebot, habituellement affecté au service Bordeaux-Buenos Aires, devint un transport de troupes entre Marseille et les Dardanelles. Peu habitué à cette mer semée d'archipels, Fernand veillait toutes les nuits. « Ces îles, autant chatouiller les nichons de la Mort. » A Paris, profitant d'un long congé pour soigner sa malaria compliquée d'une vieille syphilis, il venait parfois souper. Nous connûmes l'horreur de Gallipoli avant d'entrevoir celle des tranchées. L'image bariolée du Salonique de ces années-là me faisait aussi rêver. Un Lillois, qui avait récemment servi d'officier de liaison avec l'armée serbe, nous montra des photographies : les hommes fourbus, déterminés, les ponts en dos d'âne bloqués par la neige, les cavaliers et leurs montures abandonnés sur ce qui n'était même plus une route. Telle fut ma première voie d'accès vers le Proche-Orient.

Ce ne fut pas le seul rappel du pays de Marko Kraliévitch. Une ambulance serbe, à deux pas de la maison de l'avenue d'Antin, rassemblait sous quelques arbres dans le voisinage du Petit Palais ses éclopés et ses grands blessés. Camille au début de l'été allait s'attarder auprès d'eux sous le feuillage et échanger parfois des baisers ; j'étais trop jeune pour plaire et trop bouleversée par les bribes de récits sanglants faits en mauvais français.

Chaque soir, le long de l'avenue, s'arrêtait brièvement pour parler aux blessés un grand vieillard vêtu de noir suivi de cinq jeunes filles également tout en noir, échelonnées de douze à dix-huit ans. Leurs bas aussi étaient noirs dans leurs souliers plats. Les plus jeunes avaient les cheveux nattés, les deux aînées portaient chignon. Elles ne parlaient jamais, ni au vieillard, ni entre elles. Le groupe reprenait bientôt sa marche taciturne. Je n'en sus jamais davantage. Le vieil homme était, supposions-nous, un grand-père, survivant d'une fille ou d'une belle-fille morte, et d'un beau-fils ou d'un fils tué aux armées. On eût dit un Dracula sans crime. Ces six personnes que j'ai vues chaque jour durant deux années (et les vêtements soigneusement repassés se faisaient graduellement plus démodés et plus minces) sont restées pour moi le symbole même du deuil.

Plus le chemin derrière moi s'étend, plus je m'aperçois
que de tous nos maux le pire est l'imposture. Elle régnait.
Mettons qu'elle fut de bonne foi ou à bonnes intentions : on
finit par croire ce qu'on redit à satiété, après l'avoir entendu
à satiété dire. Tous les clichés s'étayaient l'un l'autre. Les
informations soigneusement cuisinées des communiqués, les
troupes qui se replient sur un point déterminé à l'avance, les
effectifs ennemis n'ayant pu dépasser X. (ce qui signifie que
X. est perdu), l'illustre « tout est calme sur le front de
l'Est », euphémisme allemand qui prouve tout au plus que
sur le front de l'Est on n'a pas eu plus de morts que la veille,
ressemblent aux propos feutrés d'un médecin au chevet d'un
grand malade. Les clairvoyants les perçaient à jour ; les
clairvoyants sont en petit nombre. La presse, elle, utilise à
plein cette occasion de donner de la voix. Des exploits
authentiques, ou parfois légèrement amplifiés, deviennent
un chantage au courage de tous ; les homélies ampoulées
glorifiant les grands morts exaltent en réalité la guerre,
jugée sans examen le seul moyen de régler entre les peuples
les querelles d'intérêt, ou qui pis est, de point d'honneur.
On trouve tout simple que des Jaunes ou des Noirs, frêles
Annamites ou Sénégalais se vantant, à la mode d'autrefois,
de trancher la tête de l'ennemi tombé, périssent dans des
conflits concernant la Bosnie ou l'Alsace-Lorraine. Ces
parades de mots couvraient les râles et les cris. Pour la
première fois, on osait proclamer que cette guerre, dont la
postérité continue à proliférer comme jamais sur la planète,
serait la dernière des guerres, celle dont des monceaux de
cadavres serviraient de piédestal à une paix juste. La vieille
haine de l'homme pour l'homme était du coup justifiée :
tuer était excusé par mourir. Les journaux publiaient à coup
sûr la liste des morts : je ne crois pas que beaucoup de
lecteurs se soient rendu compte de la masse d'entrailles, des

flots de sang, des fumées d'âmes qu'elle représentait. Nous
n'avons jamais su que le premier juillet 1916, à Bapaume,
donc fort près de la demeure où avait vécu ma tante Marie
et pas fort loin de celle qui avait été la nôtre, soixante mille
Anglais périrent en un jour, cinq mille hommes par heure si
on situe le combat entre l'aube et la nuit. Nous ne sûmes pas
davantage que la reprise de quelques kilomètres au nord
d'Arras, en mai 1915, avait coûté aux Français sous Pétain
environ quatre cent mille hommes, et la bataille de la
Somme, qui dura quatre mois, plus ou moins, environ un
million de part et d'autre au cours d'une avance en
profondeur de dix kilomètres. J'y pense aujourd'hui chaque
fois que je traverse ces « régions des champs de bataille »,
tranquilles comme la mort des deux côtés de l'autoroute
bruyante et dangereuse comme la vie. Comme la forêt cache
les arbres, la mort cachait les morts. C'est bien entendu mon
moi présent qui parle ; à quinze ans, un adolescent reste
miséricordieusement captif du cocon qui lui permet de
croître, à demi insensible aux malheurs du monde. Michel
me parlait peu de la guerre, soit pour m'éviter d'y trop
penser, soit parce qu'il arrive un moment où, anxieux et
fatigué, on ne parle plus. Ce fut pourtant vers ce temps qu'il
me prêta un mince volume dont il faisait son livre de
chevet : *Au-dessus de la mêlée.* Il y a peu de choses dont je lui
sache plus gré que de me l'avoir fait lire. Je ne l'ai pas
rouvert depuis. Je ne sais si j'adhérerais encore à chacun de
ses jugements, ou si je serais gênée aujourd'hui, çà et là, par
ce flot oratoire qui gonfle souvent, de Bossuet à Malraux,
d'admirables écrits français. Peu importait. Une voix s'élevait ; la voix d'un homme seul. Il y a ainsi des lèvres,
presque toujours à l'écart de la littérature de l'époque, qui
viennent vous frapper au moment venu, et, en partie, vous

déterminent. Ainsi, trente ans plus tard, allaient faire pour moi les mémoires de Gandhi.

Ce fut aussi à cette époque que nous reçûmes du notaire familial réfugié dans la banlieue de Paris des photographies du Mont-Noir. Le château sur sa haute colline avait servi de poste d'observation à un état-major britannique; il fut bombardé plusieurs fois. La bâtisse à tourelles Louis XIII, éventrée, prenait pour la première fois l'aspect d'une sorte de demeure historique; sa ruine au moins était belle. Mais tragiquement beaux surtout étaient les grands sapins étêtés, ébranchés, qui m'avaient ombragée naguère quand j'essayais de me mêler aux jeux des lapins, sûrement morts eux aussi. Debout, tendant parfois un ou deux tronçons de branchages sans feuilles, les sapins semblaient à la fois des martyrs et leur propre croix. Ces images saisissantes n'étaient pourtant qu'un décor. Des années plus tard, à Madère, où je fis amitié avec un colonel Montaigu, qui, jeune *non-commissioned officer* avait vécu dans le château déjà endommagé et assisté à sa fin, je pus revivre jour par jour ce désastre humain doublé d'un désastre végétal. Les bêtes et les oiseaux avaient disparu. La chèvre aux cornes d'or s'était renfoncée dans la mythologie; où étaient l'ânon Printemps et sa mère Martine? L'herbe a repoussé, mais pas nombre de fleurs qui l'émaillaient depuis toujours. Les taillis et certaines espèces sylvestres repoussent, mais dans ces régions où autrefois la haute futaie n'était pas rare, je m'émeus encore de voir des conducteurs de groupes scolaires signaler avec respect des arbres vieux de soixante-quinze ans.

Les misères des tranchées étaient à peine mieux perçues. « La Madelon », les bagues ciselées dans le métal d'obus ayant tué quelqu'un, les gentillesses des marraines, tout, jusqu'au déguisement des prostituées hantant les ombrages

de l'avenue Gabriel, en séduisant costume de veuves à voile
noir et à ruchés blancs, servait à enjoliver l'horreur. On eût
trouvé indécent de trop mentionner la boue, les restes
humains réapparaissant dans la terre gluante, les blessés
gémissant derrière des barbelés que même leurs plus
courageux camarades n'avaient pu franchir, les rats, les
poux, des morts encore debout, empalés réciproquement
par leurs baïonnettes, tout ce dont les films allaient nous
rassasier après l'armistice. Nous avions cependant des
renseignements sur l'immédiat arrière : ils venaient
d'Odette, plus jeune et plus jolie que jamais dans cette mode
un peu militaire que préconisaient les grands couturiers. Ses
amours avec son marquis-colonel flambaient à nouveau ;
elle quittait souvent son petit appartement du boulevard
Latour-Maubourg pour le « front », où elle trouvait toujours à se faufiler sans encombre. Si parfois un gradé
consciencieux, misogyne peut-être, l'arrêtait, elle trouvait
toujours une autorité plus haute avec qui s'expliquer. Sa
crânerie plaisait dans ces campements pas toujours à l'abri
des bombes. « Je viens voir mon ami, le colonel de L. » était
irrésistible. Dans les cas difficiles, il lui arrivait de dire,
plagiant la Roxane d'Edmond Rostand : « Je viens voir
mon amant », aveu plus irrésistible encore. Mais ce qu'elle
rapportait n'était pas non plus la puanteur des tranchées,
c'étaient les parfums à la mode et les effluves de l'amour.

Les simples soldats, venus pour quelques jours en permission à Paris, ne décourageaient pas l'imagerie courante.
Sagement assis sur des bancs, l'uniforme bleu horizon
délavé et déteint, mais soigneusement brossé, désargentés
comme tous les permissionnaires, ils accueillaient presque
béatement ce moment de répit. Ils respiraient l'air doux,
regardaient passer de jolies filles qui n'étaient pas pour eux
(mon père leur glissait de temps en temps vingt francs pour

aller au music-hall), admiraient les vitrines des beaux magasins et les terrasses fleuries des cafés. « On dirait que ce n'est pas la guerre », murmuraient-ils, et le murmure était parfois d'étonnement, presque de satisfaction, jamais de colère ou d'envie. Proust, le seul écrivain peut-être qui ait su décrire ce Paris amphibie, a dit les mêmes choses. Il fallait pourtant que la puissance brute de l'opinion fût bien grande, pour qu'il mît dans la bouche de Monsieur de Charlus, personnage déconsidéré, et de plus décrié pour ses ascendances allemandes, les seules réflexions qu'un homme sensé pût faire au sujet de la guerre, où tout se passe en somme comme si on la redéclarait chaque matin. Proust, au contraire, sensible au danger de ne pas penser comme tout le monde, ne laisse couler de ses lèvres que des réactions admises. On s'étonne de voir ce grand connaisseur du comportement humain nous présenter comme d'ardents patriotes d'anciens tenanciers de bar venus à la rescousse de leur belle-fille veuve de guerre, comme si le plaisir de se retrouver derrière le zinc ne comptait pour rien dans ce souci de remplacer leur fils dans ses fonctions d'ailleurs plus commerciales que guerrières. Ailleurs, Saint-Loup parle comme si le mot *poilu* passera à la postérité, sublime comme des noms de héros d'Homère. Il serait aujourd'hui bien surpris.

Par contre, ce même Saint-Loup, ici à demi blâmé par l'auteur pour sa trop bonne éducation, n'a jamais été entendu prononcer le mot Boche ou dire Guillaume pour l'empereur d'Allemagne. Michel s'en abstenait de même, mû à coup sûr par le même sentiment que les appellations injurieuses ou grossièrement familières ne font pas avancer la victoire d'un pas.

J'aurais tort cependant de voir pour moi-même sous un jour trop sombre ces deux années de guerre à Paris. Michel s'occupait moins de mes études. Un répétiteur de collège s'employait à traduire avec moi Xénophon, dont la retraite de Dix Mille m'intéressait aussi peu que les communiqués de guerre. Je lisais ardemment Platon, aidée certes d'une traduction juxtalinéaire : les archétypes, les mythes, les grands débats sur l'immortalité passaient devant moi un peu comme des nuées, mais je ne me lassais pas des échappées, soigneusement choisies, je le sais aujourd'hui, sur la vie athénienne, Socrate et Phèdre au bord du Céphise, la palestre que fréquentaient Charmide et le rougissant Lysis. Les joies faciles consistaient à faire le marché avec Camille, à préparer des repas dans l'espoir, le plus souvent déçu, de les réussir mieux qu'elle, mais nos maladresses se valaient. Nous arpentions les quais, tentés parfois par un bateau-mouche ; nous nous arrêtions, Michel et moi, devant les statues des Tuileries pour commenter Jules César et Spartacus. La lecture de Platon m'avait conduite à prendre des leçons de mathématiques (« Nul n'entre ici s'il n'est géomètre »), science que j'ai dû essayer de réapprendre plus tard. Michel, souffrant d'insomnie, se couchait dès que le maigre feu composé de bûchettes et de pages déchirées du *Temps* avait cessé de brûler. Nous l'entendions parfois errer dans le corridor, s'arrêter devant l'escalier de la cuisine, et nous crier de rire moins haut. Nous riions en effet beaucoup. L'ancienne petite ouvrière de filature devenue bonne à tout faire aimait comme moi Molière. Monsieur Jourdain et Monsieur de Pourceaugnac nous aidaient à supporter le mauvais souper (Michel avait repoussé son assiette sans rien dire), le froid, et la guerre.

La dictature jacobine de Clemenceau acheva d'atterrer Michel. Caillaux, intelligent, ne lui paraissait pas digne du poteau. Mata-Hari, qu'il avait rencontrée, n'était pour lui qu'une Hollandaise peu douée pour le métier de bayadère, mais qui ne méritait pas les fossés de Vincennes. Il semble qu'inexplicablement il s'identifiât aux suspects. Un après-midi pourtant, la nausée l'emporta. Avec la bonne volonté qui ne le quittait pas, ayant invité à Paris la mère de Berthe, la redoutable Baronne, et la sœur infirme de sa première femme, Claudine, et ces personnes, qui depuis le grand exode du Nord vivaient petitement dans une auberge de Saint-Valéry, souhaitant se rendre avec Fernand à une matinée de l'Olympia, il résolut de les accompagner. « Qui sait ? Tant de gens y vont. Ce sera peut-être un après-midi distrayant. Il faut parfois essayer de faire comme les autres. » J'étais de la partie. C'était un samedi ; la salle était comble. Nous vîmes, je suppose, les attractions habituelles, le clown cycliste qui désarticule sa machine et finit par rouler précairement sur une roue, la chanteuse sans voix qui alternativement gémit des complaintes ou fredonne des airs gais (une allusion à « nos p'tits soldats » ne nuisait pas). Enfin, vedette appréciée, un chanteur de genre du type parigot, blafard sous son maquillage, brandissant un fusil-mitrailleur et déguisé en pilote de guerre, joua le rôle d'un héros dur-à-cuire « descendant » un pilote ennemi. Nungesser si l'on veut contre Richthofen.

Descendez ! On vous demande !

Pan ! En plein dans la viande.

On riait, on applaudissait. Michel se leva brusquement, posa la main sur l'épaule de Fernand en lui donnant une explication quelconque, et, dérangeant avec des excuses polies cinq ou six personnes hilares, sortit, suivi par moi. Dehors, une neige grisâtre commençait à tomber, vite changée en boue. Sur le boulevard, Michel transi tenta d'attirer l'attention d'un fiacre en marche, mais le cocher, considérant sa journée finie, ne songeait plus qu'à rentrer chez soi, et son cheval aussi, je suppose. Michel saisit la bête par la bride, criant à l'homme l'offre de doubler le prix de la course. Le cocher fouetta son cheval, peut-être sans entendre. Nous continuâmes notre route à pied. Nous nous disions sans doute tous deux que quelque part, dans l'inaccessible Berlin, un voyou déguisé en aviateur allemand débitait peut-être des pitreries analogues, mais il y a des jours où ce genre de réflexion ne console pas. Je pris la main de Michel et murmurai :

— C'était affreux.

— C'était affreux, répondit-il.

Peu avant la guerre, Michel avait résolu de se passer de son agent de change habituel, dont les conseils lui avaient paru décevants, et de placer lui-même la plus grande partie des sommes provenant de la vente du Mont-Noir. Il avait rencontré chez Madame de Marcigny deux hommes d'affaires d'aspect si grossier qu'il semblait presque impossible de les trouver louches. Ils l'étaient pourtant. Petits, ventrus, vêtus d'habits voyants et mal coupés, arborant à Paris l'air provincial et tout rond, les deux Gascons, Dugast et Chalumet, s'épaulaient l'un l'autre. Juliette les avait employés comme courtiers on ne savait plus trop ni où ni quand ; ils venaient les soirs de réception où Juliette elle-même ne recevait plus, mais où entrait qui voulait. Michel a une faiblesse pour les canailles, qu'il croit « honnêtes au fond », quand leur cynisme est si poussé qu'il semble une plaisanterie. Intrigué par les brillantes spéculations dont se vantent les deux brasseurs d'affaires, il ne met pas en doute les lettres de quelques éminents personnages qu'ils lui montrent, ni le fait qu'ils gèrent leur portefeuille. Il signe avant de quitter Paris une procuration si vague qu'elle lui semble anodine, et donne son accord pour deux ou trois placements sûrs. Il n'en reçoit pas les dividendes en Angleterre, mais la guerre explique bien des choses. A Paris, des bordereaux de banques attestent que les deux agents ont réalisé quand même pour lui certains bénéfices. Ceux-ci se font bientôt rares. Des actions naguère haut cotées dégringolent. « En tout cas », ricane Dugast, qui a gardé son aplomb, « ce n'est pas pis que vos propres placements en fonds russes. L'hypothèque sur un hôtel à Deauville n'était qu'une seconde hypothèque ; l'hôtelier, un Italien, qui n'a pas su payer les arriérés de la première, est retourné sans bruit dans son pays où on le dit mobilisé. » « Qui aurait pu prévoir un gâchis pareil ! » s'exclame douloureusement Chalumet, lui aussi touché. Une banque parisienne du Sud-Ouest, nouvellement fondée, donne quelque temps des dividendes, et Michel a laissé parmi d'autres mettre son nom sur l'en-tête. Les coquins qui se disent experts ès opérations de mont-de-piété éblouissent leur dupe par des rachats de diamants, bon placement en ces temps instables. Avenue d'Antin, le petit tas de brillants luit sur l'acajou du bureau, accompagnés de leur garantie ; l'expertise a été faite par un joaillier réputé. Ils ont poussé la gentillesse jusqu'à offrir à leur victime un charmant étui contenant la balance en argent contrôlé, la pince, les poids dont le plus lourd pèse deux carats. (Je possède encore ce bibelot.) Les deux compères ont dû discrètement se pousser du coude en regardant Michel soulever délicatement la pince du bout des doigts et essayer d'équilibrer les plateaux. Le jeu dure peu. Michel qui a encore dans l'œil l'éclat des diamants de Fernande, alors déposés pour moi au coffre-fort du Crédit Lyonnais, et ceux de Juliette, désormais rentrés dans l'anonymat, se rend compte que sa passion pour ces coûteux cailloux l'a trompé ; il a honte d'aller demander une nouvelle expertise au bijoutier de la famille. Il le fait pourtant. Les diamants sont vrais (les deux coquins n'ont pas littéralement menti), mais sont de ceux que les diamantaires dédaignent de considérer comme des gemmes, et relèguent au travail industriel de la taille et du polissage. Ils ne valent pas le prix très bas auquel les deux escrocs disaient les avoir rachetés pour Michel : ils ne valent rien. « Eh bien, quoi, on peut se tromper. » Michel va faire une scène aux deux hommes dans leur bureau à peu près démeublé, au cinquième étage d'un immeuble du boulevard Arago. Ils reçoivent ses éclats de voix avec calme, renversés sur leur chaise et les mains dans l'entournure de leur gilet. Nous sommes dans la farce, même si les pertes subies sont sérieuses. Ce burlesque s'aggrave bientôt d'incidents sombres dont je ne sais presque rien. On joue serré. Les courtiers d'affaires et leur victime se surveillent. Les crapules « ont-elles » Michel du fait de confidences de quelqu'un (était-ce naguère Juliette ?) qui en sait long sur sa vie ? J'en doute. Ses souvenirs, si lourds qu'ils soient, ne sont pas de ceux grâce auxquels on organise un chantage, et surtout contre un homme trop libre pour y donner prise. Ils ont pourtant circonvenu petit à petit ce même homme à qui quatre ans de droit n'ont pas appris à éviter les traquenards légaux. Sentant bien qu'il n'est ni leur seul pantin, ni leur seule victime, il s'oblige à les fréquenter pour en savoir davantage. Afin de remettre leurs rapports sur un bon pied, les deux compères invitent Michel à déjeuner avec leur cousin Migot, suppléant au ministère des Finances, secrétaire comme ils disent. Ce type long et sardonique aime le vin : dans ses gaîtés, il lui arrive de tenir des propos que les deux autres couvrent précipitamment d'éclats de rire. Le repas a lieu dans un restaurant dénommé *La Tête de cochon*, en hommage sans doute à celle des clients ; les serviettes nouées jusqu'aux oreilles accentuent la ressemblance. Migot

parle de se retrouver ce soir chez les filles. Chalumet
bouscule sa voisine de banquette en se levant pour aller faire
pipi. Michel en rentrant s'affale sur le sofa. « Je savais bien
que c'étaient des crapules ; je sais que ce sont des salauds
depuis que je les ai vus manger. » Mais il enfonce dans une
mare visqueuse. Un mot sec de Dugast lui apprend que la
banque parisienne du Sud-Ouest a fait faillite. Michel au
moins se félicite de n'y avoir mis qu'une part modeste de son
capital. Emphatiquement, avec une ironie qui ne s'explique
que par la haine (mais pourquoi Dugast le hait-il ?), le
brasseur d'affaires souligne d'un ongle noir l'en-tête où ne se
trouvent pas les mots rassurants : *à responsabilité limitée*. Si les
actionnaires portent plainte, non seulement tout le magot de
M. le Marquis y passera (Michel de comte est dans ces
derniers temps devenu marquis, comme au début il est
devenu de Monsieur tout court M. le Comte) tout comme le
pognon des deux compères, mais on se retrouvera aussi chez
le juge d'instruction. Cette fois, la peur paralyse Michel.
Est-il perdu ? Que deviendra dans ce cas celle qu'il appelle
encore l'enfant ? Avec une sorte de sadique à-propos, les
deux filous conseillent de me trouver un gardien, en cas
d'accident. S'il se plaint de l'obscurité des rues, noires par
ce temps de guerre : « C'est vrai qu'un homme d'un certain
âge court des risques par des nuits pareilles. Un malheur
arrive si vite », Michel est hanté par la peur de l'assassinat
comme d'autres par la tentation du suicide. Un soir, il
m'annonce qu'il va faire venir d'Angleterre Christina, qui
veillera au ménage. Elle arrive, molle et naïve comme
toujours, et la peur qu'il lui explique est seulement qu'il a
des ennuis. C'est sur lui qu'il entend qu'elle veille, soit
qu'avant d'entrer dans une maison inconnue il l'installe à la
terrasse du café d'en face, soit qu'elle l'attende devant la
porte, renfoncée dans un taxi ou dans un fiacre (en temps de

guerre, les taxis sont rares) tandis que le compteur reste en
marche. Parfois, il m'emmène, plutôt que de me laisser seule
dans l'appartement que garde de son mieux Camille.
L'angoisse tourne au délire tout court.

Des propos vite interrompus du fameux déjeuner d'affaires, Michel a retenu que la procuration, maintenant
périmée, a permis aux escrocs de placer une somme
considérable en prêt usuraire à un mineur. On se gausse du
père, grand manitou de la finance internationale, de la
mère, fort décriée pour son goût des femmes de chambre, du
fils, ce benêt qui n'est bon qu'à grignoter Papa Maman.
Tout d'abord, Michel a été moins indigné qu'on n'aurait
cru, ayant lui-même usé de cet expédient pour soutirer de
quoi vivre à une mère avare pendant quarante ans. Mais
l'idée qu'il fait pour ces gens-là partie d'une bande d'usuriers délite ce qui lui reste de confiance en soi-même. Car
Maurice sait le nom du prêteur, les deux compères l'ont
donné, soit qu'ils aient voulu se démettre de toute responsabilité sur Michel, soit qu'ils aient cru le jeune homme plus
rassuré d'avoir affaire, en cas d'ennui, à un bâilleur de fonds
du même monde. Michel a vu quelquefois Maurice à
l'époque des premières sorties de celui-ci ; il a rencontré
deux ou trois fois le baron S. Il se sent socialement déchu
dans un milieu qui côtoie le sien. Cette « sale histoire »,
comme il la qualifie lui-même, lui vaut surtout une visite
imprévue de la baronne S.

Que la réputation de Hilda S. soit scandaleuse dispose
plutôt Michel en sa faveur, dans sa haine des hypocrites
mâles et femelles qui s'arrangent pour garder des dehors
intacts. Mais l'aspect physique de cette femme énorme
répugne. Ses robes moulées sur elle par de grands couturiers
la cuirassent ; les peaux de bêtes des grands fourreurs lui
donnent par ce jour d'hiver l'air d'une ourse ; un grand

feutre masculin semble faire exprès de lui cacher le visage. On ne remarque qu'ensuite les belles mains fines, et les petits pieds de duchesse espagnole, portant cette masse de chair qu'on voit souvent s'engouffrer, non sans se retourner pour s'assurer qu'elle n'est pas suivie, sous la voûte du fabuleux numéro 19. Mais aujourd'hui, c'est la mère qui bouillonne en elle. — « Etait-ce à vous, Monsieur, d'aider ce garçon à s'enfoncer davantage dans la pègre parmi laquelle il vit ? Vous ne voudriez pas de la fille pour laquelle il a volatilisé cette petite fortune. A vingt-cinq ans, il sera marié, mis au courant des affaires : il ne vaudra pas moins qu'un autre et saura mieux que vous ce qu'un galant homme ne fait pas. Vous vous êtes conduit comme un sot. Quand on n'est apte qu'à confier son argent à des usuriers, on ferait mieux de se contenter du trois pour cent des emprunts de guerre. » Michel rejette ce prêt usuraire sur les deux courtiers louches qu'elle connaît, comme elle connaît tout le monde.

— Votre fils, Madame, ne me doit ni intérêt ni capital. Cette petite note écrite ce matin l'exonère de tout. Il me rendra un jour ou l'autre ce qu'il pourra me rendre.

— Pas de mon vivant.

— Vous aimez trop la vie, Madame, pour qu'on ne vous souhaite pas de vivre longtemps.

— Pourquoi feriez-vous ce cadeau à la banque ?

« Pour me plaire », a-t-il envie de répondre. Mais cette réplique sent le théâtre. En se levant, Hilda S. glisse dans son réticule le billet qu'elle a soigneusement lu. Un vague sourire se perd dans ses bajoues.

— Après tout, je vous ai rencontré quelquefois chez Madame Van T.

Michel revoit une jeune écuyère robuste caracolant sur le

sable. Quinze ans de passions trop facilement assouvies et de mépris surmonté ont changé cette femme en Lémure.

Mais, sur le seuil, elle ne lui tend pas la main. Tant mieux. Il n'avait envie ni de serrer ni d'embrasser cette peau frottée de cold-cream. Dehors, laissant comme elle le fait souvent son chauffeur sur le seuil de notre immeuble, elle va chercher son habituel nid de plaisir, plus désirable que jamais après cette passe d'armes.

La banque non plus ne fit pas de cadeaux. Un chèque rendit à Michel son principal, tronqué de l'avance consentie à Maurice près de quatre ans plus tôt. Il songe à renvoyer le chèque : cette fois, ce n'est pas Maurice qui en profitera. A court d'argent, il le garde.

Il se chercha des amis. Depuis des années, il n'allait plus dans le monde, que la guerre avait de plus dispersé. D'ailleurs, ces gens-là !... Fernand était nul. Avec Paul, le veuf de Marie, il s'était brouillé pour de bon, depuis que la seconde femme, qui déjà désapprouvait mes lectures, avait fait pression pour me voir confirmée avec ses filles à elle à Saint-Philippe-du-Roule. Odette était « aux armées ». Pensif, Michel arpente la rue Cernuschi, mais de nouveaux visages aperçus aux fenêtres du premier étage le renseignent déjà. Il y retourne affronter le concierge. « Monsieur et Madame ont quitté depuis plus de deux ans. On dit qu'ils sont en Suisse allemande. » Ce portier méfiant paraît confondre la Suisse allemande et l'Allemagne.

Enfin, un nom revient à Michel, sinon celui d'un camarade de combat, du moins d'un ami qu'il a soutenu pendant quelques années agitées. L'abbé Lemire est né à Vieux-Berquin, flamand d'aspect, français d'expression comme tous les habitants de ce patelin du Nord. (Il n'apprit le

flamand que fort tard, à l'époque des luttes électorales.) Ni
sa piété austère, qui négligeait volontiers les dévotions
fleuries, ni ses conflits avec un Vatican qui n'était déjà plus
celui de Léon XIII, et laissait les bigots de la région
s'acharner sur cette espèce de saint, ni les clichés politiques
et parlementaires avec lesquels il a évité le plus possible de
jongler toute sa vie, n'ont altéré sa lucidité d'homme du
XVIIe siècle. « Vous ne vivez pas en démocratie, vous vivez
en bureaucratie », jette-t-il à ses électeurs étonnés. « Ne pas
protester contre les horreurs de la guerre actuelle, c'est pour
le christianisme abdiquer, perdre sa raison d'être », dira-t-il
en 1918, et il regretta ensuite l'imprudente lourdeur des
sanctions imposées à l'ancien ennemi. Œcuménique avant la
lettre, fraternisant d'instinct avec les aumôniers protestants
des corps expéditionnaires anglais et américains dans le
Nord, ce fils de paysans trace son sillon avec la lenteur
obstinée de ceux qui ont labouré la terre. Ses « jardins
ouvriers », détestés du patronat, n'ont pas pour seul but
d'offrir au salarié des villes un peu plus d'air pur, une aide
alimentaire contre la cherté de la vie, mais une sorte de
réhabilitation par le contact avec le sol. Ce révolté inscrit au
parti de la Gauche radicale a longtemps enseigné paisiblement le latin au Grand Séminaire de Cambrai; quand
Michel vient maintenant serrer la main au Député-Maire
d'Hazebrouck, ces messieurs sortent un moment du gâchis
politique pour aller respirer une bouffée de Virgile. Le jour
où Mélanie, factotum de Madame-Mère, choisit d'apporter
à Monsieur son petit déjeuner du matin, pour voir l'effet que
produira sur lui sa nouvelle : « Eh bien, cette fois tout est
clair : l'abbé Lemire a filé à Paris avec une gueuse! »
Michel se contente d'ordonner à la vieille de ne plus
remettre le pied chez lui. Voici des années qu'ils n'ont plus
eu l'occasion de se revoir, mais Michel n'ignore pas que

l'abbé vient d'approuver les propositions de Benoît XV en faveur de la paix, jugeant à bon escient qu'on n'anéantirait jamais l'Allemagne, et souhaitant voir l'Alsace-Lorraine nous revenir grâce au troc de quelque lointaine colonie à la longue plus dangereuse qu'utile. De même, au moment de l'Affaire, pas plus que Michel, l'abbé n'avait été antisémite.

Rendez-vous pris, nous l'allâmes voir. Il habitait rue Lhomond, où il se retrouvait en province. Je revois ce décor éclairé par un ancien réverbère, jetant son ombre sur un mur gris. Michel parla longuement sans être interrompu. L'abbé pensait peut-être que tout au fond de nous, il y a une bonne raison à tous nos faux-pas. Il lui demanda trois semaines pour s'occuper de ce dossier.

Nous revînmes chez lui au jour dit. Christina attend en bas dans un fiacre, non certes que Michel craigne un traquenard, mais parce que les rues dans ce quartier sont vides et lui semblent désolées. Je suis placée derrière la porte vitrée d'une petite pièce qui n'est guère qu'un placard à livres. Il y a là des classiques latins que j'aimerai feuilleter. J'entends tout ou partie des propos du prêtre sans m'efforcer de les comprendre. Ces imbroglios financiers m'ennuient. Presque tout ce qui suit me vint plus tard de Michel.

— Voilà ! Comme vous l'aviez parfois pressenti, tout ce à quoi vous avez été mêlé n'est guère que du camouflage. Ces gens vivent de mensonges. L'histoire des diamants est une plaisanterie qui vous a coûté cher, une tentative aussi pour voir jusqu'à quel point vous vous laisseriez duper. Le prêt à un mineur, et à des conditions usuraires, ce mineur fût-il d'une des plus riches familles de France, est un crime dont vous êtes tous deux victimes : il semble qu'on ait surtout tenu à vous compromettre. Vous vous en êtes tiré à perte, mais honorablement. La banque en faillite n'a existé que sur papier. Madame S. a fait enquêter de son côté, avec les mêmes résultats. En ce moment, le nommé Dugast est en prison, inculpé d'escroquerie dans une affaire de fourniture aux armées. Son associé est en liberté surveillée. Par un bonheur incroyable, les deux tiers de votre capital avaient été placés par lui sous un faux nom dans un coffre de banque : il comptait s'en servir pour une affaire louche sur laquelle nous fermons momentanément les yeux. J'ai moi-même fait placer pour vous vos fonds au *Crédit du Nord,* où vous pourrez les reprendre.

Michel bouleversé remercie et offre au prêtre, pour ses œuvres, une portion au moins de l'argent recouvré. L'abbé sourit.

— Gardez ces sommes dont vous aurez besoin et soyez plus prudent à l'avenir.

Michel m'appela pour prendre congé et remercier. Scruté de près, l'abbé me frappa. Pâle, lent, très grand dans sa soutane usée, c'était évidemment quelqu'un qui ne se préoccupait jamais de l'effet produit sur les autres. Il m'est arrivé au cours de ma vie de rencontrer trois hommes qui donnaient l'impression d'une intégrité sans faille. Ce que j'ai dit de l'abbé Lemire suffira. Le second était Albert Ier, roi des Belges. A peine ai-je frôlé celui-là, c'était à Bruxelles où j'étais allée quelques jours en 1930 ou 1931 pour des difficultés d'héritage mentionnées plus haut. Je m'étais rendue à une matinée de la Comédie-Française qui donnait, bien ou mal, une pièce de Pirandello. Il y avait peu de monde. J'étais seule dans une loge voisine de la loge royale. A l'entracte, je m'attardai. La sonnerie avait déjà cessé dans le long corridor. Soudain, j'aperçus le roi causant avec son aide de camp, et qui, sans le vouloir, me barrait le chemin. Il s'écarta, recula de deux pas, se colla contre la muraille, les bras légèrement écartés, et salua d'une brève inclinaison de tête cette jeune femme inconnue qu'il laissait passer. Rien

de plus. Mais ce geste d'effacement lui avait été familier
toute sa vie. A moins d'être obtus, on sentait que cet homme
en complet noir, traditionnellement courtois, avait eu la
force, ou le courage, ou la sagesse, de laisser passer ainsi les
désastres amèrement supportés, et la tardive victoire, qui au
fond n'en était pas une. Un visage vêtu d'humilité, dit
Dante. Mais l'humilité, qui est la position que tout homme
réfléchi adopte en présence de sa vie, est plus qu'un
vêtement.

La troisième expérience fut à peine plus longue. L'Améri-
que du Nord, une tempête de neige dans la nuit d'hiver, un
petit train dans une petite gare de la forêt, le quai bossué de
monts et de creux blancs, la neige lancée par le vent qui
s'amoncelait jusque dans le wagon vide, le contrôleur
africain, enlisé jusqu'aux jarrets sur la plate-forme, noir
dans ce blanc-gris, protestant qu'il lui était impossible de
hisser jusqu'à lui deux femmes chargées de paquets et de
lourdes valises. « Je monterai le bagage moi-même », dit
brièvement quelqu'un. C'était, sur le quai fouetté par le
vent, le seul voyageur avec nous de ces heures nocturnes.
Vêtu d'un imperméable sombre qui rappelait celui d'un
officier de marine, tête nue, mince et d'assez petite taille,
eût-on dit, il semblait tranquillement à l'aise dans ses gestes.
Il déposa les deux lourdes valises et les épais paquets dans
un coin abrité des wagons, et se retira dans un coin opposé,
sortit de sa vareuse une torche électrique qu'il suspendit au
dossier de son siège, et prit un livre qu'il se remit à lire. Pas
un mot n'avait été prononcé. Je crus devoir aller le
remercier ; il répondit avec une courtoisie parfaite, et
continua sa lecture. J'avais sous les yeux l'homme qui
durant quatre mois avait affronté seul la nuit et l'hiver
antarctiques, qui, un jour où il s'était aventuré par exception hors de son abri souterrain, pour vérifier je ne sais quel

anémomètre, avait vu la trappe se refermer derrière lui, immédiatement rivée au sol par le gel, et l'avait rouverte de son bras cassé, à la suite d'un accident également supporté seul. L'hiver tout entier devait se passer là. Inquiets de son silence ou de ses réponses trop brèves (il ne manœuvrait plus que péniblement la manette de sa radio), ses plus proches voisins, les hommes et les chiens stationnés à quelque trois cent miles de là, firent l'effort de le rejoindre et de le ramener à travers la banquise presque infranchissable, interrompant ses mesurages du pôle antarctique, et aussi sans doute cette vision de l'absolu et de l'illimité qui n'apparaît que quand tout le reste a été vécu et franchi. *Alone,* livre unique où l'amiral Richard Byrd a mis au jour le jour la routine de sa solitude, lâche prise quand il s'agit de faire parvenir jusqu'à nous ce grand bruit silencieux auquel sont sourds presque tous les hommes. Il est peu surprenant que, mal à l'aise avec le poids spécifique des mots, Byrd a été réduit à quelques balbutiantes formules là où Maître Eckhart eût à peine suffi. Son journal antarctique, par contre, a quelque chose de la sombre transparence de la glace et de l'anonymat de la neige. Cet homme pour qui le succès, la carrière, et même l'hégémonie américaine ne furent pas des buts, ou du moins ne le furent pas longtemps, était de ces êtres qui déplaisent à d'autres, à force d'être nettement soi. Plus tard, après sa mort, j'ai vu de ses collègues défendre ardemment sa mémoire contre des journalistes avides de ragots. A l'époque où je le rencontrai, il venait de renoncer à sa demeure pourtant isolée de l'Ile-des-Monts-Déserts pour une autre, moins accessible encore aux importuns. Je n'ai jamais eu le bonheur d'apercevoir Lawrence. Si pourtant j'étais entrée à Clouds Hill de son vivant, j'aurais sans doute entendu cet homme sur ses gardes échanger avec ses camarades de Bovington Camp les plaisanteries habituelles, discuter des mérites et des démérites des moteurs d'avion, agacé peut-être par la présence insolite d'une femme. Je me suis souvent demandé si Byrd s'était jamais rendu compte que ses expéditions et son ascétique retraite dans l'Antarctique avaient contribué à l'asservissement et à la pollution d'un monde à peu près vierge ; si Lawrence avait pu prévoir que le Moyen-Orient, déjà déchiré de son temps par les luttes auxquelles il avait participé, allait devenir d'une part cet empire de l'essence, de l'autre ce monceau d'hommes morts et de libertés mortes, aussi détruit que dans son poème sur la perte d'un être aimé un bouleversant corps de chair. Non, peut-être. En tout cas, par cette tempête de neige dans la nuit du Maine, j'ai eu l'occasion de rencontrer un de ces hommes de silence.

Mais revenons à l'abbé Lemire, que j'avais remercié, je ne savais trop de quoi. Il posa son pouce sur mon front pour y tracer un signe de croix. Qu'étais-je pour lui ? La fille d'un homme de cœur pris au piège de l'argent, et incapable de s'en sortir seul ? La nièce de Marie de S., une sainte, mais qui sans doute avait dû détester celui qui pour toute la Droite catholique n'était qu'un prêtre schismatique ? C'était justement l'année où, dans les bois d'Enghien, un monsieur et une dame inconnus avaient cru reconnaître en moi une fille de Marie. Mais je n'étais pas la fille de Marie ; je n'étais pas non plus la fille de Fernande ; elle était trop lointaine, trop fragile, trop dissipée dans l'oubli. J'étais davantage la fille de Jeanne, de celle qui s'était promis de veiller sur moi dès ma naissance, et que Michel, en dépit de toutes ses rancœurs, n'avait cessé de me proposer comme une image parfaite de la femme. Mais cinq ans s'étaient écoulés depuis

que je l'avais revue pour la dernière fois. Me reconnaîtrait-
elle? Elle ne songeait sans doute plus à moi; elle avait deux
fils.

L'abbé claudiquant (il souffrait d'arthrose) tint à nous
reconduire jusqu'au fiacre. Michel se proposait de quitter
Paris sitôt rentré en possession des capitaux qui lui restaient. Les deux amis moururent quelque dix ans plus tard,
à un an d'intervalle. Ils ne se revirent jamais. Je ne crois pas
non plus qu'ils se soient jamais écrit.

LES SENTIERS ENCHEVÊTRÉS

Durant les premiers mois de la guerre, avant que celle-ci, encore fluide, se fût figée en guerre de tranchées, le désarroi, mais aussi l'élan individuel régnaient. Egon et Jeanne avaient toujours consacré quelques moments de leur temps aux indigents et aux malades; ils ne faisaient que changer de malheureux. Jeanne travaillait dans une ambulance privée, près de Senlis, dont une association luthérienne assumait les frais. Egon, qui avait renoncé aux embardées de naguère, ramenait à Paris de grands blessés qui parfois mouraient en route. Ces tâches leur donnaient l'impression de rester en contact avec au moins un coin de réalité.

Très vite, Egon s'aperçut qu'il courait le risque d'être versé dans un régiment russe qui se formait en France. Une semaine plus tôt, les premiers appelés avaient été réunis dans une caserne de la grande banlieue : des étudiants, des socialistes, des membres de communautés situées dans des provinces limitrophes de l'Empire, et qui, pas plus qu'Egon lui-même, ne tenaient à se battre pour le Tsar. Une partie de ces gens-là prit la fuite. Des gradés russes, en charge du projet, tirèrent sur eux; il y eut d'assez nombreux morts. Les journaux ne parlèrent pas de l'incident.

Egon et Jeanne quittèrent Paris pour la Suisse. La

Hollande, neutre, mais difficile à atteindre, encerclée de trois côtés par l'Allemagne et la Belgique occupée, eût été une prison. En Suisse, au contraire, l'air paraissait plus pur, et les cris et les impostures de la presse, tant française qu'allemande, n'arrivaient qu'amortis. Mais la vie matérielle avait ses problèmes. Après quelques séjours temporaires à Morges, puis à Lausanne, Monsieur et Madame de Reval acceptèrent l'offre d'un ami suisse, collectionneur et mélomane, industriel et mécène célèbre, qui leur offrait une petite maison attenante à sa somptueuse demeure de Winterthur. Au bout d'un hiver, pourtant, ils se lassèrent de ce passage continuel d'artistes et d'écrivains dont Otto Weiner composait sa cour, de ces discussions interminables sur la peinture, la musique et la guerre, de ces pronostics toujours faux qui annonçaient tantôt l'invasion de la Suisse, tantôt une paix négociée pour le surlendemain. Otto Weiner rendit pourtant de grands services à Egon. *La rumeur des pierres*, sa première œuvre mi-pianistique, mi-chorale, avait été donnée à Paris à la veille de la guerre. Admirée ou honnie, elle avait définitivement placé Egon dans le petit nombre des novateurs qui comptent. Weiner réussit à la faire donner à Bâle et trouva à l'auteur, dans l'Institut *Pro cultura artistica* de cette ville, une place de professeur d'interprétation musicale qui l'obligeait chaque semaine à deux heures de présence. Egon avait triomphé de sa crainte nerveuse de s'exhiber en public ; il donna des concerts dans les grandes et petites cités helvétiques. Des fonds laissés à Paris lui étaient finalement parvenus grâce à ce même bienfaiteur. Des florins, résidus de l'héritage paternel de Jeanne, en firent peu à peu autant. Ils se cherchèrent dans la région un logis qui ne fût qu'à eux seuls, et s'achetèrent enfin près de Soleure un petit pavillon délabré du XVIIIᵉ siècle.

Soleure avait été la résidence officielle des ambassadeurs auprès des cantons suisses ; un peu du siècle des Lumières y avait brillé. Le petit pavillon avec son modeste portique et ses quelques boiseries Louis XV gardait encore des grâces françaises. Un jardin à l'abandon prenait des airs de parc. Les traductions d'Angelus Silesius et de Novalis se vendant au compte-gouttes, Jeanne pour tâcher de gagner davantage tenta de fondre en un seul roman certains traits de la vie de ces deux hommes. Mais le don lui manquait. Elle jeta au feu son ouvrage pour cause de médiocrité. Aidée par Egon pour le vocabulaire musical, elle rédigea une sombre biographie de Gluck, une autre de Schubert, acceptées par son éditeur parisien, en dépit du discrédit de tout ce qui touchait à l'Allemagne. Elle disait en souriant que ces ouvrages « rapportaient un peu d'argent ». Mais c'était déjà beaucoup que l'époque des Lumières et l'époque romantique fissent pendant la durée de quelques pages oublier l'empire allemand. Une lettre de Romain Rolland, dont Michel en ce moment se passionnait pour le généreux *Au-dessus de la mêlée*, vint lui réchauffer le cœur.

Pendant ces années, Egon se tut. Il composa pourtant une série d'études pianistiques, brefs colloques avec soi-même, ou avec une voix qui était tantôt celle de Jeanne, tantôt d'inconnus, s'exprimant en sourdine, et qui n'étaient sans doute elles aussi que la sienne. L'image des deux enfants, mis dans une bonne école, mais qui, à en croire Egon, s'ensuissaient, opposait leur avide et allègre gourmandise au calme des vergers dorés et aux senteurs insidieuses des champignons dans l'herbe humide ou à l'aigre saveur des dernières baies trouvées sous la mousse. La mort du jeune frère d'Egon, son préféré, le cadet aux gardes tué dans une des premières émeutes de Pétersbourg, l'emplissait moins de détresse que du souvenir d'un bel hiver dans cette ville maintenant changée, où Jeanne et ses deux frères avaient goûté sans arrière-pensée les fêtes du théâtre et celle de la vie côte à côte. Le galop allègre du *Cheval blanc au bord du lac,* le premier ballet d'Egon, joué en ce temps-là, plongeait moins dans la mort que dans une jaillissante, inexplicable immortalité. Ces pièces énigmatiques, souvent contradictoires, publiées bien des années après, allaient un jour servir de clef, souvent fausse, à des biographes futurs. Quant au *Labyrinthe du Monde*, ce n'était plus qu'un long projet pour après-demain.

A cette époque où son poste d'instructeur était une nouveauté, Egon s'intéressait à ses élèves comme à autant d'instruments, bons, médiocres ou mauvais, qu'il entendait pour la première fois. Durant l'une des deux nuits qu'il passait chaque semaine à Bâle, il lui arrivait d'errer sur les bords tumultueux du Rhin, comme autrefois à Dresde sur les quais de l'Elbe, ou à Paris dans certains jardins voisins de Notre-Dame. Parfois, des rencontres satisfaisantes l'enrichissaient ou l'apaisaient, un visage, un corps dont il gardait l'image, mais qu'il ne cherchait pas spécialement à retrouver. Et il ne lui arrivait pas non plus toujours de chercher à se retrouver soi-même.

En Suisse allemande, Egon et Jeanne avaient repris de leur mieux leurs tâches charitables, mais celles-ci avaient changé de formes. A Bâle, comme naguère à Genève, la Croix-Rouge s'occupait de recueillir des renseignements sur les disparus, morts ou prisonniers. Egon et sa femme se rendaient utiles dans ces recherches par leur connaissance des langues. Jeanne surtout, plus libre de son temps, passait une partie de chaque jour à déchiffrer des listes ou à y répondre. Un matin, elle trouva sur une liste autrichienne le nom de Franz porté disparu après la quatrième bataille de l'Isonzo. Ni elle ni Egon n'ignoraient (ils s'étaient informés sans se le dire auprès du Directeur de la prison à Rome) que Franz, libéré peu de temps avant l'entrée en guerre de l'Italie, avait été remis aux autorités autrichiennes. Il avait dû être mobilisé presque aussitôt. Cette fois, le nom, l'âge, l'adresse familiale probablement fausse, car il n'était pas certain que Franz ait jamais eu de famille, le numéro du régiment étaient également consignés. Jeanne montra la liste à Egon, non sans un serrement de cœur, craignant d'aviver trop de souvenirs.

— Disparu... Ou mort... Ou bien caché sous l'uniforme d'un tué italien.

— Ne l'avilissez pas trop, dit-elle. Il est peut-être mort en héros.

— C'est possible, et le contraire aussi. Pour nous, rien n'est changé. Un disparu, c'est presque un mort. J'espère au moins qu'un spectre avide ne viendra pas frapper à la porte.

— Quant à moi, dit-elle, j'aime mieux me souvenir seulement du jeune homme qui organisait pour les enfants des ballets de fleurs.

— Merci, fit-il en lui rendant la feuille.

Elle sentit que ce merci signifiait qu'il lui savait gré de mettre comme toujours un peu de douceur dans l'intolérable. Rentré dans sa chambre, il s'enferma à clef pour qu'elle ne le vît pas souffrir. Les souvenirs se bousculèrent. Il en retrouvait un qu'il avait tenté d'oublier, datant de ce qui avait été leur première et heureuse équipée d'Espagne. Sur une plage déserte, près d'Alicante, Franz à l'en croire s'était baigné nu avec de jeunes gitans qu'il avait amadoués à l'aide d'une pincée de cocaïne, dont Egon apprit ainsi qu'il en faisait usage. Des argousins chargés d'arpenter le rivage avaient fouillé les vêtements épars ; eux du moins se connaissaient en poudre blanche. Stupide comme toujours dans l'ordre pratique, Franz avait essayé de filer à la nage.

On l'avait rattrapé un peu plus bas sur un éperon rocheux. Les gitans, eux, s'étaient glissés comme des lézards dans les creux de la falaise. Egon sut tout cela par l'arrivée dans son auberge d'un gendarme chargé d'obtenir « les papiers du prévenu ». Il retrouva Franz au poste de police, dans une arrière-chambre où traînaient les restes, chargés de mouches, des repas de la veille, Franz suspendu par les poignets avait été battu et couvert d'ecchymoses. Tandis qu'Egon distribuait des pesetas, Franz remettait péniblement ses vêtements. Aux questions de son ami le garçon répondait par une sorte de grognement, accompagné d'un haussement d'épaules, qui allait bientôt lui devenir habituel. Pour la première fois, il semblait à Egon que quelque chose de tout ensemble insolent et subhumain se manifestait en lui. Mais il y a aussi des dieux subhumains, un bouc sacré, un Egipan ; un Anubis qui alternativement mord et lèche.

Jusqu'à ce moment, en dépit des déconvenues et parfois des mauvaises heures, il en avait été surtout pour Egon du plaisir des sens comme d'une promenade sur une mer paisible, ou agréablement agitée. Depuis la rencontre avec Franz, il avait côtoyé l'abîme. Il y a des gouffres charnels comme des gouffres spirituels, avec leurs vertiges et leurs délices, leurs supplices aussi, que connaissent seuls ceux qui ont osé s'y enfoncer. Leur distance d'avec ce qu'Egon nomme encore le plaisir est aussi grande qu'entre la rêverie et la démence, entre un air de clavecin et une tempête de gongs. Les confidences du comte Spada avaient appris à Egon que la brutalité sensuelle, le goût bien défini du vol et du mensonge n'étaient pas chez Franz qu'un phénomène récent. A un dégoût physique comme une nausée, s'ajoutait l'horreur d'avoir choisi si bas. Mais où commençait le choix ? Et si sa présente répulsion, qui parfois confinait à la haine, n'était pas aussi une forme d'hypocrisie? Si le disparu revenait, ne s'élancerait-il pas vers cet abject ami, repris par un pouvoir qui tient de la magie plus encore que du désir? Et s'il revenait physiquement dégradé, éclopé, grotesque? Il ne sait pas. Il ignore même s'il a vraiment aimé ce grand garçon mince, aux muscles un peu mous, mais subitement coincés dans la colère et la passion, ces yeux troubles sous des cils de femme. Il l'imagine mort, dissous, sans pouvoir se persuader que ce feu sombre est pour toujours éteint. Ce soir-là, au tintement de la sonnette du jardin, il hésita à descendre ouvrir la grille, comme s'il craignait toujours qu'il s'agisse de l'ami et du tourmenteur d'autrefois.

Mais l'angoisse du temps primait tout. La guerre, tout d'abord, n'a pas déchiré ce Balte pris dans des allégeances différentes. Mais la déroute russe à Tannenberg lui a vite enlevé des parents éloignés, des camarades, amis de jeunesse retrouvés là-bas durant son séjour avec Jeanne. La Russie croule, mais l'ineptie et la corruption des gens en place sont telles qu'on ne peut les plaindre. Peu lui importera, deux ans plus tard, que « Félix » ait tué Raspoutine. La perte de son jeune frère, on l'a vu, n'a été qu'un événement à part. Egon n'a jamais éprouvé de sentiments bien vifs pour sa famille, quittée en pleine crise de l'adolescence, et qui avait naguère découragé sa vocation musicale; par la suite, il leur en avait voulu d'avoir froidement reçu ce libre esprit qu'était Jeanne. Mais à mesure que les communications se raréfiaient entre l'Occident et les provinces baltes, eux aussi devenaient des disparus presque effacés de la carte. Depuis qu'après l'armistice des brigades allemandes avaient envahi le pays, pour protéger l'Europe contre les Bolcheviques, mais aussi pour tenter de regagner à l'Est la zone d'influence perdue à

l'Ouest, tout s'embrouillait là-bas comme les séquences
d'un vieux film crépitant d'étincelles : populations locales
ameutées contre les Barons possesseurs de terres, ou parfois,
plus rarement, indécises par crainte des changements qui
suivraient ; à Riga, haine des foules contre les riches
marchands germaniques, empestés d'argent, enthousiasme
parfois, mais aussi terreur à l'arrivée des faméliques avant-
gardes rouges qui achevaient, avec les corps francs de
von Wirtz, d'épuiser les vivres. Des amis suédois ou anglais
d'Egon dans leurs légations de Berne le renseignaient de
leur mieux sur les conditions de voyage. Depuis l'armistice,
il devenait plus facile d'approcher par la dangereuse
Baltique de ces territoires en ébullition, où toute légalité et
toute protection cessaient. Ces aventures étaient encore
quasi réservées à des porteurs de missions secrètes, hommes
d'affaires, philanthropes ou pasteurs jouant parfois double
jeu, et parfois même chargés de le faire, à des journalistes ou
se donnant comme tels. Egon réussit à s'organiser quelques
concerts à Londres, et dans les pays scandinaves. Il partit
muni de tous les laissez-passer et de tous les visas, y compris
un passeport suisse à son nom (Jeanne et lui venaient
d'obtenir la nationalité helvétique) et mentionnant son état
de musicien. Un autre, faux, faisait de lui un obscur citoyen
suisse négociant en lin. Un sauf-conduit de la Croix-Rouge
pouvait servir ou nuire suivant les cas ; des volontaires
suspectés d'espionnage avaient été récemment emprisonnés
à Moscou. Jeanne soucieuse ne s'étonnait pas : mieux que
lui, peut-être, elle savait qu'il avait souffert de rester en
dehors de la grande aventure du siècle, non la guerre, qui
leur faisait toujours horreur, mais le risque et les privilèges
du danger, la solidarité, et parfois la fraternité des rangs, un
monde viril de contact humain. Egon avait rongé son frein.
Jeanne disait oui à ce projet insensé de retrouver les siens,

ou du moins de s'informer d'eux, comme elle eût dit oui à toute tentative allant dans le sens de la vie, la mort fût-elle embusquée au bout. Ils passèrent leur dernière nuit dans l'intimité des corps et des larmes, comme à Dresde, avant leur promesse de mariage, comme à Rome, après le scandale qui avait failli les briser. Mais bien que les sens de Jeanne souffrissent encore de longues périodes de solitude, sa fierté n'en pâtissait plus. Combien d'époux, supposés normaux et bien assortis, au bout de vingt ans de vie commune, se retrouvaient-ils encore souvent dans le même lit ?

— Il m'est dur de vous laisser tous trois... Et si peut-être...

Elle posa le doigt entre leurs deux bouches.

— Les enfants s'ennuieront de vous, mais ils ont et auront leur vie à eux. Et quant à moi, je ne me sentirai jamais tout à fait seule dans une chambre où nous avons été ainsi ensemble.

Et, comme toute femme en pareil cas, elle réitéra qu'il reviendrait. Il partit avant l'aube, supposant qu'elle dormait enfin (elle ne dormait pas) pour éviter des adieux renouvelés qui les eussent brisés. Mais il arrive presque toujours que celui qui part ait une bouffée d'énergie et même d'espérance de plus que celui qui reste.

Londres, Copenhague, Stockholm, revus après quelques années de guerre, lui donnèrent le sentiment de la vie recommencée ; sa musique lui semblait, de plus, mieux comprise qu'autrefois. Sa sécurité à l'égard de soi-même avait grandi. Le voyage par mer jusqu'aux îles d'Aland fut long et plus dangereux encore jusqu'à un point de la côte carinthienne où l'on espérait débarquer discrètement grâce à des bonnes volontés locales. Les passagers, jusqu'ici défiants, se rapprochaient les uns des autres ; on causait le soir sous le balancement de la lampe, avec un laisser-aller au moins apparent. La mer, à partir des îles, était parsemée de mines qui dérivaient avec la banquise, mais la chance de sauter ensemble n'encourageait pas nécessairement la sincérité. Les vantardises et les lieux communs régnaient comme partout. Le mutisme de certains autres intéressait davantage, mais on ne savait trop s'il cachait le vide, ou des projets idéalistes ou sinistres. Un voisin de table d'Egon, un Anglais qui travaillait lui aussi dans le lin, lui donna quelques bons conseils pour passer les lignes. Il insista même trop. Une fois débarqué et les pieds dans la boue d'une tourbière, Egon profita de la nuit verdâtre du printemps pour se débarrasser de son bienveillant conseiller. Tout au loin, à travers des rangées de troncs d'arbres, on apercevait les feux à demi éteints de ce qui semblait une vieille ferme. La gueule du loup, peut-être ? Autant s'y jeter tout de suite. Mais les quelques vieilles femmes et les deux hommes déjà sur l'âge qui ouvrirent la porte, rassurés par le dialecte local, n'étaient pas prorusses. Ils n'avaient guère envie d'héberger un étranger, mais leurs sympathies étaient baltes. Egon apprend avec surprise que l'un des châteaux deux fois saccagés par l'ennemi qui sert de camp retranché à une brigade allemande appartient — si le mot convient encore — à l'un de ses cousins Reval. Il n'est guère en ce moment qu'à une quinzaine de kilomètres de la fluide frontière. Les Allemands viennent de temps à autre se ravitailler dans cette ferme. Le lendemain, à l'aube, il emboîte le pas à l'un des fermiers, chacun portant sur l'épaule un sac de pain de troupe. Ces sacs de provisions valent un sauf-conduit. A une distance qui semblait hors de portée de voix, l'homme s'enfonce dans la bouche quatre doigts et lance une sorte d'aigu cri d'oiseau. On parlementa avec la sentinelle. Après avoir évité de justesse un coup de feu tiré d'une tourelle par on ne savait qui, Egon se trouva en face de son cousin Conrad, plus jeune que lui d'une vingtaine d'années. Ce Conrad quasi adolescent, a un sérieux et pensif visage d'enfant. Conrad, tout en restaurant de son mieux le visiteur, se grise de cette chance de parler musique (la réputation d'Egon est venue jusqu'à lui) et littérature française d'avant-garde. Mais les nouvelles ont mauvaise tournure. Les guérillas du général von Wirtz quitteront la Courlande si l'Angleterre et la France refusent tout appui. Les combats locaux autour de Riga continuent. Conrad récite ce bulletin comme une leçon apprise. Egon comprend déjà que le garçon n'aime pas la guerre et ne songe pas à sauver la patrie (mais y a-t-il encore une patrie à sauver?). Conrad est là pour Eric, autre cousin germain celui-là, qui est aussi son frère d'armes, son modèle et son dieu, en charge de trois cents hommes tant Baltes qu'Allemands, implantés dans cette solitude. La plongée d'Egon dans l'inconnu tourne-t-elle à la visite de famille? Eric entre. Comme Conrad et Egon, il appartient à la race aux cheveux blonds et aux yeux bleus, mais son visage tendu porte déjà entre les sourcils une mince ride impérieuse; le parler coupant est celui d'un homme habitué à donner des ordres.

— Qu'est-ce que tu viens foutre ici?

— Aider les miens, s'ils sont en vie.

— Courir ta chance, plutôt, et te frotter au danger. Quant à aider les tiens, tu viens trop tard. Ton père et tes deux frères aînés ont été tués par tes paysans qui avaient pris pour meneur un agité rouge, pas bête, un agité qui est maintenant chef du Parti à Tallinn. Tes villageois ont un peu devancé le partage des terres.

— Tu en es sûr?

— Autant qu'on peut être sûr de quelque chose dans ce sacré pays.

Mais la conversation se détend. Les gros mots cessent, comme cessent à l'entrée d'un salon les compliments d'usage.

— Woïronovo?

— Flambé, à ce qu'on dit.

Egon détourne les yeux de Conrad, sentant qu'Eric s'inquiète de tout regard appuyé sur son jeune ami. Mais il lui semble bien se souvenir que son cousin avait une sœur, plus âgée que lui, et qu'à l'époque où les familles se rendaient des visites, il a dû l'apercevoir tout enfant. « Elle n'est plus ici », répond courtement Conrad. Eric, qui achevait de manger, s'en va. Ce n'est qu'un peu plus tard, et d'un subordonné, qu'Egon apprendra que la jeune fille a passé à l'ennemi.

L'évacuation de Kratovicé aura lieu dans la semaine. « Mon vieux, tu arrives pour la clôture. Von Wirtz a donné l'ordre de porter secours au reste de ses forces bloquées à Dorpat. Ensuite, et si c'est possible, de regagner l'Allemagne à travers les lignes polonaises qui s'efforcent de protéger Varsovie d'une nouvelle attaque russe. Qui vivra verra. »

Tout est prêt pour le départ. Trois cents soldats éprouvés par l'hiver et la faim ont pourtant l'expression satisfaite qu'amène avec soi le changement. Conrad et Eric durent au dernier moment laisser sur place la dernière représentante de la génération précédente, la tante Prascovie et sa femme de chambre, toutes deux d'origine russe, séquestrées depuis de longs mois dans leurs chambres d'un luxe fané au milieu des signes de croix et des prières. Le fermier, qui avait conduit Egon à Kratovicé, promettait, si la situation le demandait, de porter chez lui les deux femmes comme deux vieilles lapines cachées au fond d'un sac vide. Le jour du départ, à l'aube, Egon se retourna en entendant ouvrir une

fenêtre : une vieille en chemise, réveillée sans doute par le
bruit, regardait vaguement les troupes s'en aller.

En arrivant trois jours plus tard aux environs de Murnau
(Eric et Conrad employaient encore les noms de lieux-dits et
de villages), ils rencontrèrent la rivière en crue. La terre
ferme tournait au bourbier.

— Que tu restes avec nous, ou t'en ailles tout seul faire
un pèlerinage à un tas de briques est presque également
dangereux, dit Eric. Pour nous... Je crois bien que les dés
sont jetés. Mais toi... Tant que tu auras dans le ventre une
sonate ou un oratorio, tâche de ne pas te faire tirer dessus
sur la route.

— A la grâce de Dieu, fit Egon, qui, se souvenant
soudain d'avoir laissé derrière lui sa foi luthérienne, ajouta
par acquit de conscience : — S'il existe.

Il rendit avec une caresse son petit cheval à un jeune sous-
officier qui s'était démonté pour lui. Conrad et Eric mirent
pied à terre et l'embrassèrent. A leur propre surprise à tous
trois, leurs larmes coulaient ou du moins leur emplissaient
les yeux, comme celles des héros d'Homère. Egon s'éloigna.

Il marcha longtemps sur le sol à demi inondé, prenant
parfois appui sur des racines d'arbres. Vers midi, deux
paysans dans une prairie, de l'eau jusqu'aux genoux, lui
demandèrent de remettre sur pied une vache qui s'enlisait.
Il donna un coup de main, et fut remercié sans que personne
s'enquît de qui il était et d'où il allait. Ses vêtements
disparates et boueux le faisaient ressembler à tout le monde.
Ses bottes, ramassées dans un coin désert du château, lui
faisaient mal, et, de plus, prenaient l'eau. Il finit par les jeter
à la rivière avec le reste des papiers d'identité qu'elles
contenaient et dont il ne garda qu'un mince sauf-conduit
déjà délavé, et remit avec joie les chaussures d'écorce
pendues à sa ceinture. Il faisait chaud, et le lent crépuscule

d'avril s'annonçait. Des nuages recouvraient le ciel pâle. Un
peu avant la nuit, il décida d'aller s'étendre sur un remblai
séparé de la route par une rangée d'arbres. Il crut entendre
au loin, vers l'est, une salve d'artillerie. Il n'en était pas sûr.
Il dormait déjà.

Il se réveilla raidi par l'humidité. La marche le remit,
mais il se proposa pour le soir suivant de découvrir un
meilleur abri, n'importe quelle hutte de trappeur ou de
forestier dissimulée dans les bois. Il commençait à pleuvoir
à grosses gouttes. Le jour passa lentement dans une angoisse
horrible due à la solitude, au crépitement de l'eau sur les
rives inondées, au silence, et à l'absence d'ennemis. Le soleil
aux trois quarts noyé dans les brumes était sa boussole.
Mais il s'égarait et perdait du temps sans cesse dans les
enchevêtrements des arbres plongés dans l'eau.

Il faisait encore jour quand il atteignit un sous-bois
devenu très dense, où une cabane de forestier s'accotait
entre deux vieux arbres. Il écouta longuement. Enfin, après
avoir vainement frappé, il poussa la porte. L'intérieur nu,
obscur, misérable, était tout plein d'une fade odeur de
décomposition humaine. Mais la scène qu'éclairaient deux
étroites lucarnes n'avait rien de violent : ce n'étaient pas des
morts de la guerre civile. Un vieil homme tranquillement
étendu sur le large banc couvert d'une paillasse semblait en
paix. La vieille femme à demi pliée sur sa maigre couverture, une jambe traînant à terre, comme si elle était morte
dans l'effort de se recoucher et de s'allonger. Elle avait peut-
être un instant avant sa fin essayé de rendre un dernier
service au vieux. La faim ? Le typhus ? Les visages bouffis
sur les cous émaciés n'exprimaient rien. Pendant qu'il
regardait, un gros rat (ou un chat, il n'était pas sûr) bondit
hors des jupes et s'évada par un trou. Egon sortit, fermant
soigneusement derrière lui la porte, mais l'odeur le suivait

encore. Il se força à rentrer, examina un instant le petit garde-manger grillagé attaché au mur et y prit la seule chose qui restait, un quignon de pain noir et qui sentait comme le reste. Mais la musette qu'il avait rapportée de Kratovicé était vide. Il sortit de nouveau, referma la porte, et frotta longuement contre la mousse d'un tronc d'arbre ce pain que la pluie lavait déjà. La nuit était venue, il fallait pourtant trouver où coucher. Derrière la maison un petit appentis délabré avait encore son toit de chaume, recouvert en partie par le grand toit oblique de la cabane à laquelle il s'accotait. Egon y sauta d'un bond. Les gouttes de pluie dégouttaient d'en haut, faisant une sorte de rideau à la paille humide. Il se replia dans le coin le plus sec.

Vers la mi-nuit, une rumeur qui lui sembla immense lui parvint : les bruits réguliers des pas d'une troupe approchaient. Il essaya de compter les hommes, sept ou huit tout au plus de front, marchant sur cette route étroite. Il s'embrouilla dans ses calculs, arriva à un total d'environ six cents hommes renforcés par une cavalerie en désordre. Quelques mitrailleuses s'enfoncèrent. On marqua le pas. Il y eut pour Egon un sentiment d'horrible attente ; les commandements étaient donnés en russe. On se remit en marche ; les bruits dans l'éloignement étaient redevenus une vague rumeur. Eric avait parlé de la remontée d'une division russe vers le nord, mais ces hommes semblaient eux aussi chercher à joindre la route de Vilna. Egon attendit qu'il fît déjà jour pour repartir.

Soudain, l'incident eut lieu. Un homme, un soldat letton dans un vieil uniforme de l'armée rouge, apparut du côté par lequel les troupes s'étaient éloignées, sur un petit cheval fourbu qui allait au pas. Ivre à coup sûr, il penchait à tel point sur sa selle qu'on s'attendait à chaque moment à le voir tomber. En apercevant un inconnu, il fit feu. La

première balle passa outre ; la seconde effleura le flanc droit.
« Pour un ivrogne, il tire assez bien », mais avant même
d'en avoir pensé si long, il s'était jeté sur le cavalier ivre,
tordant le bras de l'homme à la hauteur du poignet pour lui
arracher son arme. Le cavalier pris de boisson tomba,
cognant du crâne une souche au bord d'un torrent, le corps
en porte à faux roula pesamment dans l'eau. Egon le poussa
pour l'enfoncer davantage, la face dans la boue. Il jeta le
revolver sous les hautes herbes. Un traînard, un déserteur
peut-être ? Aucune pensée ne lui vint, sauf que c'était facile
de tuer un homme et aurait été facile de mourir.

Il prit par les rênes le petit cheval ruisselant de sueur. Un
peu plus bas, pour s'éloigner de la route, il lui fit passer un
gué à l'endroit où le torrent se calmait. Ils se trouvaient
maintenant dans un paysage de futaies et de halliers qu'il lui
semblait déjà avoir connu, et qu'éclaircissaient de temps en
temps des étendues d'herbes. Deux pistes de charrettes se
prolongeaient dans la distance. Débarrassée de son pesant
cavalier, la bête avait repris le souffle. Il attacha les rênes au
harnais, pour qu'elle ne s'y empêtre pas, et, du plat de la
main, la poussa en avant. L'animal aussitôt libre partit au
galop. Après avoir hésité un instant, il suivit comme
superstitieusement la même piste.

Ses souvenirs se précisaient. Ce n'était pourtant pas
Woïronovo, où l'ample parc s'étalait majestueusement au
centre d'un grand cercle d'arbres, paysage d'enfance, qu'il
avait à la fois haï et aimé. Ici, il est chez lui, tout est bien.
On dirait qu'il l'a quitté depuis si longtemps que le départ et
l'absence ont cessé de compter. Une maisonnette de bois,
jadis peinte en blanc, se blottit au fond d'une clairière, reliée
au monde par un sentier où tout au plus une carriole peut
passer. C'est là qu'il a amené Jeanne, après son accident de
télègue, pour lui épargner l'accueil cérémonieux et froid des

siens. Sitôt qu'il a mis le pied sur la marche un peu brûlante du seuil, il ne doute plus. Un point d'eau, d'où elle aimait à entendre le plongeon d'une grenouille, confirme par son bruit ce souvenir. C'est là qu'elle venait s'asseoir, par les premiers beaux jours, sur un banc qui n'a pas changé. Il se rappelle d'ardentes discussions politiques avec le jeune médecin. Vit-il ou rêve-t-il? Il lui semblerait presque aussi impossible d'avoir peur dans ce lieu que dans les limbes ou au ciel. Il ouvrit la porte, assujettie au loquet. A l'intérieur, une pièce assez claire, presque nue, mais où il savait d'avance la place de la cheminée, et reconnut un vieux fauteuil. Un homme au visage à demi caché par ses longs cheveux grisonnants et sa maigre barbe s'y trouvait assis, les coudes sur la table. Il bondit.

— Egon! Frère!

Il l'embrassa. C'était Odon, l'un de ses camarades d'enfance préférés. Lors du séjour de Jeanne dans la maison forestière, il avait souvent accompagné Egon, le soir, jusqu'au château, pour l'inévitable partie de cartes en famille, et l'avait ensuite ramené à Jeanne, tantôt seul, et ils parlaient alors de leurs équipées passées, tantôt escorté d'autres garçons du village; Egon avait retrouvé avec eux dans la forêt à peine verte les chansons, les plaisanteries et les ébrouements d'autrefois. Au retour surtout, il arrivait que l'alcool, autant que le froid, rougît les joues, mais l'air encore glacé dissipait vite ces fumées. Ils quittaient Egon sur le seuil, ou, plus souvent, apprivoisés par la voix de Jeanne, acceptaient timidement de la jeune dame une part de gâteau ou une vodka supplémentaire. Reconnaîtrait-elle Odon? Egon lui-même ne l'avait reconnu qu'à son étreinte d'ours amical. Les années et les dangers avaient fait leur œuvre. L'homme qui s'était rassis poussa vers son hôte un

tabouret de bois blanc. Des bruits rauques s'échappaient de
sa poitrine. Egon comprit qu'il pleurait.

— Tu ne devrais pas être ici, imbécile... Mais, Dieu
merci, je te revois... Tu viens chercher quelque chose ?

Il passa la main sur la surface nue de la table.

— Il n'y a plus rien. Ça s'est passé très tôt, au moment
où les têtes étaient les plus chaudes... On n'aimait pas tes
frères... Toi non plus, tu ne les aimais pas... Quant à ton
père, toujours alité, il est sorti pour leur porter aide, appuyé
sur sa canne... On le respectait, mais autant en emporte le
vent... J'ai un peu tapé, moi aussi. Oh, pas trop fort ! Je crois
même qu'il n'a pas senti... Un homme par terre... Parce
que, tu sais, j'étais en principe avec les autres... Sans quoi,
tu ne m'aurais pas trouvé ici.

— Et mes belles-sœurs ?

— T'inquiète pas. Les femmes, ça se débrouille. A Riga,
je pense. Ou peut-être même à Helsinki. Pour le château, je
te montrerai demain ce qui en reste.

Un feu de tourbe brûlait. Il prit une casserole et y versa
du lait. Un meuglement avait déjà révélé qu'il y avait
quelque part une vache. Il fit cuire on ne sait quelle bouillie.
Quand ce fut prêt, il remplit trois écuelles.

— Olga !

Une petite fille d'environ sept ans sortit d'une espèce
d'armoire-alcôve dont Egon se souvenait, parce qu'on y
trouvait aussi un escalier. Un escalier si raide que Jeanne
n'avait pu le gravir. L'enfant était laide et maussade. Egon
se rappela que le mariage d'Odon avait dû avoir lieu cet été-
là.

— Ta femme ?

— Laisse tomber.

Ils mangèrent. La petite avalait à grand bruit. Elle finit

par s'endormir sur son écuelle. Odon la ramena dans le placard.

— Elle y aura plus chaud qu'ici.

Et voyant qu'Egon regardait le grand lit dénudé dressé contre un mur :

— Oui, votre lit. Celui où elle couchait tout le jour avec sa jambe bandée. Elle ne boite plus ? Tant mieux. Mais le matelas a été volé et la plupart des courroies d'en dessous ont lâché prise. On dort par terre.

Il étala quelques couvertures. Egon n'osait pas avouer qu'il avait encore faim. Odon sortit une bouteille enveloppée de chiffons et la lui tendit. L'autre refusa.

— Tu ne bois plus ?

— Je suis musicien. Quand je bois, je joue mal.

— Tu ne joues pas ce soir. A propos, dit-il en se frappant le front, ta mère ? Tu ne t'en es pas encore informé.

— Morte avec les autres, je suppose.

— Non. Elle est au village. Tu la verras demain.

Il but pour deux.

— Nous prendrons la petite au château. Ça ressemble davantage à une partie de famille. Elle aura même une canne à pêche. Ça inspire confiance.

— Y a-t-il là-bas des rôdeurs ?

— Pas souvent. Puisqu'il n'y a plus rien.

Ils se levèrent le lendemain dans la brume de l'aube. Mais le soleil était déjà haut quand ils quittèrent le canot à la limite des bois.

— Odon, où est ton ancienne hutte ?

— Brûlée comme le reste. Si j'ai pu m'installer chez toi, c'est qu'il fallait bien quelqu'un sur place, ou presque sur place, qui s'occupe des navets et des pommes de terre. Je suis comme qui dirait régisseur, mais pour la commune.

Ils marchaient sur l'ancienne pelouse. La petite sautillait

d'un pied sur l'autre. Au bout d'un quart d'heure, Odon s'arrêta.

— C'était là.

— Où les a-t-on mis ?

— Là, répéta-t-il en appuyant du pied sur la terre. Tu penses bien qu'on n'allait pas prendre la peine de les traîner très loin. Après les avoir dépouillés, bien sûr.

Egon leva machinalement les yeux sur son guide qui portait au poignet une assez belle montre. Odon ne parut pas le remarquer.

— Et voilà tes briques, dit-il. Il y a aussi quelques pierres de taille.

Egon comprit pourquoi le paysage semblait changé. L'ancien bloc du château ne le coupait plus en deux. Ç'avait été une assez lourde et princière bâtisse des temps baroques, un long rectangle renflé comme il s'en voyait souvent dans l'Europe du Nord-Est. Les balcons arrondis et les hautes fenêtres baroques avaient au XVIIIe siècle remplacé l'architecture encore militaire de l'ancien château fort, gage sans doute d'une nouvelle sécurité. Egon pensa au fumet des rôtis de cygne et de héron émanant des cuisines, aux biches et aux chevreuils enfouis dans les panses d'hommes au pourpoint de brocart, aux femmes faisant bomber leurs seins au haut de leurs raides corsets, aux lits où ces gens avaient ronflé et fait l'amour, à l'inépuisable provision d'objets désirables qu'étaient en ces temps-là les chambrières, les valets et les pages, aux rivalités d'habillement des invités, aux stridentes trompettes annonçant le souper, aux pots de chambre et aux latrines. Il évoque les quelques ascendants dont il sait l'histoire : sa grand-tante Dorothée de Reval, ambassadrice et rivale de Mme Tallien dans l'art des tuniques transparentes et de la danse, puis organisatrice d'un cercle d'illuminés qui contint et influença des rois et

des princes. Il se souvient d'avoir lu d'elle un petit volume
de *Pensées,* écrit par elle en français à l'époque du Direc-
toire : « Il y a des gens qui ont eu presque de la gloire,
presque de l'amour et presque du bonheur. » *Presque de la
gloire ?* Ce sera son sort, surtout s'il meurt sans avoir pu ni
approfondir, ni développer ses dons. *Presque de l'amour ?* Son
amour pour d'autres ? L'amour d'autres pour lui. Tout
l'amour reçu, tout l'amour donné. Peut-être au pis n'y a-t-il
que de l'amour qui s'est trompé de formes. Et de même, la
brutalité, la saleté, les bassesses présentes ne laissaient pas
subsister en lui, certes, presque du bonheur, mais on ne sait
quelle joie qui résistait à tout. Quittant Dorothée qui avait
dû connaître cette joie, dans la danse, dans la mystique
(comme Jeanne) et souvent dans l'amour, il remontait plus
loin, jusqu'à un familier de Rodolphe II s'occupant de
magie noire dans les caves du Hradschin à Prague. Une âme
de ténèbres, ou une âme en flammes ? Savait-il lui-même ce
qu'était son âme ? Et bien plus loin, cet évêque de Magde-
bourg du XIIᵉ siècle, couché dans sa cathédrale... Un saint...
Et pourtant ce saint avait approuvé la croisade des enfants,
sûr que Dieu protégerait ces petits ou les mettrait parmi ses
anges...

— C'est ma femme et moi qui avons traîné ta mère
jusqu'ici, ce fameux grand jour ; enfin, le jour du malheur.
Elle gigotait, comme si on avait voulu lui manquer de
respect. Elle est aidée par deux femmes : la mienne, qui me
laisse parfois passer une partie de la nuit, ce qui fait que je
tire encore un coup de temps en temps, et une petite rousse
ravigotante.

La maison, plutôt petite que grande, était bourrée de
monde. La vieille baronne, qu'on appelait ici Minna, était
couchée à terre à l'entresol, avec deux ou trois incurables et
une femme qui venait d'accoucher. Les longs cheveux

blancs de Minna étaient beaux. La peau tirée sur les os et l'absence de dentier changeaient un peu ce visage qu'il n'avait pas revu depuis dix ans.

Elle ouvrit vaguement les yeux, le regarda, et dit :

— Karl...

C'était le nom de son frère aîné. Il comprit pourquoi la mention de musique avait rappelé à Odon sa mère : depuis des années, elle n'appelait plus dédaigneusement Egon que « le musicien ».

Il fit remarquer à la jeune femme le drap de dessus tout taché de vomi. Elle le roula en boule et en rapporta un autre un peu plus propre.

— Ça manque ici, le linge. Et laver n'est pas facile.

Elle ne paraissait pas non plus se remémorer l'Egon d'autrefois. Agenouillée elle aussi au bord de la paillasse, son corps qui se pressait contre lui semblait pourtant le reconnaître.

— On pourrait quand même la laver et la rafraîchir un peu.

Elle acquiesça du menton, et apporta un bassin d'eau tiède et un linge. Il défit les boutons de la vieille blouse de dentelle éraillée que Minna continuait à porter. Le bas du corps n'était que roulé dans une serviette sous un bout de couverture. Les maigres seins jaunes pendent, comme s'ils s'étaient flétris à nourrir des enfants, mais Minna n'a jamais donné le sein, cet office étant dévolu aux nourrices. Il humecta et sécha de son mieux chaque pli de cette peau grumeleuse; un coup d'œil lui laissa entrevoir la fissure brun-rouge dont il était sorti. A l'aide de vieux ciseaux un peu faussés, il coupe les ongles des mains et ceux des pieds, qui déjà s'incarnent. Après de petits grommellements (il lui a sans doute fait mal), elle s'est assoupie, et répète dans son demi-sommeil le nom de son fils aîné. Kristin (oui, elle s'appelle Kristin, comment a-t-il pu l'oublier?) peigne les beaux cheveux blancs. Odon crie du fond du corridor :

— Temps de partir.

Ils se lèvent. Kristin, qui ne s'est donnée à lui qu'une heure, vingt ans plus tôt, comme pour le repayer de l'aider dans sa détresse, lui passe brusquement les bras autour du cou et lui donne un baiser d'amante. De tous les incidents du voyage, rien ne le relie mieux au passé que cette bouche et cette langue chaudes. Il revoit les dangers courus ensemble, le père sauvage, la police soupçonneuse (du moins, ils le croyaient), la nuit folle dans un bouge de petite ville à attendre que l'avorteuse la lui rendît livide, risquant encore l'hémorragie, mais délivrée du produit d'un autre, ou peut-être morte. — Ce n'est pas eux, c'est leurs jeunesses qui s'embrassent.

— Il s'agit de te défiler au plus vite. Trop de gens t'ont vu ou savent qui tu es. Tiens! lui dit Odon.

Il s'arrête à deux pas de la cabane, et lui passe une sorte de souquenille qu'il portait pliée sur le bras. Cette loque sale et plus déchirée encore que sa propre casaque est, ou plutôt a été, une veste d'uniforme de l'armée rouge.

— Tu la passeras demain. Il faut que tu sois comme tout le monde... Heureusement, c'est une très grande taille. Il y aura cette fois des gars sur la route : des éclopés, des convalescents, des types rentrés à la douce pour travailler un peu aux champs, des tire-au-flanc, quoi. Tu seras un déguenillé comme les autres.

Ils se couchèrent en silence. En pleine nuit, Odon se mit sur le coude.

— Tu dors, frère? Il faut que je t'explique. Ta mère avait un petit sac avec des pierreries sous sa chemise. Elle me les a confiées, comme qui dirait... Et quelques semaines plus tôt, la belle argenterie que j'ai mise en sûreté. Celle de ton arrière-grand-oncle, que l'Impératrice de ce temps-là trouvait à son goût... Quand tu reviendras, dans des moments plus tranquilles, on partagera. Tu te vois demain sur la route avec des cuillers de vermeil...

Egon remercia comme en rêve. Confié... Mis en sûreté... Il imagine de nouveau le vieil homme tombé à terre, et l'autre tapant pour se faire bien voir. Sa mère avait été traînée plutôt que portée. Mieux valait ne pas penser à tout cela.

Le lendemain, il fut prêt de bonne heure. Ils s'embrassèrent un peu moins chaudement qu'à l'arrivée ; Odon, content sans doute de le voir partir, n'en avait pas moins pris des risques pour lui ; ce bon Samaritain qui ne l'était pas tout à fait restait pourtant l'Odon de son enfance, celui avec lequel il avait joué dans les bois et flotté en pleine rivière sur des troncs coupés, suspendant quand il faisait chaud leurs petits vêtements aux branches d'arbre et roulant nus sur l'herbe en pente, fumant des cigarettes volées pour écarter les moustiques. Une idée vint au forestier. Il dit :

— Attends.

Et il détacha du mur une balalaïka évidemment fabriquée sur place.

— Tu vas vers le Sud, comme tout le monde. Si on te parle, joue-leur quelque chose. C'est moins dangereux que d'en trop dire.

— Je ne sais pas en jouer, dit Egon, désignant l'instrument paysan.

— Tu es musicien, tu te débrouilleras. A quinze verstes d'ici, il y a un bastringue où l'on vend du kwas, et un puits pour ceux qui n'ont que les moyens de boire de l'eau. Repose-toi là, c'est un endroit sûr. Et ne te presse pas trop : ça va barder dans le Sud. Essaie plutôt de te planquer pendant quelques jours. Si on te demande tes papiers, tu diras que tu les as perdus étant saoul.

Egon suivait déjà la route de campagne envahie par l'herbe, avec sa boue et ses trous d'eau. Les groupes qui le suivaient ou le précédaient ne s'occupaient pas de lui. A deux reprises, des officiers passèrent à cheval, sans regarder autour d'eux, criant plutôt qu'ils ne parlaient pour se faire entendre de leurs compagnons. L'air était lourd ; les quinze verstes prirent presque toute la journée. Egon s'assit sur un talus, non loin de la cahute indiquée si minutieusement par Odon : avis salutaire ou piège ? Quelques hommes reposaient sur l'herbe. Quelqu'un l'interpella. Au lieu de répondre, il fit résonner sa guitare. Ses doigts hésitants retrouvèrent quelques chansons d'enfance et de village ; parfois, le bourdonnement d'un chœur à bouche fermée accompagnait ses refrains. Musique et danse étant inséparables, quelqu'un dansa. Tout à coup, une voix :

— Rien pour le Parti ?

Il savait l'air, mais non les paroles, de l'*Internationale*. La mélodie un peu traînante s'étira.

— Eh bien, on ne reconnaît plus ses vieux amis ?

Quelqu'un, par derrière, le frappait sur l'épaule. Egon eut une exclamation de joie. C'était, bien pris dans son uniforme d'officier de l'armée rouge, Elie Grekoff, le jeune médecin de Tallinn qui avait soigné Jeanne, et avec qui tous deux avaient fait amitié. Ils s'embrassèrent à la russe, le cœur sur les lèvres, aussi à l'aise que s'ils avaient été seuls au monde. Elie l'empêcha de parler.

— J'ai vu hier Odon chez Kristin. Il m'a expliqué. J'avais à faire et ne suis parti qu'il y a une heure. Il faut absolument que tu t'en sortes. Je ne te quitte plus.

Il fit redescendre du talus la motocyclette. Ils démarrèrent. Egon serrait fermement entre ses bras la poitrine de son ami, un peu pour résister aux cahots de la route, un peu parce que ce corps respirait la force.

— Nous prendrons à la jonction un des trains de réenforcements vers le Sud. Nos troupes ont renoncé à assiéger Varsovie et quitté Vilna. Pour le moment, les Français et les Polonais ont pris l'offensive. Tu savais cela ? Les nouvelles vont vite.

— Oui, mais les paysans se taisent beaucoup.

— Mes chefs m'avaient envoyé à Riga négocier un projet qui a fait long feu. Mais j'ai vu prendre et reprendre si souvent cette ville que je me demande encore si elle appartient à quelqu'un.

— Tu crois à la victoire des Rouges ?

— Ou en leur défaite, peu m'importe. Et que ce soit la sainte Russie ou la Russie rouge. Seulement, je suis russe. Ni lituanien, ni estonien, ni courlandais, ni baron balte. Et du moment que je continue en uniforme mon métier de médecin... Comment va Jeanne ?

— Bien. Sans doute malade d'anxiété en ce moment par ma faute.

— Par celle des temps où nous sommes. Toujours aussi belle ? Oui ? Tu l'aimes toujours ?

— Oui... Enfin...

— Arrête... J'ai senti tout cela. Et ne t'afflige pas. On aime comme on peut et autant qu'on peut. Pas d'autres enfants ?

— Tu ne trouves pas qu'en de pareils temps deux suffisent ?

— Je le trouve si bien que je ne me suis pas marié.

Ils roulèrent en silence, fendant des groupes qui au dernier moment s'écartaient, puis traversaient et retraversaient la route comme des poulets effrayés.

— Elie, hier soir, quand Odon t'a parlé, crois-tu qu'il me donnait, ou comptait sur toi pour me tirer d'affaire?

— Les deux à la fois. Il voulait se couvrir envers nous, et avait aussi envie de te sauver. Ne l'accable pas. Tu ne sais pas ce que c'est que trois ans de révolution dans un pays où tu as tout au plus passé trois semaines. J'ai vu perdre, reprendre, et reperdre Riga. L'ordre ancien : les grands banquiers et les trafiquants cossus à la mode allemande, les plus dégueulasses de tous. La guerre des neuf rues : les crapules pouilleuses sorties de leurs trous à rats, les traîtres à tout le monde, les idéalistes à trois sous ne sachant ni tenir en main cette canaille ni lui tomber dessus. Les femmes étaient les pires, les putains surtout. Les plus costaudes, déguisées dans des uniformes en loques, s'exhibent comme dans une nouvelle sortie de bal. Tu comprends, ça les dégoûtait, ces vieux à gros ventre, dentiers d'or, lunettes d'or, haleine au kummel; il y avait des années qu'elles supportaient ça. Et puis notre ordre à nous, dur, je n'en dis rien de plus. Nos cosaques crevant de faim sur leurs chevaux-squelettes, tapant dans le tas. On a fusillé une douzaine de filles pour l'exemple. Je revois une petite grassouillette qui levait très haut ses jupes pour qu'on frappât au bas-ventre. Une martyre, quoi. Je t'aime trop pour te parler de tes barons baltes, mais tu les as vus, tes paysans saouls de champagne s'arrachant la peau pour quelques lopins de terre brûlée... Et vos bons amis, vos sauveurs à tous, les brigades de von Wirtz qui se sont fait la main dans les tranchées de l'Ouest, mais qui heureusement foutaient le camp... Mais qui sait? Depuis que les Polonais reprennent l'offensive... Il y a de quoi se coucher à terre pour pleurer.

La route s'élargit, découvrant une plus grande surface de ciel. On avait coupé beaucoup d'arbres. Ils arrivaient à la jonction, flanquée d'un hangar ouvert à tous vents. Un train déjà bondé était pris d'assaut. Elie confia sa motocyclette à un vieux garde-voie, qui aussitôt l'enchaîna derrière des bidons vides dans le réduit aux lampes.

— C'est un brave homme. Il la gardera à l'œil parce qu'il s'en sert en mon absence.

D'autres wagons qu'on accouplait bougeaient sur place en grinçant.

— Regarde-les jouer des coudes et des genoux pour se pousser à l'intérieur, comme si on allait à la foire.

— On ne va pas à la foire. On va à Vilna.

— Vilna est tombée. On va à Minsk.

— Ou à Kiev.

— Ça t'intéresse beaucoup de savoir où on te cassera la gueule ?

— Monte, Egon. Du matériel roulant d'avant-guerre, des trains toujours trop surchargés (laissez-nous passer, bon Dieu !) qui s'arrêtent et repartent comme des chenilles à la file. Une roue qui se détache, une traverse rompue, un rail qui lâche prise, des bûches comme par hasard sur la voie. On répare, on repart, et entre temps les hommes descendent pour se soulager le ventre et la vessie, cueillir des myrtilles ou croquer des champignons crus. Va jusqu'au bout de la plate-forme arrière. Fais comme moi. Cramponne-toi au garde-fou, la place du milieu, sous le fanal. Et pour rien au monde ne lâche prise... Ça ballotte beaucoup, mais l'air au moins rafraîchit. N'oublie pas le troisième arrêt sans compter les haltes fortuites, kilomètre 375. Tu attendras avec moi qu'on ait ralenti.

Et comme un soldat letton coincé contre lui semblait chercher à suivre la conversation en russe :

— Ne te presse pas contre moi, l'ami, et jette ton mégot. C'est malsain. Mission dangereuse pour nous deux. Et surtout ne me tombe pas sur le corps, si par hasard il y a un vrai choc.

— Une digue? Un pont? Un dépôt d'armes? dit le curieux dont les yeux brillèrent.

— Ce n'est pas toi qu'on charge du boulot.

On filait entre les arbres. La première des pannes prévues ne se fit pas attendre. Les hommes égaillés un moment sur les talus remontaient avec des mains violettes. Pendant les haltes, on entendait venir des wagons de tête des bribes de conversations criées, des jurons, parfois le bourdonnement d'une balalaïka qui rappelait à Egon l'instrument abandonné sur la route. La main d'Elie lui serrait le coude. Les étoiles ne lui avaient jamais paru plus grandes.

— Ils ralentissent. Nous sauterons au prochain arrêt. Mais doucement. Ne pas sauter avant que quelques autres ne soient déjà à terre. Ne pas avoir l'air de filer trop vite.

Ils sautèrent. L'arrêt promettait d'être long ; tout un groupe de traînards attendait le convoi. Les amateurs de baies et les croqueurs de champignons s'égaillaient sur les talus. Elie et Egon gravirent sans hâte celui de gauche. A une distance de quelques pas, les taillis les cachaient déjà. Ils marchaient le plus silencieusement possible. Elie allait le premier, le guidant par la main parmi les buissons épineux.

— Attention surtout à ne pas déranger les vipères. En ce moment, elles font l'amour, enroulées aux branches. Les loups n'attaquent pas l'homme quand ils n'ont pas faim. Les ours sont rares. Méfie-toi des bauges de sangliers : les laies défendent leurs petits. Ne va pas si vite : tu t'épuiserais. Baisse la tête, mais je ne crois pas qu'on tirera sur nous. Le plus difficile est de continuer à avancer à peu près tout droit.

— Tu es déjà venu?

— Une seule fois, aller et retour. C'est ce qu'on appelle

une frontière cachée. Même en temps de guerre, on a plus besoin de parler en secret qu'on ne croit. Il y a un fossé à vingt minutes à peu près. Laisse-moi passer devant. Prends un bâton : j'en ai un aussi. Ne touche à rien sans investiguer d'abord. Sur le versant opposé du fossé, les ronces camouflent les barbelés. Il y a sous les branches pendantes une brèche qui n'est presque jamais empruntée.

Ces vingt minutes se passèrent hors du temps des horloges. Ils avancèrent tous deux en aveugles, tâtonnant le sol avant d'y poser le pied, crainte de tomber dans le fossé béant. Ils y descendirent précautionneusement enfin ; puis remontèrent. Elie écarta les bords de la trouée à l'aide de deux gaules. Ils n'y voyaient que juste assez dans la nuit verdâtre.

— Passe plié en deux et saute le plus loin possible. Tu marcheras ensuite un bon quart d'heure dans les halliers moins denses. Je ne crois pas qu'on tire sur toi à distance. Ils aiment mieux nous avoir vivants. Au delà d'une longue prairie avec des bouquets d'arbres, le tout descend vers un vieux manoir entouré de palissades, qui domine la route. Les commandements polonais et français y préparent leur offensive. Sitôt sorti du taillis, tu activeras cette torche électrique, rasant l'herbe du plus près possible. Un-trois-deux (il scanda le rythme). Insiste pour faire le plus vite possible ton rapport aux chefs. Sois arrogant. Et si tout allait trop mal...

Il lui glissa dans la poche une capsule.

— Ne l'avale pas trop vite. Je rentre. Je ne te serais pas utile ici, au contraire. Siffle seulement, très bas, pour m'apprendre que tu as passé l'obstacle. Embrasse Jeanne pour moi.

Leur étreinte fut courte. Egon sauta d'un saut d'acrobate, et roula sur le sol en pente. Le sifflement bas d'Elie répondit au sien. Un moment, immobile, Egon écouta s'éloigner presque sans bruit son compagnon de danger. Ses propres chaussures d'écorce bourrées de feuilles étaient plus silencieuses encore. Il s'arrêta par deux fois pour s'arracher une épine de la plante des pieds. Sitôt sorti du taillis, il exécuta la manœuvre requise, s'attendant, en dépit des assurances d'Elie, à ce qu'on tirât sur lui à distance. Au contraire, une bande d'une dizaine d'hommes, sortis de nulle part, l'encercla, le tenant en joue.

— Qui va là?

Il opta pour la vérité.

— Baron Egon de Reval, de Woïronovo en Courlande. J'ai un rapport immédiat à faire au commandant. Menez-moi, je vous prie, au général W. Il répéta la phrase en français, d'un ton qui semblait commander plutôt que solliciter. Le caporal évidemment parlait un peu le français.

— Vos papiers?

— A quoi m'auraient-ils servi, sinon à me faire tuer par les rouges. J'ai fait une partie de la route caché dans un convoi russe.

— Monsieur le Baron, fit le caporal, ancien employé de banque, qui n'était pas peu fier de sa connaissance du français, je vais annoncer votre nom. Il faudra peut-être du temps pour qu'on vous convoque. Vous n'avez rien à craindre si vous restez ici au milieu de ces hommes. Au moindre mouvement pour fuir, ils tireront.

— Merci, officier, dit Egon, soigneux de le monter en grade. J'attendrai sans bouger le temps qu'il faudra.

L'homme s'éloigna avec un salut correct. Mais les hommes qui, eux, n'avaient compris et reconnu que le nom de ce déguenillé en veste russe ne purent s'empêcher de lui adresser la parole en russe ou dans leur langue, mi-rigoleurs, mi-sadiques, précisant les tortures réservées aux

vagabonds et aux espions ennemis. L'affectueux dévouement d'Elie et le souvenir de Jeanne évoqué par cet ami au
moment de leur adieu continuaient à le maintenir dans un
état d'exaltation où vivre et mourir semblaient presque
également acceptables. Mais il ne fallait pas qu'Elie se soit
dévoué en vain.

Le messager reparut après une longue absence. Son
expression montrait que la balance penchait du bon côté. Le
respect l'avait emporté. Les deux généraux étaient en
conciliabules. Egon ne verrait d'abord que l'assistant du
général W. Des bosquets entouraient de toutes parts le vieux
manoir baroque qui semblait sortir d'un songe. Egon suivit
son guide, suivi lui-même des hommes que le sous-lieutenant laissa dans une pièce vide, avant de refermer sur Egon
et lui la porte d'un petit salon rococo encombré de meubles
et de caisses. Un vieux Erard sûrement désaccordé parut à
Egon un bon signe. Un homme au visage intelligent et
lourd, en uniforme de colonel, assis à une table, regarda
fixement l'étranger. Au bout d'un instant, son visage
s'éclaira. Il se leva et tendit la main.

— Je vous aurais reconnu, Baron, même si votre nom
n'avait pas été prononcé.

— Je ne crois pas, commandant, avoir été jamais présenté au marquis de Leiris.

Un sourire de bonne grâce mondaine passa sur ce visage
officiel.

— Je vous ai vu et entendu à la première de *La Rumeur des
pierres*. Votre meilleur passeport, ce sont vos mains, dit-il en
examinant les longs doigts égratignés jusqu'au sang. Mais,
cher ami, qu'êtes-vous venu foutre ici ? Les pays baltes ne
sont pas un lieu de villégiature.

— J'ai commis l'imprudence d'essayer de retrouver la
trace des miens. Tous sont morts, un ami d'autrefois, officier

dans l'armée rouge, m'a fait traverser ce qu'on appelle la frontière cachée, qu'il connaissait pour l'avoir franchie il y a quelques semaines avec des offres de négociation.

— Elie Grekoff? dit le marquis, en consultant un carnet.

— Je me suis promis de ne pas prononcer son nom.

— Bien. Le vieux (nous l'appelons ainsi, bien qu'il ait mon âge) est fort pris ce soir et ne vous verra peut-être que demain matin. Mais, si vous permettez, nous dînerons sur un coin de cette table.

— Je crains que mes loques ne me l'interdisent.

— J'oubliais. Cabotin, et trouvez-vous une de mes vestes, qui vous ira toujours mieux que cette souquenille de l'armée rouge. Et peut-être, des pantoufles : il est chaussé en homme des bois. Ne vous pressez pas trop, j'ai un rapport à finir.

Le plateau était sur la table quand Egon revint. Rasé, peigné, vêtu d'un veston d'intérieur, il semblait plus jeune de dix ans. Le marquis ne manqua pas de le lui faire remarquer.

— Vous ferez mauvaise chère, mais le vin l'aidera à passer.

Le marquis poursuivit d'un ton plus sombre.

— Je ne vous ai pas encore fait les condoléances de rigueur. Vous saviez déjà que votre frère cadet, qui servait dans les gardes, a été tué en Ukraine dans l'armée de Denikine? Horrible époque. Je ne suis pas grand connaisseur en Gotha...

Il l'était au contraire. Un des chagrins de cet homme si célèbre comme ingénieur et faiseur d'affaires était que son titre ne remontât qu'à Charles X.

— Mais comment ne pas déplorer l'effondrement d'un grand nom? A propos, si je ne vous ai vu à Paris que d'un fauteuil d'orchestre, j'ai eu du moins l'honneur d'être présenté à la baronne de Reval. Elle avait accepté d'assister au premier d'une série de concerts de musique ancienne organisée par ma charmante amie Odette F. Un de mes derniers plaisirs parisiens a été d'avoir pu rendre hommage côte à côte à deux des plus charmantes femmes de Paris.

— Odette, qui est quelque peu une cousine éloignée de Jeanne, est en effet charmante.

— Et Madame de Reval est la beauté même. Quand je pense que je suis venu dans ce pays amoureux de Maria Walewska ! Mon cher, les Polonaises m'ennuient... Avez-vous quelque argent ?

— Pas un zloty et pas un centime.

Monsieur de L. tira de sa poche des coupures polonaises fripées et roulées en boule.

— Nous vous renvoyons demain à Varsovie dans la voiture avec notre officier de liaison. Il a déjà le sauf-conduit nécessaire. Non, pas de merci, ces billets polonais ne valent à peu près rien... Mais vous allez avoir à traverser l'Allemagne.

Il tira soigneusement de son portefeuille trois ou quatre grosses coupures françaises.

— Vous me les rendrez à Paris. Ne les changez qu'un peu à la fois : le mark dégringole en flèche. Cela vous suffira au moins jusqu'à Francfort ou Munich. Munich ou même Soleure où les autorités suisses vous feront refaire un passeport. Ah ! Soleure et les aventures de Casanova dans cette ville. Mais, en Allemagne, ne soyez pas trop charitable envers les jeunes démobilisés sans emploi. Ce sont des brutes. Des révolutionnaires, pas même des vaincus. Ah ! On aurait dû aller jusqu'à Berlin.

— Messieurs.

Le général W. venait d'entrouvrir la porte. Le marquis présenta le baron.

— On ne vous laisse manquer de rien ? Nous nous

reverrons à Paris. L., servez-moi votre café ; j'ai beaucoup à faire, je m'excuse auprès du baron.

— Mettez-moi aux pieds de Madame de Reval, dit à Egon le colonel-marquis. Le vieux vient de ressortir. Donnez-moi deux ou quatre mesures inédites, ça remédiera à tous nos maux.

Egon appuya sur le vieux piano ses mains tremblantes. Il se croyait incapable de rien jouer, mais deux ou trois fusées de sons jaillirent, un cri, ou plutôt un chant crucifié. Le marquis sortit en disant bravo.

Le musicien fut lent à s'endormir. Paris, la ville où l'on devine et comprend peut-être mieux qu'ailleurs, et où un scandale vieux déjà de près d'une dizaine d'années est accepté comme tel, mais non oublié.

Le matin, il roula les yeux fermés ; l'on s'arrêtait souvent sur la route, mais cette fois pour laisser la place aux chars d'assaut.

A Francfort, une grève de cheminots l'arrêta deux jours. Le second soir, dédaignant les conseils du marquis, il fit connaissance avec un jeune soldat nouvellement démobilisé et cherchant du travail plutôt que d'aller rejoindre en Poméranie sa mère veuve, qui comptait sur lui pour reprendre le travail de la ferme. Le père était mort au front.

Le garçon dévorait plutôt qu'il ne mangeait. Egon lui offrit un gîte pour la nuit dans son médiocre hôtel épargné dans une ville en ruines. Il faisait chaud. L'Allemand avait éparpillé sur le plancher ses vêtements, et dormait déjà. Egon assis au rebord du lit regardait ce corps blond, jeune, intact, sur lequel cinq ou six mois de guerre, et leurs séquelles de chômage, ne semblaient pas avoir laissé de trace. Rien qu'un jeune être humain qui ne se posait pas de questions et qui ne souffrait pas. Mais en pleine nuit, l'Allemand se réveilla d'un cauchemar, pris de fureur, frappant le mur de ses poings fermés. Egon le maîtrisa, mais déjà les voisins se plaignaient. Ils sortirent ensemble pour aller boire un simili-café dans un bar repeint de frais, mais où des bandes de papier brun protégeaient encore les vitres. Le garçon réclama ensuite un petit verre d'eau-de-vie. A ce moment, un client modeste, aux cheveux en papillotes, vint et se mit à une petite table. L'Allemand jura.

— Qu'est-ce qui te prend?

— Tu n'as pas vu?

— Il ne t'a rien fait.

— Rien fait... Ces maudits Anglais, ces Maurice, ces Judy, ce sont eux... Tu vois que sans eux nous aurions pris Paris, que les Français tout seuls... Ils n'ont même pas osé marcher sur Berlin... On n'est pas des vaincus... Mais attends un peu. On trouvera un chef. On laissera le Kaiser manger son fromage en Hollande. On fera des enfants aux filles... Salauds, qui nous laisseront crever de faim.

Egon se leva silencieusement pour payer l'alcool et les cafés, et sortit. Le garçon à l'intérieur continuait à brailler, ce qui d'ailleurs ne dérangeait personne. Les trains se remirent en marche quelques heures plus tard. Le télégramme qu'il avait expédié la veille n'arriva qu'après lui.

Note

Si Marguerite Yourcenar a pu achever le chapitre intitulé « Les sentiers enchevêtrés », il ne lui a pas été donné en revanche de terminer *Quoi ? L'Eternité*. Mais il s'en sera fallu de peu puisqu'elle considérait qu'une cinquantaine de pages encore devaient suffire pour mettre un point final à l'entreprise. En tout état de cause, elle estimait l'ouvrage parvenu à un stade tel de sa réalisation qu'avant même d'avoir entrepris la rédaction des « Sentiers enchevêtrés » elle formulait le vœu que les chapitres précédents fussent publiés au cas où elle serait empêchée d'aller jusqu'où elle le prévoyait.

Il est permis cependant, bien que Marguerite Yourcenar n'ait pas laissé de plan, d'apporter certaines précisions sur le contenu des pages manquantes car elle entretenait volontiers ses familiers de ses intentions. Tout d'abord, et c'étaient là des événements importants pour elle, il lui restait à évoquer les fins respectives de Jeanne et de Michel, pareillement morts d'un cancer à peu d'années d'intervalle. Chemin faisant, elle voulait aussi régler quelques comptes avec ses œuvres de jeunesse, en particulier avec *La Nouvelle Eurydice*. En guise de conclusion, elle se proposait enfin de raconter d'une façon plutôt cursive, ce qui revient à dire panoramique, les années qui ont suivi la mort de son père et surtout ses séjours en Autriche, en Italie et en Grèce jusqu'à la déclaration de la Seconde Guerre mondiale.

Pour peu que l'on sache que Marguerite Yourcenar travaillait encore à *Quoi?* *L'Eternité* quelques jours à peine avant l'accident cérébro-vasculaire du 8 novembre 1987, même si elle souffrait alors de violents maux de tête, l'on pense irrésistiblement à la phrase prémonitoire d'*Archives du Nord* où elle affirme : « Si le temps et l'énergie m'en sont donnés, peut-être continuerai-je jusqu'en 1914, jusqu'en 1939, jusqu'au moment où la plume me tombera des mains. »

Yvon Bernier

Yvon Bernier, de Québec, a bien connu Marguerite Yourcenar ; elle lui a confié, dans son testament, la mission de classer ses archives américaines qui doivent être transportées en totalité à la Bibliothèque de l'Université Harvard.

ŒUVRES DE
MARGUERITE YOURCENAR

Romans et Nouvelles

ALEXIS OU LE TRAITÉ DU VAIN COMBAT. – LE COUP DE GRÂCE (Gallimard, 1971).

LA NOUVELLE EURYDICE (Grasset, 1931, épuisé).

DENIER DU RÊVE (Gallimard, 1971).

NOUVELLES ORIENTALES (Gallimard, 1963).

MÉMOIRES D'HADRIEN (édition illustrée, Gallimard, 1971; édition courante, Gallimard, 1974).

L'ŒUVRE AU NOIR (Gallimard, 1968).

ANNA, SOROR..., (Gallimard, 1981).

COMME L'EAU QUI COULE (Anna, soror... – Un homme obscur – Une belle matinée) (Gallimard, 1982).

UN HOMME OBSCUR – UNE BELLE MATINÉE (Gallimard, 1985).

Essais et Mémoires

PINDARE (Grasset, 1932, épuisé).

LES SONGES ET LES SORTS (Gallimard, édition définitive, en préparation).

SOUS BÉNÉFICE D'INVENTAIRE (Gallimard, 1962; édition définitive, 1978).

LE LABYRINTHE DU MONDE, I : SOUVENIRS PIEUX (Gallimard, 1974).

LE LABYRINTHE DU MONDE, II : ARCHIVES DU NORD (Gallimard, 1977).

LE LABYRINTHE DU MONDE, III : QUOI? L'ÉTERNITÉ (Gallimard, 1988).

MISHIMA OU LA VISION DU VIDE (Gallimard, 1981).

LE TEMPS, CE GRAND SCULPTEUR (Gallimard, 1983).

*

DISCOURS DE RÉCEPTION DE MARGUERITE YOURCE-
NAR à l'Académie Royale belge de Langue et de Littérature françaises,
précédé du discours de bienvenue de CARLO BRONNE (Gallimard,
1971).

DISCOURS DE RÉCEPTION À L'ACADÉMIE FRANÇAISE
DE Mᵐᵉ M. YOURCENAR et RÉPONSE DE M. J. D'OR-
MESSON (Gallimard, 1981).

Théâtre

THÉÂTRE I : RENDRE À CÉSAR. – LA PETITE SIRÈNE.
– LE DIALOGUE DANS LE MARÉCAGE (Gallimard,
1971).

THÉÂTRE II : ÉLECTRE OU LA CHUTE DES MASQUES.
– LE MYSTÈRE D'ALCESTE. – QUI N'A PAS SON
MINOTAURE? (Gallimard, 1971).

Poèmes et Poèmes en prose

FEUX (Gallimard, 1974).

LES CHARITÉS D'ALCIPPE, nouvelle édition (Gallimard, 1984).

Traductions

Virginia Woolf : LES VAGUES (Stock, 1937).

Henry James : CE QUE SAVAIT MAISIE (Laffont, 1947).

PRÉSENTATION CRITIQUE DE CONSTANTIN CAVAFY,
suivie d'une traduction intégrale des POÈMES par M. Yourcenar
et C. Dimaras (Gallimard, 1958).

FLEUVE PROFOND, SOMBRE RIVIÈRE, « Negro Spirituals »,
commentaires et traductions (Gallimard, 1964).

PRÉSENTATION CRITIQUE D'HORTENSE FLEXNER
suivie d'un choix de POÈMES (Gallimard, 1969).

LA COURONNE ET LA LYRE, présentation critique et traductions
d'un choix de poètes grecs (Gallimard, 1979).

James Baldwin : LE COIN DES « AMEN » (Gallimard, 1983).

Yukio Mishima : CINQ NÔ MODERNES (Gallimard, 1984).

BLUES ET GOSPELS, textes traduits et présentés par Marguerite
Yourcenar, images réunies par Jerry Wilson (Gallimard, 1984).

LA VOIX DES CHOSES, textes recueillis par Marguerite Yourcenar,
photographies de Jerry Wilson (Gallimard, 1987).

Collection « La Pléiade »

ŒUVRES ROMANESQUES : ALEXIS OU LE TRAITÉ DU
VAIN COMBAT – LE COUP DE GRÂCE – DENIER DU
RÊVE – MÉMOIRES D'HADRIEN – L'ŒUVRE AU NOIR
– COMME L'EAU QUI COULE – FEUX – NOUVELLES
ORIENTALES (Gallimard, 1982).

Collection « Folio »

ALEXIS OU LE TRAITÉ DU VAIN COMBAT, suivi de LE
COUP DE GRÂCE.

MÉMOIRES D'HADRIEN.

L'ŒUVRE AU NOIR.

SOUVENIRS PIEUX (LE LABYRINTHE DU MONDE, I).

ARCHIVES DU NORD (LE LABYRINTHE DU MONDE, II).

Collection « Folio essais »

SOUS BÉNÉFICE D'INVENTAIRE.

Collection « L'imaginaire »

NOUVELLES ORIENTALES.

DENIER DU RÊVE.

Collection « Le Manteau d'Arlequin »

LE DIALOGUE DANS LE MARÉCAGE.

Collection « Poésie/Gallimard »

FLEUVE PROFOND, SOMBRE RIVIÈRE, « Negro Spirituals »,
commentaires et traductions.

PRÉSENTATION CRITIQUE DE CONSTANTIN CAVAFY,
suivie d'une traduction intégrale des POÈMES par M. Yourcenar et
C. Dimaras.

LA COURONNE ET LA LYRE.

Collection « Enfantimages »

NOTRE-DAME DES HIRONDELLES, avec illustrations de Georges
Lemoine.

Collection « Folio Cadet »

COMMENT WANG-FÔ FUT SAUVÉ, texte abrégé par l'auteur,
avec illustrations de Georges Lemoine.

Album Jeunesse

LE CHEVAL NOIR À TÊTE BLANCHE, présentation et traduction
de contes d'enfants indiens.

Composition Bussière
et impression S.E.P.C.
à Saint-Amand (Cher), le 3 octobre 1988.
Dépôt légal : octobre 1988.
Numéro d'imprimeur : 5114-1346.
ISBN 2-07-071451-9./Imprimé en France.